晋江市致和社工事务所委托课题

U0750975

儿童社会工作本土化实践

晋江"四点钟学校"经验与反思

陈莲凤　编著

厦门大学出版社
XIAMEN UNIVERSITY PRESS
国家一级出版社
全国百佳图书出版单位

晋江市致和社工事务所课题组成员

指　　导：许清心　吴娉婷

总 策 划：夏晋城

组织委员：郭　艳　潘春珠　项灯辉　庄曼咏

成　　员：洪巧妹　杨月萍　林月济　施莹莹　李婷婷　江雨薇
　　　　　许锦蓉　柯锦云　郭子源　曹　杨　金丽凤　王　娇
　　　　　李雅燕　陈　兵

特别鸣谢

晋江市妇女联合会

鸣谢

晋江市委文明办	磁灶镇妇女联合会
晋江市关心下一代工作委员会	永福里社区居委会
晋江市科学技术协会	西滨镇妇女联合会
晋江市民政局	华泰社区居委会
晋江市教育局	竹园社区居委会
共青团晋江市委员会	后间社区居委会
青阳街道妇工委	林格社区居委会
罗山街道妇工委	桥南片区社区公共服务中心
梅岭街道妇工委	围头村委会
西园街道妇工委	湖内村委会
灵源街道妇工委	岭畔村委会
新塘街道妇工委	岱峰中心小学
池店镇妇女联合会	泓涌公司
龙湖镇妇女联合会	百宏公司
金井镇妇女联合会	鑫华公司
内坑镇妇女联合会	远通公司
	优兰发公司

（备注：此排名不分先后）

项目启动仪式

晋江市委常委、宣传部长林惠玲在启动仪式上讲话

晋江市妇联主席颜惠玉在启动仪式上讲话

服务项目购买方领导参观"四点钟学校"

晋江市妇联副主席许清心与
晋江致和社工事务所副主任郭艳在
项目启动仪式上签订合同

2013 年"四点钟学校"团队合照

中国残联党组成员、副理事长王梅梅、福建省残联理事长柯少愚莅临指导工作

民政部社会工作司原司长、现任中国社会工作协会社会工作师委员会主任孙建春、福建省民政局社工处处长郭石浩等领导莅临指导工作

中央文明办志愿服务工作局副局长崔海教、省文明办常务副主任叶向平、泉州市文明办主任林炯泉、晋江市委常委、宣传部部长林惠玲等领导莅临指导工作

福建省民政厅厅长黄序和、泉州市民政局局长蒋耕霆、晋江市民政局局长许乔良莅临指导工作

福建省妇联副主席包方等一行莅临指导工作

晋江市委常委、总工会主席张文贤莅临指导工作

优兰发公司"四点钟学校"社工
为学员辅导课外作业

泓涌公司"四点钟学校"社工辅导学员彩绘

崇德小学"四点钟学校"社工辅导学员做广播体操

百宏公司"四点钟学校"
社工家访学员家长

湖内村"四点钟学校"社工辅助学员玩积木游戏

优兰发公司"四点钟学校"社工走访公
司党、团组织负责人

小组活动初始阶段"让你们认识我"

志愿者扮演美猴王与小组成员互动

小组成员分享小组活动经验和感受

华泰社区"四点钟学校"学员在五店市
好来屋食品 DIY 体验店制作糖果

百宏公司"四点钟学校"消防演练

优兰发公司"四点钟学校"举办"我是
小厨神"创意水果拼盘比赛

崇德小学"四点钟学校"开展公共安全防范应急
疏散演练活动

竹园社区"四点钟学校"感恩活动

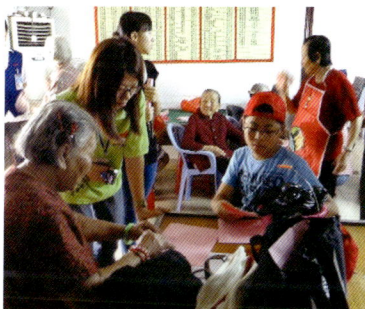

永福里社区"四点钟学校"学员到
青华社区开展敬老助老活动

远通公司"四点钟学校"开展"父母成长沙龙"
公益讲座

永福里社区居民、学员及家长
包粽子比赛

岭畔村"四点钟学校"学员学陶艺

华泰社区"妈妈义工团"志愿服务队

志愿者培训活动

"社工＋义工"两工联动

湖内村"四点钟学校""微力量"
小志愿者服务社区老人

2013 年"四点钟学校"学员
夏令营汇报演出

2013 年"四点钟学校"项目团队

前　言

随着我国社会从传统向现代转型,城市化进程加快,邻里关系的社区化和家庭结构的小型化,小学儿童从放学到家长下班这段时间的照管成为社会的一个难题。20世纪90年代末,以解决儿童下午四点放学后及休息日的集中照管问题的"四点钟学校"首先在沿海发达地区应运而生。十几年来,全国各地类似"四点钟学校"的儿童社区照管模式不断涌现,既有营利性的托管,也有公益性、半公益性的托管;有单位补充型的,有政府参与型的,也有社会责任型及社区自助型的。随着政府职能转变和建设服务型政府改革思路的确立,在一些经济较发达地区,"四点钟学校"逐渐成为政府购买社会工作服务的支持项目,现代儿童社会工作模式初现端倪。

作为经济较发达地区的晋江市,2013年以来,在晋江市妇联的推动下,在全市遴选出15个基础条件较为成熟、外来人口较为聚集的村(社区)、学校、企业作为试点,采取政府购买服务方式,向晋江致和社工事务所购买社工服务,开展儿童之家"四点钟学校"项目。项目内容包括:每个儿童之家"四点钟学校"试点单位配备一名专职社工,负责每天18时前为儿童提供课业辅导、心理咨询、兴趣培养、团队建设等;开设"学习乐园""童心大本营""寒暑期冬夏令营"等。经过两年的项目运作,晋江市妇联和晋江市致和社工事务所初步摸索出一套具有现代儿童社会工作特点的规章制度和管理办法,包括"四点钟学校"项目的购买服务制度、社工管理制度、学员管理制度、教学活动管理制度、检查考核制度、志愿者服务制度、与家庭的衔接制度、安全管理制度及安全应急预案等。晋江儿童之家"四点钟学校"(以下简称晋江市"四点钟学校")项目不仅是解决学龄儿童下午四点钟放学后家人无法看管问题的重要途径,是促进学龄儿童健康发展的理想平台,也是对现代儿童社会工作模式的初步探索。

两年多以来,晋江市"四点钟学校"项目取得了丰硕成果,社会反响较好,已经成为晋江市发展社会工作的一个品牌。编撰《儿童社会工作本土化实践——晋江"四点钟学校"经验与反思》旨在通过总结和提升项目的实践经验,增进对晋江市"四点钟学校"项目的理论认识,为进一步提高晋江市"四点钟学校"项目的实践效果提供理论支持,也为各地方政府、社工机构、社会工作者开展"四点钟学校"儿童社会工作提供参考。

总结和提升晋江市"四点钟学校"项目实践经验的重要意义在于：

晋江市"四点钟学校"项目具有可持续性和可复制性。一是项目具有可持续性。晋江市儿童之家"四点钟学校"服务对象是学龄儿童，儿童是人类的明天，代表着国家的未来和民族的希望。儿童的发展状况反映了一个社会的发展水平和文明程度，儿童工作关系到千万家庭的切身利益，关系到社会的和谐稳定。学龄儿童生理机能进一步发展，心理、智力、学习能力不断增强，需要全面发展。学龄期儿童开始走进社会，既需要学习进入社会所需的各方面知识和技能，又可能出现社会化的不适应，即学习性问题、心理适应问题等。而学龄儿童的生理、心理特点决定了其生存成长需要成人提供物质、安全等方面的保障，需要成人加以思想、心理上的引导和给以锻炼成长的空间。因而，开展学龄期儿童社会工作是一项长期、艰巨且重要的任务。二是项目具有可复制性。学龄儿童社会工作，既有其特殊性又有其一般性。晋江市"四点钟学校"学龄儿童社会工作既要遵守学龄儿童成长的一般规律，又要遵守社会工作专业化和本土化要求，其本土化主要体现在必须结合当地社会经济发展特点及文化传统开展服务。晋江市"四点钟学校"项目具有可复制性。一方面项目具有可推广性。各地可根据本项目的工作经验、工作总结和工作模式，结合本地实际设计合理的活动项目、安排项目进度，整合发挥本地社会资源，提供儿童社会工作服务。另一方面工作方法具有可借鉴性。本项目从"个人—家庭—社区"全面提供支持，以实现"家庭和谐、社区发展、社会进步"为目标。在为期两年多的项目运作过程中，专职社工在社会工作专业理论的指导下，运用个案工作、小组工作、社区工作等多种方法，从个体、家庭、社区等多个角度对儿童工作进行全面的调查分析，针对实际情况，对儿童及其家庭开展切合实际的服务，具有社会工作专业性、一般性特点，因而具有可复制性。

晋江市"四点钟学校"项目具有借鉴价值。一是本项目经验对于各地方政府主动构建现代儿童社会工作模式具有参考价值。随着传统儿童社区照管模式退出历史舞台，建立政府、市场、社会分工合作责任体系的现代儿童社会工作模式将是我国改革发展、社会转型的必然发展趋势。儿童社会工作是一项公益性强的事业，加强儿童社会工作是服务型政府的一项重要职责。编著本书可为各地方政府推进儿童社会工作现代转型提供参考。二是本项目的经验总结和理论提升对社工组织管理工作具有指导意义。晋江市致和社工事务所是在晋江市民政局注册，并由其主管的一家民办社会工作机构，具有服务性和支持性社会功能。晋江市致和社工事务所在致力于承接政府、企业、社会购买社会服务的同时，也积极提炼组织建设和社会工作服务经验，培育社会工作人才，孵化社工组织，推动社会工作和社会组织的发展创新。当前我国社工组织正处于发展起步阶段，编著本书既可为社工组织承接政府购买服务项目提供经验借鉴，也可为社工组织提高内部管理水平、加强社工队伍和志愿者队伍建设、加强对外合作等提供参考。三是本项目的经验总结和理论提升对于社会工作者和志愿者参与学龄儿童社会工作具有借鉴价值。晋江市"四点钟学校"学龄儿童社会工作项目采取政府购买社工服务形式，政府是出资方，社工组织是服务提供者，社工和志愿者是直接服务主体，因而社工和志愿者的素质直接关系到服务质量和效率。面对当前社会工作者严重不足、流动性大，志愿者临时性多、专业性差等缺陷，本书不仅是一线社工和初级督导的良师益友，也是新社工和志愿者更快适应工作环境、进入工作状态、提升工作技能、提高工作质量和效率的行动指南。

本书集合了很多人的智慧和经验。本书经验材料主要来自于晋江"四点钟学校"项目全体社工人员的经验总结和理论思考。晋江市致和社工事务所夏晋城主任、郭艳副主任、潘春珠督导，为本书撰写提供了宝贵的指导性意见。晋江市"四点钟学校"项目负责人庄曼咏组织项目相关社工人员：洪巧妹、杨月萍、林月济、施莹莹、李婷婷、江雨薇、许锦蓉、柯锦云、郭子源、曹杨、金丽凤、王娇、李雅燕等，为本书的撰写收集和整理了丰富的经验资料。本书初稿完成后，"四点钟学校"项目组成员郭艳、潘春珠、项灯辉、陈兵等参与了认真校对、修改。在此，非常感谢所有为本书撰写提供支持和付出辛劳的晋江市致和社工事务所的领导和社工人员！

当然，无论是政府购买服务，还是社工组织建设和社会工作一线实务，在我国的起步都较晚，购买"四点钟学校"项目更是新事物，因而本项目实践尚处于探索阶段，经验不足在所难免，加上编撰时间仓促和编者水平限制，本书编写一定存在许多不足，还望读者提出批评指正，也期望社工组织、社会工作者、志愿者在实践过程中，不断修正、改进、完善和提高。

编　者

2015 年 9 月 10 日

目　录

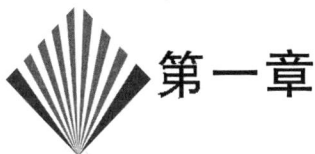

第一章

儿童社会工作与"四点钟学校"项目

第一节　儿童发展与社会工作

一、儿童含义及发展特点

"儿童"是一个被广泛使用的词语,但是儿童具体指哪个年龄段的孩子,如何界定,不同领域的学者对儿童年龄的界定不尽相同。皮亚杰认为儿童的年龄界限是 0~15 岁。联合国《儿童权利公约》中规定:儿童系指 18 岁以下的任何人。在中国实际工作中是将儿童的年龄界定为 0~14 岁,把儿童发展年龄又初步划分为如下三个阶段:婴儿期(0~1 岁)、幼儿期(1~5 岁)、学龄期(6~14 岁)。

儿童群体在人类成长过程中具有自身特点。一是基础性。即无论是社会,还是个人,其发展进步的基础都在于儿童。二是依恋性。儿童还处于人生的初期,认知和社会化还处于雏形,人格正在形成,其无论是情感需要,还是生存需要都对抚养者存在依恋。三是发展性。即儿童是一个人的生理、心理和社会性发展特别快的时期。从生理上看,儿童群体身体相对成年人弱小,但身体各组织处于迅速成长过程中。从心智发育看,儿童期是每个个体从软弱无能、不知不识发展为一个具有一定思想观点、知识文化和劳动能力的独立的社会成员的重要阶段。四是可塑性。社会环境和抚养环境是影响儿童心理成长的重要因素,因而环境中要素的调整,必将影响儿童的心智成长。五是学习性。由于儿童认知能力不足,其很多行为表现为探索性和模仿性,即学习性。当然也因此导致儿童期具有很大风险性,因而需要社会的保护和控制以促进儿童健康成长。

学龄儿童在儿童群体中有自身的成长特点。学龄期儿童(6～14 岁)时期相当于小学阶段,这一阶段又可分为学龄儿童早期(6～9 岁),青春期早期(10～14 岁)。这一时期是以学习为主导活动的儿童阶段,儿童的生理机能进一步发育,心理、智力和学习能力不断增强,社会活动范围进一步扩大,与社会的交集越来越多。其特点主要表现在以下几个方面:

1. 生理发展方面:身体素质进一步提高,身体抵抗力增强,大脑机能进一步发展,为形象思维向抽象思维过渡提供了生理基础。其中 10～14 岁阶段,处于儿童向青少年过渡,处于性成熟过程,青春期骚动出现。

2. 活动能力方面:(1)游戏是儿童在这一时期最为感兴趣的活动,尤其是低年级学生。游戏活动对这一时期儿童学习、身体和心理的发展以及个性品质的形成,均起着特别重要的作用。(2)学习活动是这一时期的主导活动。其内容包括课堂上的教学活动及学生在课外的作业活动,也包括在社会生活中的一切学习历程。通过学习,儿童不仅可以获得一定的知识技能和行为规范,而且发展了认识能力和个性。这一时期学习活动的特点主要为:学习较被动,易受外部环境影响;低年级对具体的、形象的、熟悉的、游戏性的学习内容感兴趣,高年级则逐渐偏重于抽象的、个性化的学习内容。(3)劳动活动对这一时期的儿童具有重要意义。通过劳动活动不仅可以增强儿童体质,而且可以培养儿童良好的道德品质和个性。

3. 表达能力方面:口头表达的精确度、丰富度、复杂程度不断提高,书面表达经过低年级的大声朗读到高年级默读能力的提高,经过低年级口述和模仿阶段到高年级写作能力的提高。

4. 心理发展方面:(1)认识能力方面:感知和知觉随着年龄的发展,其敏感度、精巧性、技能等方面逐渐提高;注意力从低年级对具体的、活动的、形象的、经验的事物注意力提高,到高年级对抽象的事物注意力的提高。(2)记忆方面:有意记忆、意义记忆和抽象记忆逐渐占有重要地位。(3)思维方面:儿童期处于形象思维向抽象思维过渡阶段,逻辑思维能力较差,想象能力有了提高。(4)情感发展方面:道德感不断增加,情感不断丰富复杂,控制力不断增强;意志品质较差,个体之间差别较大;个性发展尚未定型,自我评价水平逐步提高,自我意识有了发展,道德意识和行为发展慢。总体而言,这时期是一个半成熟、半幼稚时期,是独立性和依赖性、自觉性和幼稚性交错时期。

二、儿童社会工作概述

(一)儿童社会工作的定义

儿童社会工作,是指根据儿童的生理、心理特点和成长发展的需要,以专业价值观为指导,以科学理论为基础,运用社会工作的专业方法和技巧对儿童开展助人及自助的专业服务活动。狭义的儿童社会工作是一种事后补救性工作,它以处于特殊困难境地的儿童为对象,采取机构服务的方式,救助和保护那些家庭或父母无力抚养的儿童或者有各种问题的儿童。[①] 广义的儿童社会工作,是指面向所有儿童及儿童所有方面问题,通过专业手段,激发儿童自我发展、自我成长的潜能,促进儿童健康发展。

(二)儿童社会工作的发展历史

在西方:儿童社会工作起源于救济事业,早期的儿童社会工作以救济为主,标志性事件为:1601 年伊丽莎白《济贫法》颁布。其重要内容之一是:从法律上规定失去抚养人的儿童应获得救济(领养或寄养),儿童社会性服务列入政府职能。1788 年德国采取了一种名为"汉堡制"的救济制度,即在汉堡市中心办事处综合治理下的分区域助人自助的救济模式。具体规定包括为失业者介绍工作、给贫困者提供救济、把贫苦儿童送往职业学校学技艺等。1853 年美国人布鲁斯发起建立"纽约儿童救助协会"。协会在纽约市区中寻找孤儿、弃儿,以"家庭关爱"为宗旨,通过火车把他们运送到美国中西部和西部,安置到新的农村家庭中,发挥家庭关爱在儿童成长中的基础作用。20 世纪以来,儿童社会工作进入积极儿童福利阶段。代表性事件为:1909 年美国总统西奥多·罗斯福在白宫主持召开"白宫儿童福利会议",会议专门研究促进美国儿童福利及改进儿童社会工作的各种办法,体现了国家对儿童教育保护的责任,对儿童的关注不再只限于不幸儿童而是包括一切儿童健康全面发展。1923 年联合国发表《儿童权利宣言》,这份宣言强调:儿童应该受到关怀、爱护和了解;儿童应该有足够的营养和医疗照顾;儿童应该有法定的免费教育;儿童应该有全面的康乐和游戏的权利;儿童应该有自己的姓名和国籍;如果遇到灾难,儿童应该受到妥善的照顾和获得优先救济;儿童应该有发展成为社会有用之才的权利;儿童应该有建立友爱与和平精神的权利;无论种族、肤色、性别、国家和地区,儿童都应该同等享有上述的权利。这份宣言明确儿童社会工作

---

① 陆士桢,等.儿童社会工作[M].北京:社会科学文献出版社,2003:18.

的根本目的和出发点,确立儿童社会工作在对象和工作内容的范畴,为现代儿童社会工作奠定了重要思想基础。

在中国:古代中国就有儿童福利思想和实务。比如儒家的"幼有所养",汉代有"民产子,勿复事二岁",南北朝设有"孤独园",明末清初时期有官办的养济院,民办育婴社(堂)、同善会等,到了近代,受西方文化影响,中国大陆也显现出儿童福利机构雏形,出现大量收养孤儿的官办民助"教养兼施"的工艺局、习艺局和教养局。1913 年美国人葛学溥到中国创办"沪东公社",开展大量社会服务工作,内容涉及指导学校社工和农村儿童读书写字,具有现代儿童社会工作特征。到了民国时期,民政机构负责儿童救济,当时的"乡村建设运动"也开展儿童教育,同时也出现了救助儿童的基金会和专门机构,如中国福利基金会、儿童福利院等,以教养兼施,使孤儿自强自立的慈善教育机构遍布全国各地。新中国成立后,儿童福利政策体系建立,但儿童社会工作消失,代之以政府垄断的儿童服务机构。改革开放后,现代儿童福利事业重新恢复,各种儿童社会组织纷纷成立,如中国儿童少年基金会、中国青少年发展基金会、宋庆龄基金会等。各种儿童救助项目逐渐在全国开展,如"春蕾计划""希望工程"等。国际儿童救助组织也逐渐进入中国,参与发展儿童福利事业。2004 年,"社会工作者"首次被列入中国职业标准目录,儿童社会工作日渐受重视并初步成长。2006 年 10 月,中共十六届六中全会发布《中共中央关于构建社会主义和谐社会若干重大问题的决定》提出:"造就一支结构合理、素质优良的社会工作人才队伍,是构建社会主义和谐社会的迫切需要。"自此,社会工作开始进入全面系统规划阶段。2007 年,中共中央首次确立"一校一社工"的发展目标,社工开始走进学校,走进学龄儿童服务领域。2014 年,"儿童社会工作服务指南"发布,儿童社会工作进一步规范化。

三、儿童发展与儿童社会工作

(一)儿童社会工作有助于促进儿童健康全面发展

儿童社会工作作为儿童服务的专业化、制度化活动,[①]对于促进儿童健康全面发展具有重要意义。一是帮助儿童摆脱困难处境。儿童在成长过程中既有自身成长困惑或疾病而导致的身心健康问题,也有因社会环境,如贫困、灾难、事故等而导致的失去家庭关爱、生存受到威胁、身心受到摧残等问题。通

---

① 陆士桢,等.儿童社会工作[M].北京:社会科学文献出版社,2003:26.

过专业手段,帮助儿童摆脱困境,是儿童社会工作重要的社会功能,是社会工作恢复性(治疗性)功能在儿童服务领域的具体体现。二是辅导适龄儿童健康成长。儿童作为成长中的群体,在成长过程中必然会遇到一般性、规律性的问题。为使儿童在成长过程中少走弯路,促进儿童健康成长,儿童社会工作以预防为目标,通过专业方式支持与扶助儿童群体,增强其社会适应能力,提高其独立自主能力。这是社会工作预防性功能在儿童服务领域的具体体现。三是激发儿童潜能,促进儿童自我发展。挖掘个体潜能既是个体发展和实现个人价值的需要,也是社会发展的需要。儿童社会工作在实务中借助社会资源,通过专业手段,调动和启发儿童自身潜能,引导儿童发现自我、成就自我。这是社会工作发展性功能在儿童服务领域的具体体现。

(二)掌握儿童发展特点是做好儿童社会工作的基础

儿童与青年、成年在身心发展特征上有很大不同,儿童不同年龄阶段也有不同身心发展特征,不同儿童个体又有差异性。以儿童为服务对象的儿童社会工作,必须充分认识儿童发展规律性,才能清楚确定儿童社会工作的介入角度、介入方式和具体工作方法。具体而言:一是重视社会环境对儿童的影响。身心脆弱的儿童,其健康成长具有依赖性,生存环境是其成长的重要影响因素,因而改善社会环境,为儿童发展提供资源和支持是儿童社会工作的重心,是解决儿童问题、促进儿童成长的重要途径。二是以儿童发展年龄特征为工作的出发点。儿童社会工作必须顺应儿童发展的客观规律,依据儿童生理、心理发展的可能性,选择合适的内容、方式和方法,才能促进儿童健康成长,否则将适得其反。三是重视儿童发展的差异性。首先是群体差异。儿童时期是人生快速发展期,不同年龄段、不同发展阶段的儿童身心特点有很大的差异性,比如幼儿期和学龄期儿童特点差别很大,学龄早期和学龄晚期也有明显不同特点。因而不同发展阶段、不同年龄段的儿童,应选择不同的儿童社会工作模式。其次是个体差异。由于遗传、养育方式、文化环境等因素的不同,儿童个体身心特点也有差异性,儿童个案工作是遵循儿童个体差异性的集中反映。

四、学龄儿童社会工作特点

(一)服务领域的特点

学龄儿童社会工作领域处于儿童、青少年、学校三个领域社会工作的交集区。从理论上看,学龄儿童正是儿童成长的重要阶段,是儿童从家庭跨进学校、走入社会的基础阶段,其中大龄儿童正处于儿童迈向青少年的过渡期,因而学龄儿童社会工作正处于儿童、青少年、学校三个领域社会工作的交集区。

从实际工作看,在我国的实际工作中:宪法规定 14 周岁以下为完全不负刑事责任阶段;各地妇女联合会工作对象为儿童以及中国少年儿童先锋队,这两类儿童年龄规定的上限为 14 周岁;依据我国有关法律、党团工作和社会工作理论,青少年社会工作对象年龄界定在 14~28 岁之间,多见于 14~22 岁之间,主要地点在社区、学校和家庭,涉及发展、预防和治疗三部分。学校社会工作可分为四个年龄段:一是小学(6~12 岁)儿童社会工作;二是初中(12~15 岁)主要是青少年社会工作;三是高中(15~18 岁)青少年社会工作;四是大学(18~22 岁)青少年社会工作。因而,儿童、青少年、学校三者的社会工作实务并非泾渭分明,而是互有交集。(如图)。

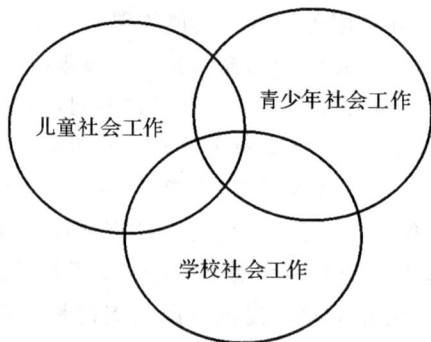

图 1.1　儿童、青少年、学校社会工作的相互交集

(二)服务内容的特点

学龄儿童社会工作服务内容主要有:一是学校适应问题。(1)学习适应问题。学龄儿童从家庭教育走向学校教育,从感性学习走向抽象学习,会出现学习焦虑。(2)社会关系适应问题。学龄儿童从家庭走向学校,社会关系也由以家庭为中心扩大为以家庭学校为中心,社会关系在原来的家庭关系、邻里关系、亲戚关系基础上又增加了同学关系、师生关系等,因而刚走出家门的儿童面临着新的社会关系适应问题。二是安全问题。这一时期儿童更独立地从家庭走向学校,与家长分开的时间更长,不受家长控制的时间更多,冒险的机会更多、可能性更大。且这一时期的儿童对社会活动规则不熟悉,行为不规范,避险能力差,因而容易发生安全事故。道路交通事故、跌落、烧烫伤、溺水、中毒等成为本阶段的主要安全事故。三是社会适应问题。学龄期儿童开始以相对独立身份走向社会上,面对社会上不理解的各种新事物,特别是青春期来临,会出现恐惧、焦虑,如果未能给予正确引导和启蒙,有可能出现未成年犯罪现象。

（三）服务宗旨的特点

社会工作的专业宗旨是"助人自助"，而儿童社会工作宗旨则定为"助人及自助"，这是充分考虑到儿童这一特定的服务对象的特征。即儿童处于生理成长期，其心智能力和社会经验也处于发展期，还未具备和完全具备行为能力，因而无法自行承担其行为后果，所以这个阶段社会工作的重点是"助人"。当然，在学龄期儿童社会工作中，强调助人的同时也应重视发挥儿童的自助，特别是随着儿童年龄的增长，其自助的能力不断提高，专业服务的重点再逐渐过渡到"助人自助"。

（四）服务方式的特点

1. 服务对象自决的特点。服务对象自决是指服务对象有自由选择和决定的需要和权力，社会工作者在服务过程中有义务尊重服务对象的权利和选择，避免过渡影响服务对象的决定。学龄期儿童的特点决定了他们的独立能力既低于成年人，又远高于婴幼儿，社会工作者在服务过程中应尽量发挥他们的自主作用。一要尽量发挥学龄儿童的主观能动性。虽然学龄儿童还不完全具备行为能力，但独立能力正在提高，因而应尽量发挥他们的主动性，认真听取他们的想法，给予他们更多的选择空间。二要教育引导学龄儿童提高自主能力。学龄期儿童开始学习进入社会所需的知识和技能，应引导他们学会认识社会，正确处理人与人的关系，树立正确的价值观；引导他们掌握学习方法，提高学习能力；通过合适的途径增进其监护人和社会对他们的保护，同时加强教育和引导他们学会自我保护。

2. 服务需求满足方式的特点。依据马斯洛需求层次理论，儿童的需要表现为生存需要、爱的需要、学习需要、游戏需要、社会化需要、被保护需要。如果说成人需要的满足主要依靠其个体积极主动实现，那么儿童需要的满足则必须依靠家庭、社会和政府多方的支持、帮助，甚至上升为法律强制保护。

3. 服务手段的特点。社会环境对学龄儿童成长的影响力比对成人的影响力大得多。家庭、学校、同辈群体、大众传媒是四个影响学龄儿童的重要社会因素，其中家庭是最大的影响因素。因此，开展儿童社会工作时，社会工作者应重视学龄儿童问题与环境的关系，并努力通过改善环境以解决学龄儿童问题。

4. 服务原则的特点。掌握儿童背景资料是儿童社会工作的基础，但在收集资料过程中，特别是访谈或专业问卷调查，社会工作者必须获得其监护人的同意，同时有义务对服务对象资料和评估结果保密，如因工作需要公开服务对象资料时，必须取得服务对象和其法定代理人同意，并防止其具体身份信息的泄漏。

(五)服务方法的特点

1.游戏是重要方法。由于儿童心智还处于发展中,表达还处于学习中,因而,他们生活中的困惑或遭受的伤害还难以用语言表述出来或表达清楚,何况许多事情也不宜表达,因而游戏是儿童最好的表达方式或治疗方法。学龄儿童也不例外,学龄儿童在游戏中成长,在游戏中认识和了解社会,在游戏中学会与人相处,在游戏中化解内心的焦虑。游戏类型多样,有想象互动游戏、沙盘游戏等,应根据不同服务目标、不同年龄段特点,选择不同游戏类型。如心理治疗和心理辅导主要选择沙盘游戏,年龄较小的应选择参与型的想象游戏。

2.小组工作是常用方法。学龄儿童处于半成熟、半幼稚期,社会环境仍是影响其成长的重要因素,小组工作对学龄儿童成长更具重要意义。学龄儿童小组工作类型多样,有各种课外兴趣班、课外补习班、假期(假日)主题活动、志愿服务小队、亲子活动等。小组工作中,学龄儿童通过朋辈互动,学习经验,改变自己;通过亲子互动,增进家长与孩子间的沟通,以改善家庭环境;通过社工引导发现自己,提高自己。儿童小组工作不同于成人小组工作,应注意:一是活动安排要有趣又安全。二是活动规则要简便易行。三是探讨问题应通俗易懂,避免复杂、抽象、高深。四是社会工作者要具有很强的亲和力。

3.社会工作介入是重要的个案方法。学龄儿童身心智初长成,较为脆弱,可塑性大,如果儿童身心受伤害而不及时纠正,对儿童成长将造成危害,严重的可能导致儿童心灵扭曲,甚至走上犯罪道路,特别是当前学龄儿童受虐现象(包括身心受虐待、恐吓、物质和精神上得不到应有的照顾和关爱)依然存在。社会工作者应加以重视,细心观察,及时发现儿童身心问题,并及时介入。特别对于受虐儿童,社会工作者应积极联系、配合家庭、学校、医院、司法、公安、儿童保护机构、社区及其他社会资源,积极介入,努力把对受虐儿童的伤害降至最低程度。

第二节　晋江市儿童之家"四点钟学校"项目

一、项目背景

学龄儿童社区照管面临新问题。一是大量流动儿童失去传统社区照管。改革开放以来,特别是 20 世纪 90 年代后,随着市场化、城市化进程加快,人口流动加快。全国第六次人口普查数据显示:截至 2010 年 11 月 1 日,全国流动儿童(0~17岁)已达3581万人,其中小学学龄儿童929万,占全国同龄儿童百分比为10.99%。[①] 流动儿童随同家人流动到较发达城市,在陌生的城市里,学龄儿童失去了传统社区照管条件,新的社区环境尚未建立,家人又因工作需要无暇或无力照管,导致流动儿童存在人身安全隐患、家庭关爱不足、朋辈交往缺乏、社会认知偏差等问题。二是传统学龄儿童社区照管模式逐渐衰退。我国传统社会以熟人关系为主要特征,儿童放学后的管理,以大家庭的"以老带小"或邻里之间的相互照应为特征。随着市场化、城市化,家庭小型化进程加快,单位体制改革不断推进,社区体制开始建立,传统熟人社会正向陌生人社会转变,社区居民交往减少,邻里关系情感淡化,传统学龄儿童社区照管模式走向衰退成为必然趋势。三是新型儿童社区照管模式有待改进。伴随传统学龄儿童社区照管模式的退出,全国各地各种托管形式的"四点钟学校"不断涌现,典型的有:宁波、江苏镇江、长沙、厦门、深圳罗湖、青岛等地探索性的新型学龄儿童社区照管模式。新型学龄儿童社区照管模式类型多样,有以营利为目的的,由私人开办或学校依托学校资源承办的收费的"四点钟学校";有政府机关、企业、事业单位等经几轮改革残存下来的,没有编制的免费的单位"四点钟学校";有政府支持引导的,依靠社会力量设置的具有儿童社区照管性质的儿童托管机构;有志愿者自发开展,非营利组织支持的儿童社区照管;有由居委会或物委会牵头,组织热心公益的社区老人组建的儿童社区照管。各种新型的儿童社区照管模式,一定程度上解决了儿童放学后管理的困难,但由于缺乏制度安排,政府缺位、社会志愿的不足,因此也导致这些儿童社区照管覆盖面小,缺乏资金、人员,影响儿童照管的持续性、规范性和专业性。如困难家庭的孩子得不到应有的照顾;出现了变相收费、变相为课后补习班等许多不良现象。四是晋江市儿童社区照管问题。晋江市儿童社区照管同样面临传统熟人社区照管的衰退和新型儿童社区照管困境,更面临着外来流动儿童社区照管问题。晋江市地处东南沿海,以民营经济发达而闻名。民营经济发达的晋江吸引了大量省内外流动人口,目前晋江拥有外来人口110万人左右,基本与当地户籍人口数持平。外来人口子女就学照管成为流动人口管理的重要问题。截至2014年9月2日,晋江市外来人口子女小学生共112886人,占晋江在校小学生总量66.3%。妥善解决外来务工人员子女的儿童社区照管问

[①] 新公民计划.中国流动儿童数据报告——2014[EB/OL].http://wenku.baidu.com/view/b6ca1d55bb68a98271fefa93.html.

题,既是为外来工提供良好工作环境的需要,也是保障儿童合法权益的需要。

构建现代儿童社会工作模式面临新机遇。一是中央不断释放利好改革信号。随着改革的深入,我国政府职能加快从"全能型"向"有限型"转变,从管制型向服务型转变。正确处理政府、市场、社会关系,推进政企、政社、政事分开,大力发展社会组织,实现政府、市场、社会的合理分工,已成上下共识。2012年,十八大报告提出"在改善民生和创新管理中加强社会建设"。同年,民政部、财政部出台《关于政府购买社会工作服务的指导意见》。党的十八届三中全会明确指出"推广政府购买服务,凡属事务性管理服务,原则上都要引入竞争机制,通过合同、委托等方式向社会购买""加强地方政府公共服务、市场监管、社会管理、环境保护等职责"。2015年,李克强总理在政府工作报告中明确提出"加强和创新社会治理,发展专业社会工作"。中央上述改革精神,为政府支持社工组织和儿童社会工作发展,提供了有力的政策支持。二是泉州市政府出台相关政策支持。晋江市所属地级市泉州出台相关政策,为本地区社会工作发展提供了有力支持。2013年,泉州市出台《关于进一步加强社会工作专业人才队伍建设的意见》,明确规定扶持民办社工机构和具有资格的专职社工,在城市社区要开辟社会工作服务场所,到2015年,每个社区配置1名以上社工。同年,泉州市出台的《关于进一步培育发展和规范管理社会组织的意见》,进一步放开社会组织登记管理,要求政府各部门要明确可以转移给社会组织的职能范围,逐步将能够由社会组织承担的有关行业管理职能、服务职能和社会管理中的技术性、事务性、辅助性职能等,转移给具有相应资质的社会组织承担,符合条件的实施政府购买服务。2014年,泉州市政府出台《推进政府向社会力量购买服务暂行规定》,进一步明确了政府购买服务的具体事项、方式(合同管理)、程序和评审机制,社会公共服务和社会服务是其中重要事项。这些"意见"或"规定"为推进泉州地区政府购买社工服务提供了有力的政策支持。三是晋江市政府大力推动。晋江市作为经济较发达地区,被确立为全国、全省的政府改革、社会改革先行区,为构建现代儿童社会工作模式提供了良好契机。2009年晋江市被民政部列为全国第二批社会工作人才队伍建设综合试点地区之后,市政府大力加强社工组织和社工队伍建设,积极探索政府购买社工服务。2011年,晋江市首家民办专业社工机构——晋江市致和社工事务所成立。2012年2月,晋江市制定颁布《晋江市儿童发展纲要(2011—2020年)》,为促进晋江市儿童事业的持续发展提供了政策保障。

二、项目内容

为推进晋江市服务型政府建设,加强政府公共服务职能,促进儿童社会化服务,构建现代儿童社会工作模式,解决小学儿童放学后、家长下班前孩子无人看管的问题,维护儿童合法权益,促进儿童发展,2013 年 4 月,晋江市委文明办、晋江市妇女联合会、晋江市关心下一代工作委员会、晋江市科学技术协会,共同开启晋江市儿童之家"四点钟学校"项目(以下简称晋江市"四点钟学校"项目),至 2014 年,共选取了 17 个基础条件较为成熟、外来人口较为集中的试点单位,以向社工组织购买专业社工服务的方式,开展具有现代儿童社会工作雏形的"四点钟学校"试点工作。

(一)服务主体

1. 政府。晋江市"四点钟学校"项目的购买主体是由晋江市妇女联合会牵头负责的,晋江市委文明办、晋江市关心下一代工作委员会、晋江市科学技术协会参与。一是项目资金来自市财政拨付。2013 年以来,晋江市财政为"四点钟学校"项目拨付经费的内容包括:为每个试点单位下拨 5000 元运作经费;购买社工岗位,为每个"四点钟学校"试点单位配备一名专职社工;市科协为每个试点单位捐赠价值 3000 元的科普器材。二是实行招投标管理制度。晋江市妇联牵头负责项目招投标,制定项目管理制度,项目工作指导,对项目执行过程进行监督及结果评估。

2. 各试点单位。从 2013 年到 2014 年,先后共 17 个(2013 年 10 个,2014 年在原有 10 个的基础上退出 2 个又新增 7 个)试点单位承接开展"四点钟学校"项目。17 个试点单位分别是社区、学校、企业这三种类型的"四点钟学校",三种类型的"四点钟学校"各有特点(详见表 1.1)。试点单位要为"四点钟学校"提供室内活动场所,配备相应的桌椅、文具等,为项目开展提供所需的活动器材及其他个性化服务,保障学校安全和正常运行。

3. 社工组织。社工组织是项目的承接单位,是项目服务的直接提供者和具体实施者。晋江市致和社工事务所(以下简称"致和社工事务所")中标"四点钟学校"项目,成为项目的承接单位。作为承接单位应根据《购买"四点钟学校"社会工作专业化服务合同》的要求,管理培训社工,提供具体服务。

表 1.1 "四点钟学校"所在试点单位的类型及特点

类型	试点单位	特　　点
社区	罗山华泰社区、青阳永福里社区、梅岭竹园社区、灵源林格社区、西园后间社区、梅岭梅庭社区、池店桥南片区、金井围头村、内坑湖内村、磁灶镇岭畔村	1.试点社区多是文明先进社区,配套设施较为完善,可整合使用的资源较为丰富; 2.学员的来源以宣传招募、自主报名为主,数量控制在 30 名以内,比较稳定; 3.课后四点班的出勤率高于周末工作坊; 4.家长陪同参与活动的概率较高; 5.学员的整体素质较高,比较容易管理,但对社工服务的质量要求较高; 6.平等对待、培养美德、促进家庭参与社会活动是拓展性服务目标。
学校	金井岱峰中心小学、青阳崇德小学	1.试点学校的学生大多数为外来务工人员的子女,家庭经济水平普遍不高,安全照顾、课业辅导、成长教育需求明显; 2.学员的来源以班主任推荐为主,数量控制在 20～30 人,各班分配名额,优先考虑需求迫切的家庭子女; 3.课后四点班和周末工作坊出勤较高,学员稳定,有利于社工开展服务; 4.朋辈关系处理的需求较多; 5.营造良好的学习互动环境是深入服务目标。
企业	西滨优兰发公司、龙湖百宏公司、新塘泓涌(福建)机械有限公司、龙湖鑫华股份有限公司、福建柒牌集团、陈埭远通鞋业有限公司	1.通常由企业的工会参与负责"四点钟学校"管理; 2.学员的来源以宣传招募、自主报名为主,数量原则上控制在 30 人以内,但需求较大,难以满足,寒暑假更是需求的高峰期; 3.周末工作坊的学员需求量比课后四点班大; 4.学员来自五湖四海,管理难度比较大,学员缺勤率、流失率相对较高; 5.个案工作、家庭服务需求大; 6.发展学员潜能,协助构建家庭良性沟通机制,促进社会融入是最重要的服务目标。

(二)服务对象

晋江市"四点钟学校"项目服务对象是符合要求的在校小学生,是通过综合各试点学校、社区、企业这三类试点单位的需求而选定的。每班控制在 30 人以内,如有超过人数的,则由试点单位派人协助管理。

晋江市×××街道×××社区儿童之家"四点钟学校"学员管理办法

一、"四点钟学校"学员准入条件

1.为试点单位辖区内的儿童;

2.一到六年级小学生;

3.父母为双职工的优先考虑;

4.来回"四点钟学校"有人接送;

5.购买了人身意外保险;

6.接受《服务协议》条款;

7.无先天性疾病的、身体健康儿童。

二、"四点钟学校"学员管理规定

1."四点钟学校"开放时间为周一至周五下午 16:00～18:00,周六上午 8:30～11:30,下午 14:30～17:30。(各试点单位视实际情况作出调整)

2.通过"四点钟学校"学员准入条件审核且其家长或监护人签订了"四点钟学校"《服务协议》的儿童少年方可成为"四点钟学校"的学员,享受"四点钟学校"提供的服务。

3.学员进出"四点钟学校"均需向负责社工报告,无故迟到或早退三次以上,视为自动离校。

4.学员须遵守"四点钟学校"日常管理规定,服从负责社工安排,如有违反并屡次劝导不改者,通知家长,甚者责令退出。

5.学员入校离校均需办理相应手续。

6.为保证"四点钟学校"教学质量,每班学员人数控制在 30 人以下。

(三)项目目标

1.关注儿童,特别是外来流动儿童融入社区生活,丰富社区儿童的课余生活,减轻父母对儿童非在校时间的照顾负担,为儿童提供一个互相交流的平台,从"个人—家庭—社区"全面提供支持,以实现"家庭和谐、社区发展、社会进步"的目标。

2.通过社工和志愿者的共同努力提高儿童的学习兴趣、开阔视野、树立理想和信心,最终帮助孩子健康成长、全面发展。

（四）服务内容

从学生的实际需要出发，以德智体美劳全面发展为准则，开展"学习乐园"课后四点班、"童心大本营"周末工作坊和寒暑期冬夏令营等活动项目。同时，根据学生的实际需求情况有针对性地开展个案工作、小组工作、社区工作和学生团体活动，让学生在课外时间既得到一定的安全防护又享受丰富的课余生活，促进学生全面发展，又挖掘个性潜力；既解决儿童照护的社会问题，又解决儿童自身成长的问题。

（五）服务时间。"学习乐园"课后四点班活动时间原则上为每周周一至周五下午 16：00～18：00；"童心大本营"周末工作坊活动时间原则上为每周周六上午 8：30～11：30，下午 14：30～17：30；寒暑期夏令营活动时间视具体情况而定。

三、项目性质

从服务对象、内容、目标、模式看，晋江市"四点钟学校"项目体现了全新儿童社区照管理念。即儿童不再只是父母的私人财产而是社会共有财富，对儿童的教育保护，家庭、社会、政府都负有重要责任；对儿童的保护不再局限于对不幸儿童的救济，而是面向全体儿童的所有成长问题的照护；对儿童的照护也不再局限于简单的照管，而是重视专业化服务。因而，可以说晋江市"四点钟学校"项目具有了现代儿童社会工作雏形。具体表现如下：

1. 晋江市"四点钟学校"项目列入政府职责范围。本项目是晋江市政府以购买服务方式提供支持。晋江市政府向"四点钟学校"试点单位下拨项目运作经费，以招投标的方式向社工组织购买社工岗位，为每个"四点钟学校"配备一名社工，为"四点钟学校"的学员提供专业服务。在整个活动过程中，晋江市妇联履行监督、协调、评估的职责。总之晋江市政府在"四点钟学校"项目中，承担了提供者和监管者的职责。

2. 晋江市"四点钟学校"项目是专业化的服务活动。中国传统儿童社区照管是在熟人社会中，家长借助自有知识，凭借自身经验，以自有方式照管儿童。传统儿童社区照管方式有其人性化优势，但也存在科学性、时代性不足。现代儿童社区照管引入社会工作专业化服务，推进儿童社区照管科学化、现代化。晋江市"四点钟学校"配备了社工岗位，社会工作者借力社会资源，开展个案工作、小组工作、社区工作，为学员提供专业化服务，标志着学龄儿童社区照管开始走向社会工作专业化服务道路。

3. 晋江市"四点钟学校"项目是积极的、全面的照护。本项目所在试点单位,服务对象并不限需要救济的个别不幸学龄儿童,而是为试点单位"四点钟学校"全体学龄儿童开展全方位服务。服务内容涉及德智体美劳,服务目标在于帮助孩子健康成长、全面发展。因而,本项目既为下午四点钟放学后的小学儿童提供安全活动场所,解决家长的后顾之忧,也针对学员的个别困难和具体问题加以辅导,更在于努力解决学龄儿童存在的普遍性问题,发现挖掘儿童潜能,以促进儿童全面发展。本项目的积极全面照护,蕴含了现代儿童社会工作的积极儿童福利观。

四、项目意义

(一)填补儿童社区照管的社会空白

晋江市"四点钟学校"项目是在政府支持引导下,构建政府、市场、社会多方责任体系的儿童社会工作模式。这种模式资金保证、制度规范、公益彰显,弥补了传统社区儿童照护模式退出后儿童社区照护中的市场失灵、社会志愿不足和政府的效率失灵等不足,填补了传统儿童社区照护退出的社会真空。

(二)提升了儿童社区照管的品质

传统儿童社区照护,是一种"以老带小"、邻里之间相互照顾、邻里儿童之间游戏的关照模式,这种模式通过传统社区和家庭传承了传统文化,为儿童提供心灵家园;通过传统社区,为儿童活动提供安全平台,促进了社会稳定。但传统儿童社区照护存在单一性、封闭性,不利于儿童全面健康发展。晋江市"四点钟学校"项目,不仅为儿童提供安全活动保障,为同龄儿童互动提供活动平台,同时在社工的协助下,充分整合社会资源,丰富儿童活动内容,促进儿童德智体美劳全面健康发展,促进了传统儿童社区简单照管向现代儿童社区全面照管转变,提升了儿童社区照管的品质。

(三)填补了政府在儿童社区照管中的空白

儿童社区照管公益性强,在市场化、城市化、家庭小型化的背景下,现代政府对比责无旁贷。随着社会的变迁,社会问题的复杂化、人们需求的多元化以及公平意识的增强,救济型的儿童福利已经远不能满足目前社会的需求,专业化的积极的儿童福利服务急需发展,而当前政府职能定位中的儿童社区照管仍然缺位。晋江市"四点钟学校"项目,政府采取了以购买服务形式来提供支持,顺应了历史发展趋势,弥补了政府在儿童社区照管中的缺位。

(四)提升了社区的自治功能

传统儿童社区照管是自然社区的互助性的相互照应,20 世纪 90 年代末出现类似"四点钟学校",更多是基于安全考虑的托管。晋江市"四点钟学校"

项目中,社区居委会则充分利用和整合社区资源,在政府支持下,在社工组织的专业服务下,充分发挥社区的校外教育和管理功能。社区居委会从传统作为居民之间的桥梁作用向主动反映居民诉求、整合社区资源、服务社区居民的角色转变。因而该项目的实施,推进了社区和谐建设,提升了社区自治功能。

（五）促进了社工组织发展

社工组织是指由社会创办、主要从事社会工作专业服务的社会组织,在我国又称之为"民办社工机构",在国外或我国港台地区一般称为非营利组织或社会服务机构。当前我国社工组织发展处于起步阶段,推进政府向社工组织购买服务,是促进社工组织发展的重要举措。政府向社工组织购买服务不仅为社工组织发展提供资金来源,而且为社工组织的发展提供人才支持。社工组织通过承接公共服务也可以同步加强自身机构和制度建设。致和社工事务所承接晋江市"四点钟学校"项目,拓展了自身业务,拓宽了资金来源,提高了组织管理和服务水平。

（六）培育和弘扬了志愿精神

晋江市"四点钟学校"项目,以"寒暑期冬夏令营"活动为载体,探索"社工＋志愿者"的方式,通过社工带动、引导志愿者发挥所学所长,提高志愿者的素质,发挥志愿者的作用。这既为大学生提供了假期实践活动基地,也为学生青年志愿者奉献社会提供了活动平台;既有效地解决了"四点钟学校"假期活动社工人手不足的问题,又拓展了项目服务面,提高了项目的服务质量和影响力,也弘扬了志愿精神。

第二章

政府与"四点钟学校"项目

第一节　儿童社会工作与公共服务

一、儿童福利与儿童社会工作

(一)儿童福利内涵

广义的儿童福利是指面向所有家庭和儿童提供的服务,联合国《儿童权利宣言》指出:"凡是以促进儿童身心健全发展与正常生活为目的的各种努力、事业及制度等均称之为儿童福利。"[①]其内容包括对儿童时期的生理、心理、社会环境提供满足需要、促进发展的社会政策、专业科学知识以及具体行为等的总称,它包含着理念、社会政策、策略、机构、行为等多方面的内容。

(二)儿童社会工作是儿童福利的重要组成部分

儿童福利不仅是一种理念,更是一种服务,它体现在运用组织制度化方法对儿童问题的处理,因而儿童福利在实施操作层面上实际上是一种社会服务。儿童社会工作关注的焦点在于儿童与社会现实问题情境的互动关系。当个人面临不适的问题情境时,就需要社会工作者介入与帮助。儿童福利在于解决儿童发展需求与环境的冲突问题。儿童福利服务强调改变环境是一种可行且有效的促进儿童发展的重要方式。因而,包含理念、政策、行为等的儿童福利是儿童社会工作的伦理基础和社会支撑,而儿童社会工作则是儿童福利服务

---

① 陆士桢,等.儿童社会工作[M].北京:社会科学文献出版社,2003:178.

的体现。

二、儿童福利政策与政府责任

儿童福利在理念上显示了人们对儿童弱势地位的承认,对儿童生存发展权的尊重,而儿童福利要转化为服务则需要一整套儿童福利政策、一整套机构及完善的运行机制为支撑。儿童福利政策作为谋求儿童幸福的方针或行动准则,是国家社会政策的一部分。在民主法治国家,有影响的儿童福利政策主要有以下三种类型:一是自由放任主义型。这种政策强调儿童照顾应为家庭的权责,政府要尽量减少参与。政府应尊重家庭的自主性和个人的自主权,坚持最低干预原则,这对于政府、家庭和孩子都是最有利的。除非出现极端不适当的家庭照顾时,政府才给予特殊安置。二是国家干涉主义型。这种政策认为儿童不是家庭永久的财产,对于儿童照顾,家庭只是一种受托者角色。主张政府应以儿童福利为优先考虑,积极介入家庭事务,避免儿童遭受不适当的照顾。若家庭未能提供适当的照顾,政府应强制收回照顾权,并交由更适当的人负责。三是家庭及父母权利型。这种政策强调家庭及父母对子女照顾的重要性,认为国家有积极介入儿童保护的必要,但政府的介入应是支持和维持家庭的功能。服务主要面向低收入家庭、单亲家庭的协助,双职工家庭的托育服务等。三种儿童福利政策不同之处主要在于服务主体权力与责任的大小不同。其中国家干涉主义型认为国家是儿童照顾最大的权责主体,家庭是受托者,而其他两种则主张家庭才是主要的权责主体,政府则起托底和补充作用。但无论如何,在民主法治国家,政府对儿童照顾负有责任。

三、中国儿童福利体系

(一)形成了较为完备的儿童福利法规体系

具体表现在:国家基本法包含对儿童的保护内容,如:宪法、婚姻法、劳动法、刑法、民法、诉讼法等法规。具体法规中包含对儿童实施特殊保护,如义务教育法、教师法、残疾人保障法、食品卫生法等。有专门对儿童实施保护的法律法规,如未成年人保护法、收养法、妇女儿童权益保障法等。有对特殊状态儿童实施保护的法规,如《公安机关办理未成年犯罪案件的若干规定》《全国人民代表大会常务委员会关于严惩拐卖、绑架妇女儿童的犯罪分子的决定》等。

(二)建立了与儿童福利相关的机构和运行机制

主要机构有国务院妇女儿童工作委员会、共青团系统、妇联系统和民政系统。国务院妇女儿童工作委员会是一个综合协调机构,民政系统是政府的职能部门,共青团系统和妇联系统则是属群众团体。这些机构都承担着协助政府管理青少年和儿童事务的职能。

（三）妇联系统是儿童福利服务的重要系统

它的工作对象主要是幼儿、学龄儿童和妇女,其工作的角度较多地在妇女与儿童的天然关系上。妇联下设儿童部,主要负责学龄前儿童教育、家长教育,开展各项有关儿童的活动,并协调与其他社会团体及政府有关部门的关系。其经费来源主要是政府拨款。妇联系统不同于共青团系统在于:妇联透过家庭和社会使福利对象受益,即通过推动家庭教育来改善儿童家庭教育环境;通过动员社会力量来推动儿童少年工作发展。

第二节　公共服务供给中政府职责与角色

一、公共服务中的儿童照管

在现代社会,所谓"公共服务"就是指使用公共权力和公共资源向公民(及其被监护的未成年子女等)所提供的各项服务,涉及教育、科技、文化、卫生、体育、基础设施建设等公共事业。基本公共服务是公共服务的基本部分,通常包括基本医疗卫生、基本教育、社会救济、就业服务和养老保险,社会工作服务贯穿于基本公共服务的各项内容。儿童照管涉及基本教育和社会救济事项,是基本公共服务的重要内容。统计资料显示:世界各国对社会组织活动的资助总体上主要在卫生、社会服务和教育科研三个领域,而儿童和家庭看护是其中重要内容。[①] 基本公共服务标准因各国社会经济发展水平不同而不同,儿童照护公共服务范围和水平也因此而不同。

二、提供基本公共服务是现代政府应尽的职责

提供基本公共服务是现代政府的基本职责,也是公民的基本权利。在公共服务中,政府的职责包括投入必要的公共资金、确定服务标准和方式、监督服务质量和绩效、调动社会资源保障供应等。

现代国家承担公共服务职能的主要是各级政府部门。在我国也不例外,

---

① 王浦劬,等.政府向社会组织购买公共服务研究[M].北京:北京大学出版社,2010:206.

但在我国承担公共服务职能的还有党委下属的政法、综合治理等部门,有工会、共青团、妇联等群团组织,以及一些承担行政管理职能的事业单位。这些部门、组织和单位所承担的大量、具体的公共管理与服务工作都归属于财政预算管理范畴。

推进政府向现代服务型政府转型是我国长期的艰巨任务。改革开放以来,我国政府逐渐加大对公共服务的投入,但当前仍存在基本公共服务覆盖面小、标准低、不均等等问题。推进我国政府向服务型政府转变,建立健全政府承担基本公共服务最终责任的体制机制是深化政府改革的一项重要任务。

晋江市推出儿童之家"四点钟学校"项目,政府承担了儿童社区照管应尽的责任,这是晋江市政府向现代服务型政府转变的新探索。

三、政府在公共服务供给中的角色

在公共服务供给中,政府既能作为一个安排者,也可以作为一个生产者。当政府既是安排者又是生产者时,政府就是直接提供者。当政府作为安排者不直接提供生产而选择由生产者提供时,政府就成为间接提供者。安排者与生产者存在多种合作模式,如果模式不同,则政府的角色也不同。具体来说有以下几种:政府直接提供的公办公营模式;政府间接提供的有:公办民营模式、合同购买模式、民办公助模式。

政府购买公共服务是政府间接提供公共服务的一种重要模式,是当前最为流行的模式。它是指政府通过发挥市场机制作用,将原来直接提供的公共服务事项,按照一定的方式和程序,交给具备条件的社会力量承担,并由政府根据其所提供的公共服务的数量和质量支付服务费用。[①] 政府购买服务主要目的在于在公共服务领域引入竞争机制,以提高公共服务效率。政府购买服务对象可以面向企业,也可以面向非营利性社会组织,或通过协议方式向事业单位或其他政府部门购买。以社会公益为宗旨的社会组织具有非营利性特征,其主要活动领域和业务范围与政府公共服务存在交集,因而社会组织被公认为是政府购买公共服务的主要对象,因此政府购买公共服务往往等同于政府向社会组织购买服务。

政府在购买公共服务中承担安排者角色。政府购买公共服务有三个基本参与者:安排者(提供者)、生产者(直接提供者)、消费者。政府作为安排者,通

---

① 王名,等.社会组织与社会治理[M].北京:社会科学文献出版社,2014:314.

过选择服务的直接生产者来保障服务供给。生产者包括企业、事业单位和社会组织,生产者直接组织生产或者直接向消费者提供服务。随着公共服务社会化、市场化,社会组织正逐渐成为重要的生产者。消费者主要是公民,也包括企业、社会组织和政府部门。在政府购买公共服务中,政府、公民、社会组织是三大主体。作为安排者的政府充当着规划者、出资人和监督者的角色;公民既是消费者又是评价者;社会组织则在政府购买服务体系中处于中心的环节,联系着政府和社会公众,是政府购买服务的申请者、承担者和具体实施者。

政府购买公共服务正成为全球公共管理改革的重要方向。20 世纪 80 年代,面对"福利危机"和财政危机,西方国家出现了新公共管理思潮,政府购买公共服务渐成趋势,并影响了全球政府改革。政府购买公共服务理论更加成熟。在现代市场经济条件下,面对复杂的经济关系,市场存在提供公共物品失灵等不足,政府可以在提供这些物品上发挥重要作用。但政府也是理性经济人,有自身利益,因而政府的干预政策也可能无效,政府也会失灵,为此,寄希望于政府与市场之间的非营利组织来弥补双方的空隙。事实上志愿也会失灵,志愿失灵表现在志愿服务的不稳定性、不可持续。推进政府购买服务,有利于政府、市场、社会优势互补,分工合作,共同治理社会,推进社会走向善治。

政府购买公共服务正成为我国深化改革,创新社会治理的新举措。我国传统的公共服务主要是由政府直接提供,由于缺乏竞争,导致服务成本高、效益低、覆盖面小。通过政府购买服务,政府将一些公共服务具体事项委托给有资质的社会组织去做,发挥社会组织扎根基层、服务专业性的特点,使政府的公共资源最有效地服务于边缘人群,这既合理配置了公共资源,又提高了公共服务效益。我国内地政府推行购买公共服务,最早出现于 20 世纪 90 年代。1995 年上海"罗山会馆"的委托化管理模式是其重要标志,后来深圳、广州、北京、宁波、南京等城市陆续进行了实践探索。2013 年 9 月,国务院办公厅出台了《关于政府向社会力量购买服务的指导意见》,2014 年,财政部、民政部又发出了《关于支持和规范社会组织承接政府购买服务的通知》。政府购买服务已从地方探索,进入高层政策。自十八届三中全会以来,"政府购买服务"逐渐常规化,并成为政府提供公共服务的一种新形态。据中国社科院社会政策研究中心编纂的《慈善蓝皮书:中国慈善发展报告(2014)》称,2013 年,全国各级政府购买社会组织服务的总资金达到 150 多亿元。① 目前政府购买服务广泛分布于养老服务、医疗服务、扶贫、社区服务、就业服务、社会工作、残障服务等领域。

四、"四点钟学校"项目中政府的角色和职责

晋江市"四点钟学校"项目作为政府购买公共服务项目,其参与主体及职责表现为:政府作为安排者,由晋江市妇女联合会牵头负责组织领导、工作部署、项目督查等相关工作;社会组织——晋江市致和社工事务所则是生产者(服务直接提供者),主要负责日常业务指导、组织开展"四点钟学校"试点服务,负责项目专职社工的培训考核、工资福利保障等;"四点钟学校"项目的专职社工具体提供服务。由晋江市妇女联合会和致和社工事务所共同对项目专职社工考核和管理;晋江市妇女联合会、晋江市致和社工事务所、"四点钟学校"试点单位相关负责人、社会工作专家学者等组成督导团队,为专职社工提供业务指导和专业支持;试点单位(学校、社区、企业)既是生产者,也是消费者;在校小学生及家长是消费者。

在晋江市"四点钟学校"项目中,政府部门职责主要包括以下几个方面:(1)建立"四点钟学校"项目经费保障机制。将"四点钟学校"项目经费纳入财政预算,确保项目资金按照规定发放,以政府财政保障"四点钟学校"项目的正常实施,有效运转,持续开展。(2)建立底线儿童社区照管保障机制。儿童社区照管不同于以营利为目的的各种课后兴趣班、培训班,是政府免费提供的社会公益性服务,是学龄儿童的福利和保障。为此,政府根据本行政区域内居住儿童的数量和分布状况等因素,选择外来工子女较多、双职工子弟较多的社区、学校和企业,设立"四点钟学校",为有困难的家庭提供儿童社区照管,促进教育均衡发展和社会和谐。(3)制定"四点钟学校"项目内容、标准,设计组织招投标,建立管理制度。2014 年,晋江市妇女联合会委托招标公司对晋江市儿童之家"四点钟学校"社工服务岗位采购项目进行招投标设计。具体事项体现在《购买"四点钟学校"社会工作专业化服务合同》。(4)建立社工社会保障机制。"四点钟学校"项目是政府购买社工岗位的公益性社会服务,当前社工工资、福利水平不高,为稳定社会工作队伍,推进社会工作队伍发展,政府积极

---

① 盛梦露.民间报告:政府向 NGO 购买服务尚存诸难题[EB/OL]. http://china.caixin.com/2015－09－21/100854046.html.

采取措施,保障社工工资福利和社会保险待遇,改善社工工作和生活条件,为社工提供继续教育机会。(5)建立健全监督评估机制。具体包括:建立健全政府购买服务的审计监督和统计公告制度,对承接"四点钟学校"项目的社工组织和试点单位的资金使用和服务效果进行跟踪、检查、监督;建立社会、消费者、专业机构参与的多元监督评估机制;向社会公布社会福利服务预算,政府购买服务的价格、数量、与服务相关的各项质量指标;及时组织对已完成的社会服务项目进行结项验收。(6)建立奖惩机制。对在"四点钟学校"项目工作中做出突出贡献的组织和个人进行表彰、奖励;对服务质量较差的,督促进行整改;对违约或服务效果差的,追究责任或终止合同。

第三节　公共服务中政府与其他参与主体关系

一、公共服务中政府与社会组织的关系

在政府购买公共服务中,政府与社会组织是其中重要的参与主体,也是重要的一组关系,正确认识和处理政府与社会组织在政府购买公共服务中的关系,是推进政府购买公共服务、提高公共服务效率和质量的重要前提。

"社会组织"是在党的十六届六中全会提出后被我国广泛使用的术语,学界上使用这一概念,多数近似于"非政府组织""非营利组织""第三部门""志愿组织""公民(市民)社会"等概念,涵盖政府与企业之外的一切公益性和互益性组织。在官方,它主要是指合法登记的社会团体、民办非企业单位和基金会这三种形式。

从不同角度看,政府与社会组织关系有不同解读。(1)契约主义视角将政府和社会组织看作买家和卖家的市场平等交易关系。表现在:在公共服务市场上,政府将所购买服务的具体内容和要求进行招标,而为数众多的具有资质的社会组织通过公平竞争的方式参与投标,政府再选择合适的、优质的社会服务承担者。社会组织作为公共服务的生产者和具体服务的提供者,政府作为公共服务的安排者。二者在平等互利的条件下,共同签订政府购买公共服务合同,社会组织根据合同的要求,独立自主地运作,提供具体服务;而政府则根据合同的规定,向社会组织提供相应的资金,并对服务过程和结果进行监督评估。(2)法团主义视角强调两者关系的组织依附性质。此种视角认为,政府与社会组织存在着组织依附关系,平等关系只是理想状态,特别是社会转型时期的中国,国家力量依然很强大,社会组织则非常弱小,因而两者关系表现为依

附式关系,社会组织在依附中发展。(3)合作治理视角认为政府与社会组织之间是合作关系,但这种合作关系是平等的、互补的。

二、"四点钟学校"项目中政府与社工组织的关系

长期以来,我国一直存在着"强政府—弱社会"状态,典型表现为社会组织发展不足。一般而言,发达国家每万人拥有社会组织超过 50 个,发展中国家平均超 10 个。如法国为 110 多个、美国为 50 多个、阿根廷为 20 多个。[①] 而截至 2014 年底,我国每万人拥有的社会组织数量约为 4 个。在晋江市,目前已登记成立的社会组织为 828 个,备案社区社会团体达 829 个,全市每万人拥有社会组织数量为 16 个,算是走在全国前列,但总体而言,社会组织仍存在着独立性差、结构不合理等不足。比如公益性组织少,社工组织严重不足,支持型组织缺乏。目前全晋江市社工组织只有 10 个,只占社会组织总数的 1.2%。因而可以说"四点钟学校"项目中的政府与社会组织关系是一种"强政府"与"弱社会组织"关系,但同时又存在着平等交易关系和互补合作关系。具体表现如下:一是社工组织在政府帮扶下发展。2009 年 9 月,晋江市被民政部确定为全国第二批社会工作人才队伍建设综合试点地区。为更好地推动晋江市社会工作人才队伍建设试点工作,2011 年 4 月,晋江市致和社工事务所在福建省民政厅、泉州市民政局和晋江市民政局等各级民政部门的关心与指导下应运而生。作为晋江市民政局培育扶持的首家专业社工机构,晋江市民政局为其免费提供近 300 平方米的办公和生活场所。此外,政府通过购买服务支持致和社工事务所发展,截至 2014 年,中央财政、晋江市政府各部门、基金会、企业、村(社区)向致和社工事务所购买的公共服务已有四百多万元,其中"四点钟学校"项目经费就达 90 万元。政府购买服务已成为致和社工事务所发展的主要资金来源。二是社工组织以市场投标方式取得政府购买服务项目,体现了双方的平等交易关系。致和社工事务所在人事、资金管理和组织建设保持应有独立的情况下,通过市场招标方式取得政府购买服务项目,体现了社工组织与政府一定程度上的平等关系。三是政府与社工组织存在合作互补关系。政府与致和社工事务所的合作互补关系主要表现在:在项目中政府是安排者和监督者,而致和社工事务所则是生产者或服务的具体提供者。政府购买服务并非政府把事项委托给社工组织就了事,其中有一些事项需要双方合

---

① 王守杰. 非政府组织从传统恩赐向现代治理转型[J]. 河北学刊,2010(2).

作处理,特别是政府购买服务在我国刚刚起步,很多购买事项是在双方不断的沟通、协调处理中完成的。在晋江市"四点钟学校"项目中,晋江市妇联指定专职项目负责人,负责与购买单位沟通协调,涉及合作事项包括市场调查、试点单位的确定以及项目社工的培训等。

三、"四点钟学校"项目中政府与试点单位的关系

1. 晋江市"四点钟学校"项目中政府与试点单位存在委托关系。政府对于"四点钟学校"项目负有重要责任,除了承担购买社工岗位责任外,政府每年还为每个试点单位下拨 5000 元运作经费,市科协为每个试点单位捐赠价值 3000 元的科普器材。试点单位则受委托代行管理、行使监督权,负责对"四点钟学校"课业辅导进行督导和评估,必要时对"四点钟学校"的个案工作、小组活动和社区工作等进行监督、指导。

2. 晋江市"四点钟学校"项目中政府与试点单位存在合作关系。开展"四点钟学校"项目服务活动,既是政府履行公共职责的需要,也符合试点单位发展要求。在试点学校,一方面,学校是政府下属事业单位,学校资源是公共资源,因而开展"四点钟学校"项目是对公共资源的有效利用,也为试点学校教育发展注入活力。另一方面,"四点钟学校"项目是学校业务之外的工作,增加这一项目,要求政府增加投入。在试点社区,儿童社区照管是现代社区自治的重要内容,承接"四点钟学校"项目是加强社区自治功能建设的重要契机。对于试点企业,承接"四点钟学校"项目则是企业解决职工后顾之忧,为职工提供社会福利的需要。因而"四点钟学校"项目中,政府与试点单位有合作愿望和需求。政府负责购买社工和提供一定资金支持,试点单位则整合自身闲置资源,为"四点钟学校"开展提供活动条件,保障活动安全。

四、"四点钟学校"项目中的特殊消费者——家长

晋江市"四点钟学校"项目直接目的在于解决小学儿童从放学到家长下班这段时间的无人管理问题,因而家长是直接受益者和消费者。同时,家长又是特殊消费者,家长不仅享有获得政府与试点单位提供服务的权利,也应承担作为儿童监护者的责任。

1. "四点钟学校"项目中家长的权利:了解"四点钟学校"工作计划并提出建设性意见和合理化建议;对"四点钟学校"教育教学情况以及社工工作情况可予以评估;积极参与"四点钟学校"的辅导工作和周末工作坊活动等;尽力协助"四点钟学校"解决管理工作中遇到的困难和问题;监督"四点钟学校"的履

职情况,通过正常渠道与"四点钟学校"社工做好沟通。

2."四点钟学校"项目中家长的义务:承担"四点钟学校"项目服务范围之外的孩子安全管理;督促孩子遵守"四点钟学校"学员管理办法;配合"四点钟学校"负责人协商处理违反行为规范的相关问题;监督"四点钟学校"负责人工作,为孩子的成长发展提出建议与期望;配合"四点钟学校"的活动,及时提供孩子的信息;通过各种方式、途径协助"四点钟学校"开展教育教学工作;发挥各自所长,利用自身优势与社会资源,为学员开展参观、调查、访问等提供便利、帮助;加强家长之间的联系和沟通,宣传好的家教方法,创造良好的学习型家庭氛围,提升家长家教素质和能力。

第三章

社工组织与"四点钟学校"项目

第一节　社工组织及定位

一、社工组织及其属性

社工组织，又称为社会工作机构，在这里指民办社工机构，是由企业或个人创办，以社会工作者为主体，以"助人自助"为宗旨，遵循社会工作专业伦理规范，综合运用社会工作专业知识、方法和技能，开展困难救助、矛盾调处、权益维护、心理疏导、行为矫治、关系调适等服务工作①的社会组织。

社工组织是社会工作职业的重要载体。与其他社会组织不同，社工组织通过社会工作者及其他专业人员运用专业知识和技术提供社会服务，社工组织要以社会工作者为主体，以社会工作服务为主业。社工组织是吸纳社会工作人才的重要载体，是有效整合社会工作服务资源的重要渠道，是开展社会工作专业服务的重要阵地。

社工组织是社会化运作、自主经营的机构。社工组织是独立于政府之外的民办机构，法理上是相对独立的社会主体。社工组织生存发展高度依赖政府购买服务，政府应该引导和支持，但并不能干预其内部事务。社工组织为保持自身独立应兼顾自主运营和社会募集等多元化的资金筹措渠道和资源整合渠道，以增强自主经营的实力和能力。

---

① 邵青.民办社工机构承接政府购买服务:实践、困境与创新[J].求是,2012(4):51.

当前社工组织在我国一般注册为民办非企业单位。民办非企业单位是我国特有概念,它是指企业事业单位、社会团体和其他社会力量以及公民个人,利用非国有资产举办的从事非营利性社会服务活动的社会组织。因而社工组织具有民办非企业单位的特性,即民间性、非营利性、独立性、实体性、市场性和服务性,与其他民办非企业单位不同,社工组织是从事社会工作服务。

社工组织具有多元形态。从主体看,可以分为法人型、合伙型、个体型。不同类型的社工组织内部管理制度及应遵循的法律制度不同。比如法人型的,就要求有法人治理结构,人员管理、财务制度应遵循国家的法律制度。从服务内容看:由于社会工作面向儿童、青少年、老年人、妇女、残疾人等广泛人群,涉及家庭、学校、社区、医院等广泛领域,服务行为包括救助、矫正、心理辅导、关系协调等方面,内容具有广泛性和复杂性。不同领域、不同对象、不同服务行为要求社工有相应的专业能力,因应市场需求必须发展多样化的社工组织。社工组织多元化、专业化是成熟公民社会的基本特征。不同社工组织有各自明确的使命、宗旨、业务范围、服务重点、服务承诺等。业务领域专门化、服务内容综合化,是社会发展的需要,也是社工组织自身发展的要求。

二、社工组织在社会工作服务中的角色

社工组织是具体实施社会工作服务的承接机构。社会工作服务是现代社会服务的一种专业化服务方式,其目的在于帮助人们解决个人、群体(特别是家庭)、社区的问题,不断提高社会福利水平和社会生活质量。社工是提供社会工作具体服务的主体,而社工主要依托于社工组织提供社会工作服务。比如香港社会工作专业的人才有 70% 是就业于社工组织。随着社会服务社会化、专业化,向社工组织购买服务,逐渐成为政府、企业、社区及其他各种社会组织提供社会服务的新选择。社工组织通过组织其社工人员实施具体服务来获取购买费用,并接受购买主体检查监督。

三、社工组织与试点单位的关系

社工组织与试点单位是合作伙伴关系。试点单位社工由社工组织派驻提供服务,试点单位的领导、职员与社工之间不具有上下属关系,但又要相互尊重,协调好关系。试点单位可向社工组织反馈与提出意见,通常可从社工出勤、工作操守、工作热情、责任感、工作效果、沟通表达能力等方面向组织督导反映情况和意见。社工组织则通常由督导负责管理试点单位社工。督导的管理范围通常包括社工专业操守、社工介入手法和技巧、文档批阅、社工实务培

训、领域服务整体发展、资源运用和素质提升等。社工制定的服务计划必须与试点单位负责人洽商,再由组织督导批核。社工、社工组织借助试点单位场地、设施、人员等开展社会工作服务。因而,社工组织与试点单位是一种专业合作伙伴关系。

解决双头管理问题

由于试点单位与社工组织有各自的管理制度,双方在管理上可能出现分歧而导致社工无所适从,进而影响社会工作效果。为此,社工组织应主动要求试点单位指派一名领导负责社工日常工作事宜。当双方出现管理分歧,组织督导人员或者项目管理人员应与试点单位指派的领导及时沟通,以解决双头管理可能导致的问题。例如上下班时间、午休时间、问责机制等,以避免社工工作无所适从,或避免社工在两套管理制度中出现的不诚信行为等。

四、"四点钟学校"项目中社工组织的职责和作用

晋江市"四点钟学校"项目是政府购买儿童社会工作服务项目,晋江市致和社工事务所作为承接"四点钟学校"服务项目的社工组织,承担着重要职责,发挥着重要作用。

1. 是"四点钟学校"服务项目的直接提供者。致和社工事务所应依据与政府签订的合同(《购买"四点钟学校"社会工作专业化服务合同》),履行政府委托的具体服务事项,依照要求派遣社工,提供专业化服务。项目开展期间,组织统一安排对项目社工团队进行专业培训,包括专业理论、专业技巧、团队建设、"四点钟学校"项目专题培训等。

2. 是"四点钟学校"项目中社工人员的组织载体。政府向社工组织购买社工岗位或服务项目,社工组织则提供社工派驻服务,或通过组织社工人员实施具体服务。社工的劳动人事关系依托于社工组织,社工组织负有管理服务社工,承担社工的社会保障、社会福利和事故责任等职责。

3. 以试点单位为依托,实施具体服务。社会工作一般是依托社区、社工(援助)机构及其他场所。"四点钟学校"项目是具体依托试点单位而开展项目服务,致和社工事务所履行合同,必须与试点单位实现工作对接。由于各试点单位及学生具体情况不同、需求不同,因而具体服务项目内容要求也会不同。因而,致和社工事务所必须结合试点单位的情况,与试点单位磋商,根据对服务对象需求的评估,确定服务对象,选择服务的具体内容。

4. 整合社会资源,发挥社会创新作用。社工组织作为民办非企业单位,具有非政府性、非营利性、志愿性和互益性;作为社工组织,应倡导"助人自助"的服务理念。因而,社工组织在实施"四点钟学校"项目中,既有必要也有可能整合社会资源,发挥社会力量,参与社会工作服务。一是整合社区资源。致和社工事务所在项目运作过程中,应整合试点单位周边现有的青少年宫资源、学校资源、社区内退休老教师资源,为学员提供多样化的课程培训。二是整合社会资源。致和社工事务所通过创新服务模式,探索"社工+志愿者"的方式,社工带动、引导志愿者发挥所学所长,提供专业的服务,丰富儿童社区照管内容。三是推动社会创新。民办社工组织要发挥自身创新成本低、机制灵活、个性化、专业化的组织特点,推动政府购买服务内容、方式和方法创新,带动社会服务创新。致和社工事务所在"四点钟学校"项目中,主要通过周末工作坊、暑期夏令营及其他特色服务,创新儿童社区照管服务内容和服务方式,比如"和孩子说'羞羞脸'的事""创意手工""志愿者在行动""体验'溺水'"等。这些创新,既丰富了服务内容,也提高了服务质量,它反映了社工组织承接政府购买服务不仅在于履行合同,也促进了社会改进。

第二节　社工组织承接"四点钟学校"项目的方式与流程

一、承接项目的选择

1. 成熟的社工组织市场条件下,政府是确立购买服务项目的主体,社工组织一般根据自身条件承接政府购买服务项目。

政府是确立购买服务项目的主体。一般而言,成熟的政府购买公共服务的流程是:政府按照一定的程序选定购买的公共服务的范围、项目,并确定相应的预算;向社会公布政府购买的项目、购买价格、预算安排以及质量要求和各项服务指标等;对投标进行资质认定、选定供应商;公开投标;签订合同并实施相应的过程管理和监督;对这些组织进行绩效考核并按照绩效进行结算。

社工组织根据自身条件承接政府购买服务项目。在社会服务领域,大多数情况下,对老年人、残疾人等社会群体所提供的社会服务基本上都是人对人的服务,因而政府购买公共服务实际上是购买社工服务。社会工作服务作为公共服务的重要组成部分,具有涉及领域多、覆盖范围大、牵涉人群广等特点。从领域看,既涵盖社会福利、社会救助、社区建设、精神卫生、教育辅导、残障康复等传统领域,也涵盖矫治帮教、人口计生、应急处置、群众文化等新进领域。政府资源支持的强弱,决定着购买社会工作服务种类的多少与范围的大小。一般而言,成熟的社工组织市场,社工组织形态多样、专业性强,有社会工作师事务所、社区综合服务中心、戒护所、残疾人展能中心甚至民间的危机应对组织,等等。因此,社工组织一般根据自身业务特点、专业领域选择政府购买的服务项目。

2. 在不成熟的社工组织市场条件下,购买服务项目是政府与社工组织在不断互动和协商中选择。

在我国,目前政府购买服务还处于"头疼医头、脚疼医脚"的无序和被动状态。作为承接主体的社工组织,发展尚处于起步阶段,社工组织主要依靠政府购买服务生存和发展,因此有些政府购买服务项目是社工组织通过积极努力争取,主动与政府协商的结果。同时,由于社工人才极为不足,社工组织形态单一,社工组织个性化、专业化尚欠缺,社工组织更多是根据政府购买服务意向,调整、补充、充实和发展自身专业能力,以满足承接项目需要。

3. 晋江市"四点钟学校"项目是在晋江市妇联积极推动下,社工组织积极参与筹备下确立的。

晋江市"四点钟学校"项目申请和确立是在社工组织积极参与中形成的。由于选择购买服务项目对于政府还处于探索中,同时,由于现实的复杂性,试点单位或服务项目在实践中还需要再调整。因而,无论是项目立项之前,还是立项之后,社工组织都积极主动参与。这既使项目更有价值、更可行,也对社工组织中标有利。具体参与内容包括:一是积极参与考察购买服务试点单位,选定服务对象。这是"四点钟学校"项目确立和执行的重要环节。一般而言,"四点钟学校"选点应把握以下几点:(1)基本原则。采取因地制宜、自愿参加、特色发展和公益性的原则,试点涵盖社区、企业和学校。(2)具体要求。试点单位有意愿且需求明显;试点单位能够提供安全的"四点钟学校"场地;试点单位关心教育问题,有责任心;试点单位选择学生尤其是外来人口较为集中的地区;试点单位资源丰富。二是考察项目服务重点。如果说作为公共利益代表的政府,在购买服务项目的确定上着重考虑必要性、公益性。那么作为提供直接服务的社工组织参与项目立项活动则要着重考虑项目的可行性和创新性。

晋江市×××街道×××社区儿童之家"四点钟学校"
试点单位摸底调研表格

所需了解的资源	具体情况	备注
试点单位相关负责人是谁		
试点单位人员组成情况		
试点单位的位置		
试点单位学生人数及其结构		
需求评估(包括试点单位、家长及服务对象对"四点钟学校"的需求和期望)		
各试点单位可以招募的人数		
各试点单位的特色		
试点单位志愿者资源情况		
试点单位有无家长学校或老人大学可以为我们所用		
试点单位附近有无高校资源		
试点单位的资金及其管理由谁负责,有无其他可用资金		
媒体接待由谁负责		

二、承接方式的选择

选择合适的购买方式直接关系到社会工作服务的质量与效果。国外购买方式主要有以下几种[①]:一是合同制。合同制又分为竞争式、有限竞争式和定向购买。二是凭单制。即指政府围绕特定公共物品或服务向特定消费群体以发放消费券的方式给予补贴,服务提供机构用凭单向政府兑换现金。三是补助。即政府对服务提供者提供补贴,包括资金和场地支持、免税或金融税收优惠等,以减少服务生产者生产成本,增强其服务能力。四是社会效益债券。即通过向服务提交者筹资,资助投资社会项目,项目成功后,投资者依据项目完成效益高低获取不同回报。这里重点介绍社工组织承接政府购买服务的主要方式。从购买内容看:常见的有岗位购买和项目购买。岗位购买主要是招聘

---

① 王名,等.社会组织与社会治理[M].北京:社会科学文献出版社,2014:324-326.

社工进入特定岗位,完成相关工作职能。项目购买主要是完成政府委托的具体事项。两种方式各有所长,发达国家和地区以项目购买为主。选择岗位购买是我国当前的社会条件限定使然,推进项目购买,反映了今后的发展趋势。从政府与社工组织关系看:可以分为竞争式购买、有限竞争式购买和定向购买。竞争式购买是指通过公开招标或邀请(有限)招标,通过竞争来选择最符合条件的投标机构签订契约合同。有限竞争式购买是指政府通过与多家供应商谈判以选择合适的供应商。定向购买则是政府向指定的供应商直接购买。竞争式购买一直是提高政府购买服务绩效的理想追求。由于我国政府购买服务刚刚起步,社工组织发展不足,公益市场发育不成熟,推行竞争式购买条件不足,在现有条件下更多是选择有限竞争式购买或定向购买,然后通过加强合同管理、服务质量评估和资金使用监督,来提高服务绩效。

晋江市"四点钟学校"项目采取的是竞标购买社工岗位方式。晋江市政府文件规定购买金额达 30 万元以上的要实施竞标购买。晋江市"四点钟学校"项目购买金额超 30 万元,因而实行竞标购买。晋江市致和社工事务所通过公开竞标,中标该项目。致和社工事务所根据中标方案与政府签订合同,双方构成劳动契约关系,政府依据合同对其实施管理。本项目采取岗位购买方式,即政府为每个"四点钟学校"试点单位购买一名专职社工岗位,其经费支付方式以专业社会工作者为单位,按人头支付。这种服务支出包括:专业工作者的工资、交通补贴、奖金、福利以及社工组织运行所需要的部分资金。致和社工事务所通过竞标方式获得社工岗位,派驻社工提供服务。

三、投标工作准备

(一)组建项目团队

作为综合性社工组织,晋江市致和社工事务所为了争取承接项目和有效开展活动,在项目投标前就组建了项目团队。组建团队从工作入手,即依据项目性质和工作目标选配合适的工作人员。首先,选聘合适的项目工作人员。"四点钟学校"项目是一项儿童社会工作服务项目,要求团队成员除了具有社会工作专业知识外,还要掌握一定的教育学、心理学知识,同时具备一定的人文素质。其中要求项目管理人员必须是社会工作本专业毕业并具有相关工作经验。其次,建立结构合理的团队。项目团队一般由一名项目主管、一名项目副主管、一名定期督导的专业督导员及全职项目社工成员组成。

(二)投标方案设计

随着购买服务市场的不断成熟,政府购买服务实施竞标购买,既体现了公平公正的健康的市场竞争原则,也是将来公共服务市场的发展趋势。准备投标方案,则是社工组织承接政府购买服务的重头戏。投标方案设计合理与否,既关系中标的成败,也关系到执行效果的理想与否。由于投标方案设计专业性强,社工组织一般委托专业公司设计制作。

(三)投标人准备事项

社工组织作为投标人,在投标之前应做好准备工作,力争以合理报价、优质产品或服务、先进技术、良好售后服务为成功中标打好基础。一是应仔细阅读标书的投标项目要求及投标须知,遵循招标文件的各项规定和要求,提出自己的投标文件。投标文件应对招标文件的要求做出实质响应,符合招标文件的所有条款、条件和规定,且无重大偏离与保留。二是依据招标文件备全各种商务文件、技术文件。三要备有整套的售后服务体系,其他优惠措施等方案。四应学会包装自己的投标文件。如在标书的印刷、装订、密封等方面,均应给评委以良好的印象。

第三节　社工组织与社工管理

社工组织内部管理水平是影响社工组织经营能力的根本因素。社工组织内部管理一般由决策管理、财务管理、人力资源管理等组成。由于我国社工组织发展才刚起步,因而社工组织大多是个体型的,其管理水平主要取决于人力资源管理,其内容主要包括理事会成员管理、社工人员管理、志愿者管理。社工组织是通过社工提供社会服务的,因而社工人员管理是核心。在社会需求不断增加、社会服务市场走向竞争、社工队伍极为短缺的情况下,要求社工组织在社工人员的招募、任用、待遇等方面有较好的管理制度和管理能力。社工组织应及时给社工提供精神激励和物资协助,及时掌握社工工作动态,及时协助社工调配资源,以有效开展社会服务。

一、社工人员的管理

(一)招聘与任用

社工人员管理包括用人规划、工作分析、招聘和任用等内容。用人规划是指为完成组织任务和满足要求而提供人员的过程。工作分析是指依据组织发展目标,研究确定每个职位的职责和条件要求的过程。招聘即是吸收符合资格的人才进入机构。任用则是分配员工到组织设定的职位上。从招聘到任用还要经过录用程序。录用的主要程序是:签订劳动合同,上岗培训,试用,正式任用。这一环节要对社工品质和操守把关,即在招聘和任用环节,要考虑社工的工作态度、品格、诚信度、自律性、独立性和专业操守等。

社工人员的选用要把好基本素质关和特殊要求。晋江市"四点钟学校"社工招聘设定以下条件:热爱祖国,拥护党的领导,具有良好的政治和道德修养;热爱妇女儿童事务工作,服从安排,有奉献精神,具有一定的组织协调能力;具有全日制普通高校大专及以上学历;社会工作、社会学、心理学、教育学、社区服务与管理等相关专业毕业;持有国家社工师职业资格证书者优先考虑;有妇女儿童事务工作相关服务经验者优先考虑;闽南地区人士或懂闽南语者优先考虑。社工招聘任用流程包括:报名、资格审查、笔试、面试、办理聘用手续、上岗培训、试用、正式任用等环节。

(二)专业督导

督导是社会行政人员督促、引导工作人员正确、有效地实施社会服务的过程。社会工作督导是专业训练的一种方法,它是由机构内资深的工作者,对机构内新进工作人员、一线社工、实习学生及志愿者,进行一种定期和持续的监督、指导,传授专业服务的知识与技术,以增进其专业技巧,促进其成长,确保服务质量的活动。[①]这就要求社会工作督导人员应具有较高素质,而建立督导人员管理制度则是其保证,如晋江市政府出台社会工作督导人才管理规章(详见附录九)。晋江市"四点钟学校"试点单位有学校、企业和社区三种类型,试点单位本身的职业内容与社会工作没有直接关系,因而试点单位的领导很难对社工进行专业督导,故社工组织需要聘请专业督导或培育本机构督导人才,对派驻试点单位的社工进行定期(至少一个月一次)专业督导和管理。

(三)培训与发展

为提升服务质量,实现社工的有效管理,促进组织目标的完成,协助社工实现职业生涯的发展。社工组织不仅鼓励社工自主参加培训,且定期或不定期组织对社工进行培训。培训渠道有:社协组织的培训、机构组织的培训、同领域督导组织的培训、社工自行参加的社工专业相关知识的培训。培训以适应岗位需要、提高社会工作者的理论水平以及分析和解决实际问题的能力为主,强调针对性、实用性和科学性。培训内容一般包括:专业价值观和伦理;相关法律、法规、规章及政策;社会工作实务;社会工作经验交流、总结与分享等。

---

① 全国社会工作者职业水平考试教材编写组.社会工作综合能力(中级)[M].北京:中国社会出版社,2014:202.

培训类型主要有岗前培训、在岗培训、岗外培训、转岗培训等。培训形式包括讲座、小组学习、研讨会、短期学习班、工作坊等。

晋江市"四点钟学校"项目专职社工培训要求。项目社工被录用后,首先由晋江市妇女联合会和晋江市致和社工事务所组织统一岗前培训。驻点工作后,致和社工事务所定期组织社工开展培训和参加交流活动等,以扩大社工知识面和提升社工服务能力。

晋江市"四点钟学校"项目专职社工岗位培训内容。"四点钟学校"项目社工的岗前培训一般为期3天,其主要内容可总结如下:第一天上午,由晋江市妇联介绍项目设计初衷、讲授儿童工作方法,致和社工事务所"四点钟学校"项目督导介绍项目购买单位及利益相关方管理、项目整体概况、讲述项目服务对象、服务内容等;下午,由"四点钟学校"项目负责人介绍项目相关管理办法,包括服务流程制度、档案管理、考核制度、评优机制等。第二天上午,组织机构及项目新老社工相互认识,老社工分享服务经验,项目负责人介绍驻点工作的流程及注意事项;下午,组织新老社工进行团队建设。第三天上午,项目督导开展《社会工作常用方法在"四点钟学校"如何运用》培训;下午,"四点钟学校"项目组进行团队分工,并到试点单位熟悉环境。

晋江市"四点钟学校"项目专职社工定期培训。机构项目督导对项目社工举行每个月一次的指导培训,内容主要是实务困难解决、专业工作方法等。培训方式:聘请深圳、香港等地资深督导、高校专业老师为项目社工开展拓展训练及巩固专业知识;选拔社工到北京、上海、广州等地区参观交流学习等。

岗前培训要点

(1)加深社工对机构的认识,包括了解机构开办初衷、发展历程,理解机构的使命及理念,悉知机构的发展方向等;

(2)让社工明白项目的来源及项目设计初衷;

(3)使社工明白社工机构是他们的雇主;

(4)使社工明白社工机构对他们的管理方式、要求、原则、规范、文档格式与存档机制、督导机制、考勤机制等;

(5)使社工明白直属上司是社工机构督导或项目管理人员而非试点单位领导,但仍要尊重后者的想法和观点,并保持良好沟通和合作伙伴关系。当二者制度规范存在分歧时,要及早请示直属上司,以便做适当磨合和调整。

(6)使社工知道自己每月、每季、每年的工作指标以及撰写或口头工作汇报的重点、档案管理流程以及资料保密处理等;知道如何善用每个工作日以有效完成任务。

（7）尽可能安排资深社工带领新社工数天，以便作为良好自我管理示范，并有效地进行实务分享。

（8）让督导人员定期督导其所管理的社工并说明督导频率、方式、功能和具体要求，并使社工明白所有文档都是社工机构的财产，必须经过督导或上司审批。

（9）使社工明白驻点工作后的注意事项，保障安全健康地开展服务工作。

（四）绩效考核

绩效考核是指依据设定的参数，采用专业方法，评定测量员工在岗位上的工作能力和效果，以决定培训需求、改进工作，并作为奖惩依据。致和社工事务所依据《四点钟项目社工工作绩效考核制度及奖励方案标准》，与晋江市妇女联合会共同对专职社工进行考核。

考核内容。包括工作服务目标、专业技巧理论、团队协作精神、自身定位建设这四个方面。

晋江市"四点钟学校"项目专职社工的绩效考核：

1. 考核方式。（1）不定期考核。晋江市妇女联合会和致和社工事务所不定期派出人员通过电话访问、问卷调查、抽查社工工作记录档案、走访服务对象和用人单位等方式对社工实际工作进行核查及服务质量满意度调查。（2）定期考核。定期考核主要由致和社工事务所负责。主要是定期对"四点钟学校"项目进行服务数据统计。即每月由试点单位社工将当月业绩情况统计上报给"四点钟学校"项目负责人，"四点钟学校"项目负责人汇总后上报机构，机构对各试点单位服务数据统计进行汇总并建档备案。根据统计数据，机构每季度对社工进行季度考核，针对存在问题向项目督导、项目负责人以及社工本人提出改进意见，考核结果由业务部门备案并存入社工本人档案。

2. 考核内容：内容包括服务指标的落实、服务过程和服务质量的评估、服务满意度调查、实务创新及专业探索等。（1）服务指标考核。主要依据晋江市妇女联合会和致和社工事务所下达的指标数，对社工的工作完成情况和进度进行检查，并对发现的问题及时修正，以保证服务指标在合同期满时的最终落实。（2）服务过程的评估和服务质量评估。督导定期对每个社工的工作过程，包括工作方法和工作记录，进行检查、指导、控制，用专业的手法和技巧指导做好个案工作、小组工作等，及时完成数据更新，安排评估组对相应的社工进行专业评价，其评价结果将作为机构对社工的考核依据。（3）服务满意度调查。

表 3.1   晋江市"四点钟学校"项目社工考核内容评估表

一级考核内容	二级考核内容	优秀	良好	及格	不及格
服务指标	(1)按时完成服务指标;				
	(2)及时、规范地进行档案的收集、整理、存档;				
	(3)定期向晋江市妇联、机构、试点单位汇报服务数据;				
服务过程评估	(1)主动了解并自觉遵守机构、试点单位的各项规章制度,无迟到和早退现象;				
	(2)配合上级领导、试点单位的安排,合理安排时间,按时完成工作;				
	(3)工作热情勤奋,具有高度的工作责任感,并能够在较短时间内熟悉工作内容,步入工作轨道;				
	(4)能够主动、积极地与试点单位、各镇、街道、村、社区保持良好互动;				
	(5)尊重服务对象权利,保护服务对象利益,接纳服务对象;				
	(6)积极参与四点钟项目的各项工作、活动,乐于学习新知识,参加各类提升培训;				
	(7)适应性强,能够在短时间内很好地理解并认同项目的目标;				
	(8)能对项目工作进行合理正向的宣传,体现项目成效,扩大项目正向影响;				
	(9)具有较强的团队意识,团队责任感;				
服务质量评估	(1)督导定期对每个社工及项目组的工作过程,包括工作方法和工作记录进行检查、指导、控制,用专业的手法和技巧辅导服务对象数据更新、个案工作、小组工作等; (2)安排专家对相应的个人和小组进行专业评价; (3)其评价结果作为机构对社工和小组的考核依据;				

续表

一级考核内容	二级考核内容	优秀	良好	及格	不及格
服务满意度调查	(1)定期收集服务对象、试点单位、各个镇及街道等相关人员的评价； (2)通过编制调查表收集对社工所提供服务的评价及了解满意度、认可度；				
实务创新及专业探索	(1)社工在实务操作经验总结、专业方面的探索所形成的专业优势、实践创新等； (2)机构的专业优势及创新发展。				

内容包括服务对象、试点单位、各个镇及街道等相关人员以及通过编制《利益相关方回访表》，收集对社工所提供服务的评价及了解满意度、认可度，对社工进行综合评价。(4)实务创新和专业探索评估。主要是通过对社工在实务操作中积累的经验总结以及专业方面的探索，进行评估，鼓励社工实践和发展专业，形成自身的专业优势和机构的专业优势及创新发展等。

3. 考核结果评定：考核结果依据服务指标完成情况，分为优秀、良好、及格和不及格四个等级（详见表3.1）。考核内容中的"实务创新及专业探索"作为社工考核加分项，以鼓励社工进行开创性探索。对社工服务满意度的综合评价并纳入评优、晋级、续聘等环节。考核结果作为社工奖励办法实施的重要依据，对勤勉、认真负责、工作富有成效的社工，通过每季度或月评分考核的方式予以奖励，提高社工待遇。同时，对发现的问题及时修正，以保证按时按质按量完成承接任务。

（五）报酬管理

报酬管理是指给付员工工资、资金、福利的管理。合理的报酬有利于激励员工工作积极性。晋江市致和社工事务所"四点钟学校"项目专职社工的薪酬福利待遇情况如下：

1. 基本待遇：致和社工事务所的薪酬体系主要包括基本工资＋绩效工资＋社保医保＋年终奖金＋其他补助。其中，基本工资＝学历工资＋职务工资＋职称工资＋工龄工资。中级社工师每月职称工资为300元，初级社工师每月职称工资为150元；工龄：每增加一年工龄，每个月加100元。

2. "四点钟学校"项目专职社工薪酬待遇：政府购买社工岗位待遇，"四点钟学校"所在的村（社区、企业）协助解决驻点社工的食宿问题，或给予社工适当的伙食补助;社工帮忙协助村(社区、企业)内部事务(不属"四点钟学校"项目事务),对方给予额外的补贴。

3. 社会保障及福利。晋江市致和社工事务所为社工缴纳社会保险、生育保险和工伤保险,免费提供住宿及餐费补助,为社工参加各类学习、交流、培训和课题研究提供机会。

(六)员工维持

即通过改善工作条件和环境,加强组织与员工的沟通,公平公正对待员工,增进员工对组织的认同;综合员工的个人特长、个人兴趣及组织需要,合理安排社工岗位,以满足社工实现个人价值的需要。影响社工工作积极性的因素,既有社工的待遇福利,也有社工的社会地位,更有社工维持。政府购买岗位的社工与社工组织之间的经济利益相关性较弱。因而应重视通过工作激励,增进社工维持,调动社工工作积极性。

二、志愿者的管理

(一)志愿者概念及其管理制度

志愿者是指那些具有志愿精神,能够主动承担社会责任而不关心报酬的人,或者说是不为报酬而主动承担社会责任的人。[①] 志愿者无偿贡献个人时间、精力、智慧甚至财物,为社会服务,促进社会改善和进步。志愿者是社工组织特有的人力资源,是作为非营利性组织的社工组织所必需且可能拥有的。一个有效的社工组织需要使用志愿者,这是社工组织区别于政府、企业人力资源管理的一部分。由于志愿者来自社会各阶层、各领域,而且志愿者日益增多,参与服务形式日益多样化,因而要充分发挥志愿者的作用,社工组织必须加强对志愿者管理。

志愿者管理的特点及原则。由于志愿者不是机构的正式员工,他们是因自己的热情、兴趣和能力来参与服务的,因此,对志愿者的管理应该依据志愿者的兴趣和能力安排他们参与服务。自愿性、非营利性和公益性是志愿服务的核心特征,因此,对志愿者的管理应遵守自愿、自由、尽责、守诺的自愿服务基本原则。

志愿者管理的主要内容。包括确立志愿者的职责和任务,公开招募、择优录取,教育和培训,指导和协助,及时记录存档,鼓励和重用,提供必要经费,绩

---

① 丁元竹.志愿活动研究:类型、评价与管理[M]. 天津:天津人民出版社,2001:2.

效评估等。

志愿者管理的主要制度:一是建立志愿者服务记录制度,以掌握志愿者从事社会服务工作的整体情况。二是建立志愿者教育培训制度,以更好地补充社会工作人力资源,这对于当前社工不足和严重流失更具意义。三是建立志愿者奖惩激励评价制度,以督促志愿者更好地履行职责,也鼓励更多人投身志愿服务工作。四是建立发展志愿者制度。应积极主动发展志愿者,组建志愿团队,储备志愿者资源。青年充满活力,知识水平较高;老年人空闲多,经验丰富,是发展为志愿者的两个重要对象。

(二)晋江市"四点钟学校"志愿者管理

1.晋江市致和社工事务所成立"四点钟学校"志愿者服务总队,以自愿、自由、尽责、守诺为管理原则,建立了一套较为完善的志愿者管理制度。

第一条:晋江市"四点钟学校"志愿者服务总队是在晋江市妇联的监督下,由晋江市致和社工事务所直接管理和运用,是由热衷从事社会志愿服务的社会人士组成的服务性团体。

第二条:本志愿服务队伍奉行奉献、友爱、互助、进步的准则。遵守宪法、法律、法规和国家政策,遵守社会道德风尚,自觉维护志愿者的形象和声誉。

第三条:积极开展、参与公益性活动,营造一个健康的社会生活环境,促进"四点钟学校"成员的健康成长。

第四条:晋江市"四点钟学校"志愿者服务总队中包括小小志愿者服务队、青年志愿者服务队、巾帼志愿者服务队以及老年人志愿者服务队等几个小分队。

第五条:根据实际志愿服务情况,各小队的联络管理由各小队长及其干事负责。

第六条:志愿者服务总队的职责:(1)领导、管理各项志愿者活动;(2)负责处理审批入队及退队的志愿者申请;(3)志愿者的相关注册工作;(4)有关志愿者章程的制定及修改工作;(5)建立详细的志愿者档案。包括志愿者名单、志愿者活动日志、志愿活动资料的保存等;(6)记录志愿服务时间、颁发志愿服务记录表;(7)维护负责人、志愿者在志愿服务过程中的合法权;(8)及时收集有关志愿活动的信息,对志愿活动做阶段性的总结;(9)组织志愿者进行服务前期培训;(10)总体把握志愿者活动的方向及活动总规划;(11)在公平公正的原则下,对工作积极、考核优秀的志愿者给予相应奖励。

第七条:志愿者的权利包括:(1)参与志愿者活动,接受志愿服务前的培训的权利;(2)志愿加入及申请退出志愿者服务队的权利;(3)向管理人员提出建议和意见,请求协调在志愿服务中遇到的问题的权利;(4)提出维护志愿者合法权益的权利,比如可以要求报销参与服务的往返车费等;(5)参与"优秀志愿者"评选的权利;(6)其他与志愿者相关的权利。

第八条:志愿者的义务包括:(1)自觉遵守国家法律法规、志愿者管理章程及活动中的相关规定;(2)准时参加报名的志愿者活动,不迟到、不早退,有事必须事先向活动负责人说明;(3)积极配合相关负责人协调解决在志愿服务中遇到的困难;(4)自愿接受相关负责人的合理调派、管理;(5)尊重服务对象,自觉做好服务中的保密工作,维护服务对象的合法权益。

第九条:优秀志愿者评选办法:(1)优秀志愿者的评选以年度为评选单位;(2)在季度志愿服务活动中获得5次及以上优秀的志愿者可以参加评选;(3)优秀志愿者可以获得志愿服务总队的相应奖励。

2.志愿者的培训管理。(1)培训方式。晋江市致和社工事务所每年至少组织两场社工、志愿者联席会议,由经验丰富的社工对志愿服务骨干进行志愿服务知识和专业知识、技能培训,可组织专题讲座和由社工在实践中指导。以提升志愿者服务质量;志愿者开展服务前,原则上都要经过"四点钟学校"项目的社工培训;在项目进行中,如有需要,社工也应及时组织好培训。(2)培训内容。一般包括通用培训和专业培训,具体如下:①志愿者组织性质、任务、组织架构。②进行有关志愿者规章制度、纪律等相关方面的教育。③介绍社工组织目前开展的项目,项目意义、活动内容、时间、地点、要求、注意事项等,并帮助志愿者找到适合自己的志愿项目活动。④介绍优秀志愿者的光荣事迹。⑤宣传志愿者爱心理念。⑥讲授志愿服务的专业知识和技能。⑦对因故不能参加培训的志愿者要另行安排补训,确保他们明白以上内容。

晋江市"四点钟学校"项目志愿者××培训策划

【培训目的】志愿者培训是一项必要的工作,是提高志愿者服务水平和服务质量的重要手段。通过培训,增强志愿者对服务工作环境的熟悉程度,进一步提高志愿者的志愿服务水平,确保志愿者提供最优质的志愿服务。

【培训地点】晋江市……

【培训时间】2013年×月×日

【培训主讲人】×××

【培训形式】本次培训主要以讲座形式进行。

【培训内容】

本次培训主要分为通用培训和项目志愿服务知识点培训。通用培训主要使志愿者具备志愿服务必需的知识技能、服务意识、服务精神和服务能力。具体内容包括:志愿服务理念;志愿服务礼仪;项目基本情况;开展主要项目服务介绍;试点单位介绍;服务对象的生理和心理特征介绍等。

【培训过程】

(一)前期准备工作:1.确认并通知参加培训的学员。在培训开课的前一天再次确认参加培训的学员人数。2.培训的后勤准备。确认培训场地和设备、座位安排等。3.相关资料的准备。主要包括:设备检查、活动资料准备、签到表打印等。4.接待培训人员。

(二)培训实施阶段:1.课前准备:(1)播放音乐,放松学员的心态。(2)学员报到,要求在签到表上签字。(3)引导学员入座。2.培训开始的介绍工作(10分钟):(1)培训主题。(2)培训者的自我介绍。(3)培训课程的简要介绍。(4)培训目的介绍。(5)"破冰"活动。3.培训知识和技能的传授(45分钟):(1)培训师进行志愿服务理念培训。(2)培训师进行志愿服务礼仪培训。(3)培训师进行服务对象的生理、心理特征分析培训。⋯⋯

【工作人员安排】

工作人员	工作内容
培训师:××××	负责培训知识的传授,并反馈培训过程中存在的问题
接待员:××××	培训前负责接待培训人员,引导培训人员相互认识
摄像员:××××	负责培训过程中的照相工作
签到员:××××	负责培训人员的到场签到,以及引导他们入座
记录员:××××	负责记录培训过程

3.志愿者管理方式。通过采取"社工＋义工"相结合的方式,建立社工带志愿者服务的运行机制。一是组建志愿团队。每10名志愿者组编为一个团队,每个团队推选一名组长,组长统一安排调度组员志愿服务时间和内容。二是确定服务方式。每支团队挂钩一个"四点钟学校",一周5天,每次安排两名志愿者前往试点单位开展志愿服务。三是选择服务内容。与"四点钟学校"的服务内容相对应,包括"学习乐园"课后四点班;"童心大本营"周末工作坊;假期夏令营和冬令营等,具体内容选择依据每个"四点钟学校"实际情况,由社工事先计划安排。

第四章

社会工作者与"四点钟学校"项目

第一节　社会工作者及其权利义务

一、社会工作者及其角色

（一）什么是社会工作者

社会工作者，简称"社工"，是指遵循助人自助的价值理念，运用社会工作专业知识和方法，以为有需要的个人、家庭、机构、社区等提供专业社会服务为主要职业的专业人员。

社会工作者与社会工作人员。在现实生活中，社会工作者经常混同于社会工作人员。社会工作人员是指从事或参与社会工作的人员，可分为专业和非专业，专职和非专职，其中专业专职的社会工作人员是社会工作者。目前，在我国从事社会工作的有专职非专业的社会工作人员（如事业单位、群众团体、社区里的工作人员）、非专职非专业的社会工作人员（如义工或志愿者）和专职专业的社会工作者。在建立较完备社会工作制度的国家和地区，社会工作者一般受过专业的高等教育和训练。社会工作专业化将是我国今后的发展方向。

社工与义工。在社会工作不普及的社会，人们容易把社工混同于义工、志愿者。义务工作者简称"义工"，也称"志愿者"。社工和义工或志愿者有相似之处：一是都是为社会、为有需要的他人服务，具有一定的奉献性。二是都认同为他人服务的价值观。三是都对社会和谐或治理具有促进作用。但它们也存在很大区别：一是活动方式不同。社工是一种职业，而义工则是业余活动者，社工是拿工资的，而义工则没有要求报酬的。二是要求不同。社工要求具有特有的专业知识和技术，而义工或志愿者则主要通过自有知识和技术提供无偿社会服务。在有些国家和地区，志愿活动是制度化的和有一定组织性的，比如在一定组织中登记、接受培训并接受考核监督。社工需要具备从业资格，而义工则不需要。社工要遵循"助人自助"的专业伦理和价值，而义工只要遵循志愿精神。社工有专业守则，而义工只有一般的行为规范。三是处理问题的难易程度不同。社工服务的是专业性服务活动，面对的是较难的问题，涉及政策、心理、能力等复杂因素，而志愿服务则只是对公众或困难群体的一般性服务，包括体力、时间的支出，或简单的物质性支出。四是社会约束不同。政府或社会对社工的服务行为和效果要求比较严格，而对志愿者要求则较一般。

（二）社会工作者在"四点钟学校"项目中的角色和功能

社会工作者的角色是指社会工作者在社会服务过程中所应有的行为模式，根据英国学者贝克对社会工作者的角色研究，社会工作者在社会服务中至少应扮演以下几个角色：服务者、支持者、倡导者、调解者、保护者等。[①] "四点钟学校"项目中社会工作者是面向儿童提供社会工作服务的专业人员，其在儿童社会工作服务中同样充当着作为社会工作者的一般角色，其角色具体表现如下：

一是服务者。即社会工作者向服务对象提供服务，包括物质帮助、劳务服务、精神慰藉。"四点钟学校"的社工主要是为学员提供课业辅导、兴趣发掘、团体活动等服务活动。服务方式包括：（1）提供咨询，即学生、老师、家长可以就学生出现的各种困难向社工提出咨询；（2）教育辅导，引导学生提高学习能力和自我认识，正确发泄情绪，学习与人合作与沟通，协助家长找出解决孩子问题的方法等；（3）组织活动，为面对共同问题的学生，组织发展性或治疗性的小组（团体）活动。

二是评估者。即对学龄儿童所面临的问题进行评估，找出合适的专业介入方式和方法。

三是支持者。"四点钟学校"项目社工作为支持者的角色主要表现为：在直接提供服务中，帮助学员正确面对困难，勇于克服困难，发现自身的优点，挖掘自己的潜能；在间接提供服务中，通过利用各方面的资源，为学员们解决面

---

① 彭秀良. 一次读懂社会工作［M］. 北京：北京大学出版社，2014：15-17.

临的各种问题提供资源支持,帮助学员走出困境,发展自我。

四是倡导者。即社会工作者直接向服务对象提倡某种合理行为,并指导他们以使其成功。在"四点钟学校"中表现为:社工在为孩子们提供服务的过程中,引导他们养成良好品德、行为和思维习惯等。

五是调解者。社会工作者面对社会冲突时,应作为中间人介入调解,以缓和、解决矛盾。在"四点钟学校"中表现为:在项目活动开展过程中,社工协调处理与各利益相关方的关系,比如协调好试点单位与家长、所在街道、派出所、公安局等的关系,建立和谐社会关系,为项目活动的开展、学员问题的解决创造较好的社会环境。

五是保护者。即社会工作者运用自身的专业知识和掌握的资讯,联络相关部门共同保护儿童权益免受来自家庭或社会的侵害。"四点钟学校"项目正是政府、家庭与社会共同承担的为解决学龄儿童下午放学后无人看管问题,保护儿童免受侵害之举。"四点钟学校"项目为学龄儿童下午放学后、周末、节假日提供了一个安全的港湾,而社工是"四点钟学校"学员安全的守护者。

六是资源整合者。"四点钟学校"社工通过找寻社区资源,挖掘社会资源,整合成有用资源,为"四点钟学校"活动开展提供支持。如组织妈妈义工队、社区教师义工队;加强与当地青少年活动中心、老年活动中心合作;加强与当地企业或非营利组织合作;加强与高校志愿团队合作等。

二、社会工作者的权利、义务

(一)社会工作者的权利

1.社会工作者权利的一般内容

(1)社会工作者有申请职业资格认定的权利。从事社会工作的工作人员需要得到职业资格的认定,这样有利于工作的开展,也有利于社会工作人员的自我肯定。

(2)社会工作者有专业自主的权利。社会工作者的专业自主权是指社会工作者在提供服务的过程中,详细了解案主的情况,根据案主的实际情况作出合适的服务计划,当遇到无法解决的困难时,可以寻求专业督导的帮助。

(3)社会工作者有请求协助的权利。社会工作者在工作中会遇到各种各样的问题,有的问题可能会超出个人能力范围之外。为了能够给案主更加专业、安全、有保障的服务,社会工作者在必要时需要也应该寻求帮助或转介他人。

(4)社会工作者的保障性权利。包括合理薪酬权利、继续教育权利、维护自身安全权利、保持专业能力的权利(维护服务对象的合法权益)等。比如:与社工机构签订劳动合同,明确双方的责任与权利;社工机构对社会工作者进行相关培训,对社会工作者的服务进行督导和奖励,为社会工作者购买保险,为社会工作者服务环境提供安全保障和适合的医疗条件,给予社会工作者一定的补贴,提供正式的社会工作证明,建立社会工作出问题的应急制度;等等。

(5)社会工作者的免责权。社会工作者不是"万能"的,对社会问题的解决,对弱势群体帮扶,社会工作者只能发挥一定的作用,只承接能力范围内的职责,而有些职责可能超出个人能力范围,甚至因为复杂因素的制约导致"无效",因此,对社会工作者不能求全责备。

2.社会工作者权利在"四点钟学校"项目中的表现

(1)有权对违反《晋江市"四点钟学校"成员守则》的学员进行行为纠正、思想教育。

(2)有权指导学员的学习和发展,评定学员的品行和学业成绩。

(3)有权按时获取工资报酬,享受国家规定的福利待遇以及节假日休息。

(4)有权参加进修或者其他方式的培训。

(二)社会工作者的义务

1.社会工作者的一般义务

(1)社工作决定时,要优先考虑服务对象的利益。社工在服务过程中,要保证我们所作出的决定有利于服务对象的功能恢复和潜能激发,有利于服务对象与所处环境的有效互动。

(2)社工在服务过程中要如实记录和报告。社工在服务过程中,要如实地对服务对象的情况进行记录,也要保存好社会工作记录,方便进行评估和治疗,并不得虚伪陈诉或报告,以免误导他人。服务对象转介后,应如实地报告情况说明。

(3)保守秘密。保守秘密是对他人隐私的尊重,是对服务对象的尊重。社会工作者要坚守保密原则,不得将服务对象的隐私告诉他人,更不得带有个人感情因素传播服务对象的隐私。在个案工作中,当遇到无法解决的困难,需要寻求帮助时,需要征求当事人和领导的批示,才可以寻求合适帮助;当社会工作者感到无法继续帮助服务对象而需要转介时,也必须坚持保密原则。只有当服务对象出现危害他人和扰乱公共秩序等思想行为时,服务对象的行为方可公开,且社会工作者需及时找到正确解决办法。

(4)遵守社会工作伦理守则。社会工作者的职业操守,又被称为社会工作的伦理守则,它是指导社会工作者从事专业活动的行为准则和工作指南,它对社会工作专业行为进行强制性的规定,社工对比要严格遵守。

2.社会工作者义务在"四点钟学校"项目中的表现

"四点钟学校"项目中社会工作者本着"以人为本、关怀互助、和谐共融"的宗旨,以学龄儿童为主要服务对象,运用多元化的工作手法,为学龄儿童及家长提供不同类型的专业社会工作服务活动。具体职责内容如下:

(1)遵纪守法,忠于职守,尽职尽责,服从和执行购买方的工作安排和调度,接受购买方管理人员的检查监督。

(2)尊重服务对象的知情权。根据《服务协议书》,应告知服务对象所接受的服务内容、权利与义务和将可能遭受的风险。在个案工作中,社工如准备终止或中断服务时,应先行告知服务对象,如有必要需根据服务对象的实际情况,转介至其他机构,使服务得以继续。

(3)尊重每一个学龄儿童的独特价值和尊严,不得有损害服务对象人格和利益的言行。

(4)宽容、接纳个性多样的儿童少年,相信每个人都有发展潜能,并为满足服务对象的自我发展、自我实现而努力工作。

(5)遵守平等服务原则,不因学龄儿童的出身、民族、省籍、性别、社会及经济地位等不同而服务有所区别。

(6)以试点单位学龄儿童实际需求为基础,开展专业的社会工作服务活动,不能超越服务对象的接受能力。

(7)有义务对服务对象资料保密,保护服务对象的隐私权。如因工作需要公开服务对象资料时,必须事先取得服务对象、其法定代理人及区青少年事务工作领导小组办公室的同意,并采取必要及负责任的措施,避免一切可能识别个案中具体身份的资料外泄。在录音、录像、笔录或有第三者介入观察时,应取得服务对象的同意,也应保护服务对象提供记录中涉及他人事务的机密。

(8)做服务力所能及,不能超越自身的服务能力。当服务对象的合理需求超过自己的能力范围,为求服务对象获得最大利益,社工应咨询同事和社会工作督导小组,或者寻求其他资源及其他专家帮助,或决定是否终止与服务对象的专业关系与服务。

(9)服务时间内,社工在能力允许范围内尽全力维持秩序,避免不安全事故的发生。若学生在"四点钟学校"因客观原因发生人身、财产安全事故,社工有义务及时通知家长,并对事故及时采取处理措施,但不承担事故责任。

(10)接受专业督导,通过继续教育,不断提高专业业务能力。

(11)对志愿者进行培训,带领及指导志愿者开展工作。

(12)协助完成试点单位交代的其他工作。

第二节　社会工作者基本素质要求

社会工作者要扮演好自己的角色,享受应有的权利,履行应尽的义务,就必须具备相应的知识基础和基本能力。社会工作涉及服务对象多、面广、事杂,不仅要面对面与服务对象直接接触、互动,还需要作为服务对象的利益代表,反映诉求,争取社会资源,还要承担改革创新服务,沟通各种社会关系。这就要求社会工作者要掌握相关的知识和具备相应工作能力。

一、基础知识

社会工作者的服务对象和服务范围极为广泛,要求社会工作者要有较为广博的基础知识,才能与各种不同服务对象进行有效的沟通与交流,才能理解应对复杂多样的各种问题。具体而言,基础知识包括:学科知识、政策知识、技术知识和文化知识。学科知识主要包括哲学、社会学、心理学、管理学、教育学等。政策知识包括公共政策、社会政策或社会福利政策,因为几乎所有社会问题都与政府的政策有关,了解和掌握社会政策就成为开展工作的前提。技术知识,包括调查研究技术、口语和文字表达能力、现代资讯工具使用技术等。文化知识包括自然科学知识、社会科学知识、人文知识。

二、专业知识

社会服务工作的专业化,要求社会工作者应具备相应的专业知识。英国社会工作学者大卫·豪从理论关注内容的角度将社会工作理论知识分为支持社会工作理论和社会工作理论。[1] 支持社会工作理论是指那些对社会工作所涉及的要素进行解释的理论,包括关于人及社会本质的理论、人与社会关系的理论、人类心理与行为的理论、社会结构和社会制度理论。社会工作理论是关于社会工作的性质、目的、过程与方法的理论。社会工作理论解决的问题是社会工作的理念、系统知识体系和有效的方法技巧。各种社会工作理论还分为两大类:基础性和应用性的理论。基础性的理论主要是指就某一社会工作任

---

[1]　全国社会工作者职业水平考试教材编写组.社会工作综合能力[M].北京:中国社会出版社,2014:69.

务的进行理论和介入理论的阐述;应用性的理论则指进行社会工作实践具体工作的过程、方法及技巧的分析。主要的社会工作理论有精神分析理论、社会支持理论、生态系统理论、人本主义和存在主义理论、增强权能理论等。

三、基本能力

社会工作者所从事的是一项极为务实的工作,其核心在于在实际生活中帮助受助对象解决问题。社会工作者在实务中肩负多种任务,包括与服务对象面对面接触、互动;代表案主的利益,为他们争取社会资源;承担改进和创新服务;搭建各社会机构及服务系统之间的沟通网络,满足受助对象的社会需求。因而要求社会工作者必须具备多方面工作能力。以下介绍几种基本能力。一是技术能力。即处理问题的具体手段和方法,包括社交能力、组织能力、应变能力。社会工作包括个案工作、小组工作、社区工作、社会行政工作、社会工作督导等内容。要做好这些工作,处理好其中各种问题,社会工作者一方面要同服务对象进行复杂的沟通、互动与协作,协调政府、社工机构及其他社会关系,为服务对象争取资源。另一方面,社会工作者在工作过程中得作出恰当反应,因而要求具备相关的技术能力。二是文化能力。社会工作者要对各种服务对象开展工作,要同他们合作处理和解决他们遇到的困难和问题,这就需要对各种服务对象文化背景有所了解和理解,所以社会工作者需要有较强的文化理解力。三是学习能力。社会工作者要直接面对各种社会问题,而现实世界是十分复杂的,社会问题也层出不穷,这就要求社会工作者要有学习能力,不断学习新知识,获得新能力,才能更好地应对各种新问题。

社工的社会交往能力

社会交往,是社会中人与人的往来与接触,是人们为实现自己的目标而进行相互影响的社会活动形式。社会工作是以人和社会为主要工作对象的职业,具备良好的社会交往能力对社会工作者来说尤其重要。与不同职业群体、不同社会阶层、不同年龄阶段、不同文化背景、不同生活方式的案主都能有效沟通,这是社会工作者必备的素质。在与不同受助者交往的过程中,只有具备良好的社交能力,才能通过其讲述的内容、言谈的方式、口头语言和肢体语言所传达的信息,准确把握案主叙述的内涵,并通过与案主进行态度与情感互动,建立更有利于开展工作的合作关系。此外,社会工作者还应与提供帮助和服务的不同个人、机构或团体交往,这也要求社会工作者能在社会资源供给者和需求者两端进行有效协调与联络,以达成社会工作目标。这些都是社会工作者应该具备的社交能力的具体要求。

四、心理素质

社会工作是与社会问题相伴随而生的,社会工作者需要同各种有"问题"的人打交道,要面对各种社会问题,甚至是复杂的难题和应急问题,因而工作中要面临各种压力,所以要求社工有较好的心理素质。一是当服务对象不配合时,应有忍辱负重的精神和气度。二是当社会成员不理解时,又要有包容的心胸。三是面对服务对象的各种感情经历,感同身受是社会工作者的专业要求,社会工作者要有良好的心理承受能力。

五、职业伦理

作为一种职业的社会工作,有自己的服务对象和工作方法,因而也有自己的职业价值观和职业行为规范,这种职业价值观和职业行为规范就是职业伦理。社会工作职业伦理是指导社会工作者正确理解责任和义务并预防道德风险的行为规范,社会工作者应当明确和自觉遵守职业伦理,不断提高自身的职业素养,才能有效开展社会工作,维护社会工作者的信誉,提高社会工作者的尊严和地位。其基本内容可从职业价值观和职业行为规范两个部分把握:

社会工作者的职业价值观不同于个体价值观,也不同于一般的社会价值观,它代表着整个专业团队对社会正义、社会服务、个人价值、人类关系的认识的一般看法。

国际社会认同的社工价值观

(1)服务——社工应当超越个人利益为他人提供专业服务。

(2)社会公正——社工追求社会变革,特别是为弱势群体工作,并代表他们寻求社会变革。

(3)个人尊严和价值——社工意识到人与人的关系是重要的变革工具。

(4)人与人之间关系的重要性——社工能意识到人与人的关系是重要的变革工具。

(5)诚信——社工始终坚持自己的专业使命、价值观、伦理原则和伦理标准,并贯彻于实际工作中。

(6)能力——社工不断致力于增进专业知识和技能,并将其运用于实际工作中。

职业行为规范是其职业价值观在实践中的具体体现。具体内容表现为：一是坚持"助人自助"理念，包容和尊重服务对象。二是协助支持同事工作，促进共同成长。三是信守机构使命，促进机构发展。四是勇担社会责任，增进公众福利。

第三节 "四点钟学校"项目中社会工作者的知识要求

一、熟悉相关的法律知识

儿童是自我保护能力较弱的未成年人，因而应通过法律强制要求对儿童实施保护。以学龄儿童为服务对象的"四点钟学校"的社会工作者必须掌握相关法律规定。

1.《中华人民共和国宪法》提出了保护儿童权利的规定。第四十六条，中华人民共和国公民有受教育的权利和义务。国家培养青年、少年、儿童在品德、智力、体质等方面全面发展。第四十九条，婚姻、家庭、母亲和儿童受国家的保护。父母有抚养教育未成年子女的义务。禁止破坏婚姻自由，禁止虐待老人、妇女和儿童。

2.《儿童权利公约》建立了保护儿童的国际标准。1989 年第 44 届联合国大会第 25 号决议通过《儿童权利公约》，我国于 1992 年经全国人大会议批准生效。公约规定：确保儿童享有必要的保护和照料；确立每个儿童均有固有的生命权、身份权、受教育权、游乐权；确认每个儿童均享有足以促进生理、心理、精神、道德和社会发展的生活水平；确立残疾儿童有接受特别照顾的权利等。

3.《中华人民共和国未成年人保护法》确立了四条保护原则。具体为：保障未成年人的合法权益；尊重未成年人的人格尊严；适应未成年人身心发展的特点；教育和保护相结合。

4.《中华人民共和国教育法》确保儿童受教育的权利。第十八条规定：国家实行九年义务教育制度。各级人民政府采取各种措施保障适龄儿童、少年就学。适龄儿童、少年的父母或者其他监护人以及有关社会组织和个人有义务使适龄儿童、少年接受并完成规定年限的义务教育。

二、掌握相关的学科知识

1. 儿童生物学。生物学是研究生命现象和生物活动规律的一门学科。生物学理论认为:人的成长史就是历史的复演。个体发展也是一个规则的自然发展过程,差异是由于 DNA 的差异造成的。儿童的重要特征的发展是有顺序和时间规律的。为此儿童社会工作者需要了解儿童各个时期发展的规律,掌握各个阶段发展特征,对儿童问题进行评估时要考虑到其生物性成因,帮助儿童正确认识自身,克服因个体成长带来的焦虑。

2. 儿童心理学。心理学是研究心理现象和心理规律的一门学科。心理学理论认为:决定个体行为的力量主要是人的内在生物性驱动力,而这些内在驱动力会依据个人人格成熟程度的不同而以不同的方式呈现出来。儿童的心理与行为是自然、社会环境中各种因素相互作用的结果。个人的健全人格正是自我在与环境的相互作用中形成的。如果各个阶段都保持向积极品质发展,并逐渐形成健全的人格,就算完成了这一阶段的任务,否则会可能产生心理社会危机,出现情绪障碍,学龄儿童突出表现为勤奋与自卑的冲突。儿童社会工作者应掌握儿童心理特点,才能更好地帮助服务对象处理可能面临的人生危机;帮助儿童学习、掌握或调整应对环境的影响,以不断获得成长。

3. 儿童教育学。教育学是研究教育现象、教育问题和揭示教育规律的一门学科。教育学理论认为:生活即教育,社会即学校。学校教育以学生全面发展为本,同时应重视发展学生的特长。学生学习知识是一个主动的过程,学校教育应以学生为中心。儿童社会工作者应重视通过日常生活培养儿童的创造力和独立生活能力,善于发现儿童的特长,发挥儿童个体的优势,重视培养和促进学龄儿童的自主性。

4. 儿童社会学。社会学是从社会整体出发,通过社会关系和社会行为来研究社会的结构、功能、发生、发展规律的综合性学科。社会学理论认为:儿童通过与他人互动,发现自我、认识自我、发展自我、创造自我,与此同时,掌握与他人相处的一般性价值和道德。儿童社会工作者应重视通过服务对象的玩耍、游戏等促进儿童成长,推进儿童社会化。

5. 儿童文化学。儿童社会学认为文化是儿童生存的重要环境,对儿童的发展起着重要影响作用。多数儿童被环境和文化所综合决定,而儿童群体间存在主流文化、亚文化、代际间文化的传递。儿童社会工作者应重视服务对象生活空间中各种文化的影响,应站在与儿童一致的文化视角去理解儿童,并通过营造良好的外部环境来帮助儿童健康成长。

三、把握常用理论

社会工作理论不但是社会工作专业知识产生与发展的重要标志,更重要的是为社会工作实践提供指导。与"四点钟学校"社工相关的社会工作理论主要有以下几种:

1. 马斯洛需求层次理论。马斯洛需求层次理论是行为科学的理论之一,由美国心理学家亚伯拉罕·马斯洛于 1943 年提出。马斯洛将人的需求分为五种,分别为:生理需求,安全需求,情感和归属需求,尊重需求,自我实现需求。他认为这五种需求像阶梯一样从低到高,按层次逐级递升,只有基本满足了低级需要后才会产生高级需要,最占优势的需要将支配一个人的意识和行为,高级需要出现之后,低级需要仍然存在,但对行为的影响减弱了。低级需要是人与动物共有的,而高级需要则是人所特有的。

2. 社会学习理论。社会学习理论是由美国心理学家阿尔伯特·班杜拉于 1952 年提出的。社会学习理论着眼于观察学习和自我调节在引发人的行为中的作用,重视人的行为和环境的相互作用。社会学习理论认为不仅加之于个体本身的刺激物可以让其获得或失去某种行为,而且,观察别的个体的社会教化学习过程也可以获得同样的效果。由于人总是生活在一定的社会条件下的,所以班杜拉主张要在自然的社会情境中而不是在实验室里研究人的行为。

3. 人际需要理论。社会心理学家舒茨于 1958 年提出了人际需要的三维理论。舒茨认为,每一个个体在人际互动过程中,都有三种基本的需要,即包容需要、支配需要和情感需要。这三种基本的人际需要决定了个体在人际交往中所采用的行为,以及如何描述、解释和预测他人行为。三种基本需要的形成与个体的早期成长经验密切相关。

4. 镜中我理论。美国社会学家查尔斯·霍顿·库利于 1909 年较完整地阐述了镜中我理论。他认为,人的行为很大程度上取决于对自我的认识,而这种认识主要是通过与他人的社会互动形成的,他人对自己的评价、态度是反映自我的一面"镜子",个人通过这面"镜子"认识和把握自己。因此,人的自我是通过与他人的相互作用形成的。这种互动包括三个方面:关于他人如何"认识"自己的想象;关于别人如何"评价"自己的想象;自己对他人的这些"认识"或"评价"的情感。

5. 一般系统论。美籍奥地利生物学家贝塔朗菲于 20 世纪 50 年代提出了一般系统论,指出不论系统的具体种类、组成部分的性质和它们之间的关系如何,都存在着适用于综合系统或子系统的一般模式、原则和规律。系统是若干事物的集合,系统反映了客观事物的整体性、有机关联性、动态性、有序性、目的性。贝塔朗菲从理论生物学的角度总结了人类的系统思想,倡导系统、整体和计算机数学建模方法,把生物看作开放系统,奠基了生态系统、器官系统等层次的系统生物学研究。

6. 人格终生发展论。人格终生发展论是美国著名精神病医师、新精神分析学家埃里克森提出的。他认为,人的自我意识发展持续一生,他把自我意识的形成和发展过程划分为八个阶段,即婴儿期(0～1 岁):基本信任和不信任的冲突;幼儿期(1～3 岁):自主与害羞和怀疑的冲突;儿童早期(3～6 岁):主动对内疚的冲突;儿童中期(6～12 岁),勤奋对自卑的冲突;青少年期(12～20岁):自我同一性和角色混乱的冲突;成年早期(20～40 岁):亲密对孤独的冲突;成年中期(40～65 岁):生育对自我专注的冲突;成年晚期(65 岁以上):自我调整与绝望期的冲突。这八个阶段的顺序是由遗传决定的,但是每一阶段能否顺利度过却是由环境决定的,所以这个理论可称为"心理社会"阶段理论。埃里克森的人格终生发展论,为不同年龄段的教育提供了理论依据和教育内容,任何年龄段的教育失误,都会给一个人的终生发展造成障碍。它也告诉每个人,你为什么会成为现在这个样子,你的心理品质哪些是积极的、哪些是消极的,多是在哪个年龄段形成的,等等,给你以反思的依据。

7. 九型人格理论。九型人格又名性格型态学,其起源久远,近十几年来风行欧美学术界和工商界。这种理论认为人身上有九种气质,包括活跃程度;规律性;主动性;适应性;感兴趣的范围;反应的强度;心景的素质;分心程度;专注力范围(持久性)。这九种气质刚好和九型人格相配,即完美型、全爱型、成就型、艺术型、智慧型、忠诚型、活跃型、领袖型、和平型。九型人格不仅仅是一种精妙的性格分析工具,更主要的是为个人修养与自我提升、历练提供了深入的洞察力,它可以让人真正地知己知彼,可以帮助人明白自己的个性,从而完全接纳自己的短处、发挥自己的长处;可以让人明白其他不同人的个性类型,从而懂得如何与不同的人交往沟通及融洽相处,与别人建立更真挚、和谐的合作伙伴关系。

8. 社会支持理论。社会支持理论源自鲍尔拜的依附理论,20 世纪 60 年代社会支持网络开始将其用于精神病学的临床治疗。20 世纪七八十年代,美国社会支持计划推进了社会支持网络的应用。社会支持是由社区、社会网络和亲密伙伴所提供的物质支持、工具性支持或表达性支持。社会支持理论认为一个人拥有的社会支持网络越强大,就越能更好地应对各种来自环境的挑战。社会支持理论取向的社会工作强调一方面帮助服务对象运用网络中的资源解决基本问题;另一方面是帮助服务对象弥补和拓展其社会支持网络,使他们提升掌握建立和运用社会支持网络的能力,从而达到助人自助的目的。

9. 优势视角理论。优势视角是起源于 20 世纪 80 年代美国社会工作领域中的一种思维模式和实践方式,由美国学者塞勒伯提出的。"优势视角"理论是以一种关注人的内在力量和优势资源的视角,着眼于个人的优势,以利用和开发人的潜能为出发点,协助其从挫折和不幸的逆境中挣脱出来,最终达到其目标、实现其理想的一种思维方式和工作方法。这意味着社会工作者应当把人们及其环境中的优势和资源作为助人过程中所关注的焦点,而非关注其问题和病理。它强调社会工作者在对案主进行帮助时,将关注点聚焦在案主身上,尽可能地发挥案主自身的能力和优势,并通过案主的这些优势来进行自我帮助和自我发展。优势视角理论超越了社会工作的传统理论模式,其关注点在于个案的优势、潜能和成绩,这一突破在社工领域具有"范式革命"的意义。

10. 精神分析理论。精神分析理论,或称人格结构理论,奥地利心理学家格蒙德·弗洛伊德是创始人,该理论影响了 20 世纪整个社会科学发展。弗洛伊德精神分析理论认为潜意识对人的行为影响无所不在。人的性心理发展是人的心理发展的基础,婴幼儿期的经历和经验对人格形成和发展起重要作用。人格结构由本我、自我、超我三部分组成,一个人在社会化过程中要想保持心理健康,三个部分必须始终是和谐的。个人的问题都源于内在的精神冲突,这些冲突与早期经验有关,并潜藏于潜意识中,理性是无法察觉的,但可以通过精神分析治疗,揭示内在冲突根源,使个人获得自我了解并能洞察和顿悟,解决个人精神内在冲突。个案工作是精神分析治疗方法在社会工作中的应用。

11. 生态系统理论。生态系统理论是一个开放的理论系统,不同时代融入了不同理论概念。生态系统理论认为,人生来就有与环境和其他人互动的能力,人与环境的关系是互惠的,并且个人能够与环境形成良好的调适关系。人类遵循适者生存原则,要理解个人,就必须将其置于环境之中。生态系统理论提出社会工作的"生态模型",强调社会工作实务的干预焦点应将个人置于其生活的场景中,重视人的生活经验、发展时期、生活空间与生态资源分布等有关个人与环境的交流活动,并从生活变迁、环境特性与调和度三个层面的互动中来考量社会工作的实施。

12. 认知行为理论。认知行为理论是由行为主义和认知学派整合而来的。认知行为理论认为人类的思想、感觉和行动之间是有相互联系的;人的认知是否正确,直接影响他的情绪和行为是否正常;人的行为受学习过程中对环境的观察和解释影响,不适宜的行为产生于错误的知觉和解释。因此,在社会工作实践中,社会工作者应尊重服务对象个人的自主决定和信念,帮助服务对象改变错误认知、建立正确的认知,鼓励服务对象形成积极的态度。

13. 人本主义和存在主义理论。人本主义和存在主义承认人的价值和尊严,相信人的理性能力,认为具有理性的人可以自主选择行动。强调人类存在的意义和价值,个人有选择的自由,有独立自主的权利。为此,在社会工作实务中要坚持诚实和真诚,温暖、尊重和接纳,帮助服务对象发现和发挥自身的意义和价值,促进服务对象更具有责任感和理性。

四、掌握安全知识

安全教育与安全事故防患是"四点钟学校"项目社会工作的重要内容。社工应掌握与此项目密切相关的安全知识,并指导学员及其家人注意防患。主要有以下几个方面:

(一)交通安全

1. 步行和骑车安全。遵守交通规则,走路要走人行道,骑车要走非机动车道,横穿马路要走斑马线、看清信号灯。特别强调:一是黄灯亮时,不准车辆、行人通行,但已超过停止线的,可以继续通行。二是儿童过马路前一定要停下,这是一个简单而重要的规则。三是过马路时要:左看——右看——左看。四是骑自行车的安全事项:车铃、车闸必须齐有效;不要三五成群并肩而行或勾肩搭背,更不能追逐或曲线骑行。五是在雾天或阴雨天,儿童身上应佩戴有反光材料的挂件,以增加可视性,避免路上车辆碰撞。

2. 公交或校车安全。应该在指定的站台上等车,不可在公交车或校车的左右边或车前等危险区域等车。上车注意:当校车在滑行靠边时并不安全,千万不要急于靠近。只有当校车完全停稳后,再上车。要依次上车,不要推挤,上车时扶好扶手。坐车注意:不离开座位,不打闹,不把手或头伸出窗外。下车注意:要扶好扶手慢走,不奔跑下车;不要在公交车或校车附近逗留,如果有东西掉在地上,不去捡,告诉司机,请他们帮忙;下车后不在车前或车后过马路。

(二)学校安全

1. 安全使用文具。"色香味"的文具、涂改液和增白纸,这些文具大部分含有毒物质,影响儿童身体健康,不要过多使用。购买的手工剪刀、刀片应为圆弧顶端,笔帽的直径应大于 16 毫米,笔帽体上需要有一条连续的横截面至少为6.8平方毫米的空气通道,这样可减少使用者误吞后发生窒息的危险。制作手工或美术作业,必须在老师或社工的指导和监督下使用工具,防止划伤或刺伤自己或前后同学,一旦划伤,应根据伤口深浅及时处理,预防感染。

2.课间安全。要求学生上下课通过过道和楼梯间,或课间上厕所时,不要拥挤、打闹,以防止摔倒或导致踩踏事故发生;课间不要玩耍小刀、仿真枪等利器或玩具,或玩危险游戏,以避免伤及自己和他人的;课间活动不要太剧烈,不要攀爬扶手,正确使用体育器材,以避免撞伤或摔伤;学校如在修缮中,要求学生不得到施工区域玩耍,以防发生意外事故;课间禁止学生私自到校外与陌生人会面,以防被拐;教师或社工应及时发现、处理学生之间的纠纷,制止学生打斗,以防造成意外伤害。

(三)校外集体活动安全

校外集体活动应坚持安全、无毒、无害和力所能及的原则,为保障安全,应做好以下工作:

1.事先勘察活动地点。事先对活动路线、地点、环境进行详细了解;考虑该场所的接待能力,注意其合理容量。

2.建立分工负责的组织机构,活动负责人负全责。

3.制定活动安全预案。内容包括活动时间、内容、地点、目的、人数、负责人、安全措施、疏散方案等。

4.加强安全教育,制定活动纪律。向学生和家长说明活动的安全知识和活动规则,要求学生遵守活动规章。

5.指导儿童制作并随身携带一张紧急联系卡,如果孩子遇到意外伤害,可以依据卡上信息联系家长,也可根据卡上信息联系社工。

6.要求参加活动的人统一着装(如穿校服),这样目标明显,便于互相寻找,防止掉队。

7.准备充足的食品和饮用水。

8.需要使用交通工具时,必须租用符合安全要求、具有营运资格的专业出租车,并对学生说明坐车安全知识。

9.在活动期间,要求学生在指定的区域活动,不到处走动,防止意外发生。活动中不要随便单独行动,应结伴而行,防止发生意外。

10.在活动场所要求学生不要随意触摸、拨弄活动现场电闸、开关、按钮等,以免发生危险。

11.活动组织人员应时时关注学生安全情况,出现问题及时处理。

12.活动结束后在规定地点、时间清点人数,待学生全部由家长接走后,工作人员才能离开。

晋江市×××街道×××社区儿童之家"四点钟学校"
安全避险办法

1.参与"四点钟学校"的学员家长应在了解和接受的基础上签订服务协议书，并遵守相关规定。

2.凡是属于"四点钟学校"的学员（包括社工）一律要购买人身意外保险，成员本人已经在就读学校或家庭购买类似保险，可以出示相关证明，申请不参与。

3.学员报名时应当提交体检证明。患有传染性疾病、心脏病等，不宜剧烈运动的学生不属"四点钟学校"校外集体活动报名范围内，请给予理解。如有隐瞒而导致发生意外，责任将由学生家长或者法定监护人负责，"四点钟学校"不负任何责任。

4.社工不负责"四点钟学校"学员的接送，如学员在接送路途中发生任何意外情况，"四点钟学校"不负任何责任。

5.社工在组织和开展活动时，应尽量考虑学员的安全问题，制定安全应急预案，配备相应设施，消除安全隐患。

6.定期开设相关安全知识教育课程，向学员及家长宣传安全知识，提高学员及家长的安全意识。

7.对于在服务期间，不听社工阻劝，仍以暴力解决个人问题以及做危险动作导致个人受伤的成员，试点单位社工不负任何责任。

8.如因天气原因无法正常开展活动提供服务，社工将会提前告知家长，家长接走孩子后，学生的安全问题由家长负责，如有发生意外，社工不负任何责任。

9.驻点社工应该注意自身安全问题，夜间休息时，应关好宿舍门窗，如存在安全隐患问题，应该及时联系相关负责人进行解决。

10.试点单位社工应该仔细检查"四点钟学校"的用电是否安全，如发现不妥，应该及时联系相关负责人进行解决和完善。

11.试点单位社工应该注意完善夏季的防暑措施。

12.有条件的试点单位可以准备一个小药箱，以便于当学员不小心受伤，或者因天气原因中暑或感冒，可以得到及时控制。

13.以上安全避险办法的解释权归晋江市致和社工事务所所有。

14.本办法自通过之日起开始执行。

第四节 "四点钟学校"社会工作者的人际关系处理

一、与社工机构督导的关系

督导与社工的关系具有多重性。从行政上看,是管理与被管理的上下级关系。社工机构赋予督导以行政权力,使得二者之间成为上下级关系,因而督导对社工服务工作具有检查、指导、批核、监督权。从业务上看,则是"教与学""咨询与被咨询"关系,在具体实务服务中,具体表现为督导应对新进的或经验不足的社工进行教育训练,为有需求的社工提供咨询。

二、与试点单位负责项目领导的关系

积极主动与试点单位负责项目领导沟通,是项目专职社工与试点单位建立良好关系的根本。社工应经常向试点单位的项目领导汇报工作情况,包括已开展的工作、工作成效及下阶段工作计划。通过主动沟通以利于传播社工理念,通过交谈以了解项目领导对社工的期望,了解试点单位对项目的整体需求情况,以便开展更符合试点单位需求的活动。

三、与学员的关系

与学员建立信任关系是社工开展工作的基础。社工应以尊重和接纳的态度了解"四点钟学校"学员的情况;融入学员群体中,走进学员的情感世界,努力与学员思想感情保持一致;站在学员的角度观察、倾听、了解、收集学员的真实情况;以尊重、客观、真诚的态度解决学员问题。如对学员说谎的处理:先了解情况,对他的心理有一定了解;跟家长沟通,和家长一起帮助孩子改进;通过讲故事让他明白道理;正确对待小孩子的行为,适当进行引导;以身作则。

四、与家长的关系

家访是项目社工的一项重要工作,改善家庭环境是个案工作的重要途径,小组工作或主题活动也需要家长支持与配合,因此,社工与家长保持良好关系极为重要。一方面社工以平等、尊重、主动、同理、礼貌的态度对待家长,理解接纳家长的心情,诚恳听取家长的意见和建议。另一方面,社工要掌握与家长沟通的技巧,了解家长的教育方式、教育态度、期望水平和价值观等。以真诚、真心打动家长,与家长建立良好的合作关系。家访应注意的问题:做好家访安排;了解家庭基本情况,避免触犯家庭禁忌;避免提及伤心事;尊重访问对象。

五、与试点单位员工的关系

社工有效开展工作需要社会提供支持,社工应与试点单位工作人员真诚合作、尊重体谅、平等相待,建立友好合作关系。一要多与试点单位工作人员沟通商讨社会工作活动,认真听取他们的意见和建议。二要在个案工作中多听取任课教师的意见和建议,以对案主有更全面、客观的了解。三要及时向试点单位员工澄清对社会工作的各种误解,争取他们更多的支持。

六、与社区的关系

社工与社区建立良好关系,是社工更好开展工作的社会基础。"四点钟学校"社工有时需要在社区附近开展活动,这就要获得社区的支持。为此,项目社工应以主动、真诚的协作精神,与社区工作人员沟通协商,甚至把开展的活动与社区需要结合起来,以实现互利共赢。

第五章

"四点钟学校"项目中社会工作服务提供

第一节 "四点钟学校"项目中社会工作服务内容与服务方法

一、服务内容

社会工作通过提供各种服务,以补救、预防各种社会问题,促进社会发展。学龄儿童社会工作服务内容多样,具体内容主要包括思想道德品格辅导、心理及认知辅导、学业辅导、人际关系协调辅导、生活方式辅导、行为偏差矫正辅导、弱势儿童保障服务等。晋江市"四点钟学校"项目社工服务根据可量化考核指标可概括为:咨询、建档个案、家访、小组活动、主题性活动、协调和整合社区资源等。从服务内容的特点可分为常规服务、基础服务、特色服务等,具体内容如下:

(一)常规服务

主要有四个方面:(1)接听热线。(2)负责"四点钟学校"的整体布置,各试点单位严格按照"四点钟学校"项目工作要求进行"制度上墙",包括:儿童之家"四点钟学校"简介、"四点钟学校"组织架构图、社会工作者职责、社区工作专业服务流程图、个案工作专业服务流程图、小组工作专业服务流程图。(3)做好"四点钟学校"工作的资料收集、整理。(4)及时将"四点钟学校"的活动信息、图片资料报至相关部门。

晋江市×××街道×××社区儿童之家"四点钟学校"
信息报送制度

第一章 总 则

第一条 为进一步加强信息报送工作,推动信息报送工作步入制度化、规范化、科学化轨道,充分发挥信息工作在上情下达、下情上达、正确决策、科学管理、宣传服务中的重要作用,保证"四点钟学校"项目有序、健康开展,结合我事务所实际,特制定本工作制度。

第二章 组织机构及其职责

第二条 该项目信息工作由项目负责人直接负责,项目信息管理员负责管理,主任、副主任、项目督导综合协调指导。

第三条 该项目信息工作的主要职责:

(一)按照上级要求,研究和制订信息工作的规章制度和工作计划,并组织实施。

(二)做好信息的采集、筛选、加工、传送、上报、反馈和存档等各项日常工作。

(三)结合本事务所工作,组织开展信息调研,提供有情况、有分析、有建议的专题综合信息。

(四)负责该项目各种信息的报送工作。

(五)及时、准确、全面地向上级报送重要信息,同时将上级要求的信息报送给各"四点钟学校"社工。

第四条 各"四点钟学校"社工要承担各自负责试点的信息收集、整理、报送等工作。

第五条 各"四点钟学校"社工工作职责:

(一)根据该项目信息工作要求,结合"四点钟学校"实际工作,完成信息的收集、编写、报送工作。

(二)负责在第一时间迅速收集上报"四点钟学校"重大突发性事件、重要动态、重要紧急情况,并随后续报送事态进展、处置措施、起因后果和吸取教训的情况。

第三章 信息采集范围

第六条 各"四点钟学校"社工收集和报送信息的主要内容包括:

(一)每周工作记录、每月工作计划及每月工作总结;

(二)开展各种活动的方案、照片、消息稿等;

（三）重点工作的进展情况，以及工作推进过程中出现的问题；

（四）对机构重要工作部署及有关会议精神的落实情况；

（五）各级领导来"四点钟学校"指导、检查工作或参观、访问情况；

（六）其他需报知机构的重要信息。

第四章　信息报送程序及要求

第七条　"四点钟学校"社工应按以下程序进行信息报送：

（一）将信息材料进行收集、整理，定期、不定期及时地报送给项目负责人。

（二）每周六定期报送本周工作记录，每月最后一周周六定期报送本月工作总结和下月工作计划。

（三）对于"四点钟学校"突发事件或其他重大紧迫事项，负责社工应首先及时告知项目负责人；并在口头通报后及时补送相关文字材料。

（四）该项目信息统一归由项目负责人向机构和其他政府部门报送，未经批准，各"四点钟学校"社工不得向外报送信息。

第八条　信息报送的基本要求：

（一）上报信息必须实事求是、准确无误，动态类信息要言简意赅、讲求时效，参考类、调研性信息应力求创新、分析透彻、具有借鉴意义。

（二）重大突发性事件的报送必须注意时效性。重大事故、突发事件在发生后立即电话通报，并快速整理成文字信息报送项目信息管理员和项目负责人，新闻性信息应尽可能缩短报送时间。

（三）上报信息的记录格式有统一模板的，要采用模板格式（参考《晋江市"四点钟学校"专业社会工作服务试点项目统一资料条目》），文件备注要清楚完整（如××四点钟学校××），一般采用电子邮件的方式报送。经项目负责人核定不宜公开的信息，应以纸质文稿加附U盘的形式报送。凡属涉密信息，应做好保密工作。

（四）各"四点钟学校"报送信息材料作为试点单位资料存档保管。

第五章　通报和考核制度

第九条　项目负责人定期对各"四点钟学校"社工报送信息的情况进行统计，并在机构范围内通报。

第十条　各"四点钟学校"社工报送信息的数量、质量和信息工作总体情况，纳入机构年内工作考核。

第六章　附　　则

第十一条　本办法由晋江市致和社工事务所负责解释，并根据施行情况适时修订。

第十二条 本办法自公布之日起施行。

（二）基础服务

1."学习乐园"课后四点钟服务：包括为试点单位的学员提供免费的课业辅导服务、开展室外素质拓展和动手能力训练、家庭走访等。

2."童心大本营"周末工作坊：结合试点单位儿童的特点，开展绘画唱歌、手工制作等艺术课程，趣味英语、趣味数学等学习课程，珍视生命、领袖素质培养、社会责任感提升等成长教育课程。

3."梦想缤纷季"寒暑期夏（冬）令营：为缓解试点单位家长在寒暑假期间对孩子的"管理真空"问题，开办寒暑期夏（冬）令营活动，主要内容为作业辅导、安全教育活动、志愿者服务活动、文体活动等。

晋江市儿童之家"四点钟学校"寒暑期夏（冬）令营服务内容选登

1.作业辅导。指导儿童完成作业，拓宽知识面。

2.礼仪养成。开展感恩教育和文明礼仪知识竞赛活动，引导他们逐步养成良好的生活习惯，做文明有礼的人。

3.兴趣培养。充分发挥大学生志愿者的特长，加强对儿童音乐、美术、体育等方面的兴趣培养。

4.预防违法犯罪。组织儿童学习法律知识，提高儿童的法制观念；积极关注儿童的身心健康，开展心理健康教育、安全知识教育等主题活动，提高儿童的自护意识。

5.闽南方言与文化课堂。组织儿童尤其是外来务工人员子女学习闽南方言，了解闽南文化，以更好地融入闽南的语言和文化环境。

6.成长工作坊。开展同辈支持性小组、学习小组、家庭关系小组、康娱小组等，以游戏、讨论、分享等多种活动方式吸引广大儿童参加，给儿童制造一个轻松、开放的氛围来倾诉心事和学习知识，同时提高儿童的沟通能力、社交能力，及提升自我认识和感恩素养等。

7."微力量"社区志愿者服务。组织儿童参与社区志愿服务，包括关爱孤寡老人、社区环保美化等，从小培养儿童的社会责任感。

8."我爱我家"家庭教育活动。组织家长课堂、家庭联谊活动、家庭户外活动、"小小主人公"家庭角色互换活动等，运用家庭视角，帮助儿童在成长过程中理解父母、感恩父母。

9.主题实践。由大学生志愿者带领儿童开展户外写生、清洁家园、爱心奉献等系列主题课外活动,让他们走出课堂,接触大自然、体验生活,健康成长。

10."小记者"计划。邀请《晋江经济报》的记者为儿童上"小记者培训"课程,并在每个点选取一名"小记者",每天收集和撰写活动营情况及参加活动营的感受,《晋江经济报》选取优秀合适的文章进行报道刊登。

（三）特色服务

1.传统文化传承活动。比如开展南音教学活动、南音比赛活动,背诵《弟子规》《百家姓》《三字经》等,推进传统文化教育,加强优良传统文化对少年儿童的影响。

2."四海一家 幸福晋江"外来工及其子女关怀与支持行动。针对企业内的外来工子女提供融入关爱服务,包括人际交往技巧培训、心理辅导、自信心培养活动等,协助外来工及其子女更好更快地融入在晋江的工作、学习和生活。

3."心灵呵护"心理辅导计划。结合生理、心理、社会三大因素分析试点单位内部有需求的少年儿童的心理健康状况,对不同问题学员制定不同的辅导计划与方案。

4.小志愿者志愿服务活动。组织试点单位少年儿童参与志愿服务,包括孤寡老人关爱、贫困儿童结对帮扶、环保美化等志愿活动,培养少年儿童的爱心和志愿精神。

5."我爱我家"家庭教育服务。组织家长课堂、家庭联谊活动、家庭户外活动、"小小主人公"家庭角色互换等活动,帮助少年儿童在成长过程中理解父母、感恩父母。

二、服务方法

（一）社会工作的一般方法

社会工作方法一般分为直接服务方法和间接服务方法两大类。直接服务方法是社会工作传统方法,包括社会个案工作、社会小组工作和社区工作。间接服务方法指对受助者实施帮助前的社会工作活动形式,通常包括社会工作行政、社会工作督导、社会工作咨询和社会工作研究等。

1.直接服务方法

（1）个案工作方法。个案工作是社会工作者运用科学知识和专业技巧,以个别化的方式为感受困难的个人或家庭提供物质和心理方面的支持和服务。个案工作服务对象主要是个人及家庭。其目的在于帮助个人或家庭减轻压力、解决问题,恢复和增强其社会功能。个案工作方法主要是采用心理方法

(如倾听心声、疏导情绪、精神慰藉等)进行干预和社会环境方面介入。个案工作模式是社会工作者开展个案专业服务的相对稳定的服务方式,个案工作中常用的服务模式有:心理治疗模式、认知行为治疗模式、理性情绪治疗模式、任务中心模式、危机介入模式、人本治疗模式和家庭治疗模式。社会工作者应依据个案服务对象不同问题,选择合适的服务模式。个案工作的介入过程可以分为接案、收集资料、制订计划、签订协议、开展服务、结案、评估和追踪八个基本阶段,每个阶段都有要处理的任务和工作要求,各阶段相互影响、相互促进。

(2)小组工作方法。小组工作是在社会工作者的协助下,通过小组成员之间有目的的相互帮助,使参加小组的个人获得行为的改变、社会功能的恢复和发展的工作方法。小组工作方法以小组中的成员和小组本身为服务对象。社会工作者起协助者的作用,组员间互动、经验分享、互相支持、相互教育,带动组员态度和行为的改变。小组工作方法可依据相类似问题或相类似需要的服务对象,进行小组分类,开展主题小组活动,比如可分为:治疗小组、发展小组、学习技巧小组或社交小组等。

(3)社区工作方法。社区工作方法是以社区为服务对象,通过社会工作者的介入,组织社区居民,利用社区的人力、物力、资源,争取社区外的配合、协作与支持,集体参与解决社区问题,改善生活环境和质量,培养社区居民互助、自助和自决精神,提高社区居民的自治意识和自治能力。

2.间接服务方法

(1)社会工作行政。社会工作行政是社会服务机构内部的行政管理及协调活动,包括计划、组织、人力资源管理、协调与控制等一系列内容。社会工作行政旨在于贯彻执行国家与地方社会工作的方针、政策,发挥行政管理功能,整合社会资源,促进机构目标的有效实现,确保服务对象获得高水平的服务。

(2)社会工作督导。参见第三章第三节"专业督导"。

(3)社会工作咨询。社会工作咨询是一种以知识和经验进行专业指导的社会服务方法,包括对服务对象的咨询和对社会工作者的咨询两个方面。咨询形式包括提供有关的信息、情报、资料和技术支持等。

(4)社会工作研究。社会工作研究是围绕社会工作实务和理论而进行的,旨在发现与社会工作相关的事实和知识,以改进社会工作而开展研究。通过对社会工作的科学研究,包括对社会福利政策、各种社会服务项目、社会工作实践、社会工作评价等的研究,提高社会工作者的专业知识、技能及其服务水平。

（二）"四点钟学校"项目中的社会工作方法

"四点钟学校"项目是政府购买的学龄儿童社会工作服务,因而其工作服务中必须学会掌握和运用社会工作的一般方法,同时又应根据学龄儿童的特点选择合适的工作方法[详见第一章第一节第四部分(五)"服务方法具有特殊性"]。"四点钟学校"通过开展课后四点班、周末工作坊、寒暑假夏(冬)令营等方式,运用社会工作专业方法,促进学龄儿童德、智、体、美、劳全面发展。

（三）"四点钟学校"项目中的社工服务技巧

社会工作者在服务介入过程中,既要面临各种不同个体,又要面临不同情况,也要应对不同服务阶段的不同情形,这就要求社会工作者在具体服务过程中,面对不同的具体情况时,应掌握相应的工作技巧。以下着重介绍几种与"四点钟学校"项目最为密切的工作技巧:

1.小学生作业辅导技巧

在课后四点班,辅导小学生作业是社工的主要任务之一,社工在此扮演着教育辅导者的角色。孩子的好成绩是在教师的教导下学出来的,这包含着:一方面是教师的有效引导,另一方面是孩子的学习能力。因此,社会工作者在进行课业辅导的时候应更多地关注孩子学习方法的适合性、学习兴趣的培养及为孩子构建朋辈互助学习的机制。

(1)创造安全的环境。要给孩子创造一个安全放松的环境,不能时时盯着孩子写作业,不要过多干预,以免给孩子造成过大的负担和压力。

(2)鼓励孩子在规定的时间内完成作业,以培养孩子专心写作业的习惯。具体方法:先了解一下孩子的作业量,并与其商量,估计完成的大概时间。如果在规定时间内做完,给予表扬并奖一个小星星,累计达到5颗小星星的时候,可以得到"四点钟学校"精心准备的一个小礼物。如果没按计划完成、注意力不集中,则要加以提醒、安抚、鼓励、催促,把学生的注意力拉回到学习上。

(3)善用鼓励技巧。在孩子很好地完成作业时,及时给以肯定和表扬,让孩子及时感受到完成任务后得到的成就感和满足感。

(4)多协助孩子挖掘学习的乐趣。可以运用联想法、趣味学习法及寓教于乐等方法,让孩子从另一个角度接触和了解现在所学的学科,以增加其学习的乐趣。比如用"情景对话"让孩子从应用的视角接触英语,感受英语的乐趣,从而激发孩子学习英语的兴趣;用成语沙龙或者造句比赛等形式,让孩子在玩的过程中感受语文的魅力,同时也评估自己的语文水平,明白自己学习的方向。

(5)不同年级辅导的重点不同。对一、二年级学生,主要关注其字迹是否写得端正、清楚。对三年级以上的学生,则重点检查他们做题的思路,算式的列法是否正确,发现有不正确的地方,不要指出具体错误之处,而是在有问题的地方画上一个小圆圈,让孩子自己找出不正确的地方,自己纠正。如果孩子没有改对,可继续提示,不能给答案,甚至可以留给老师批改或考试时,判错扣分,让孩子体验挫折感,培养孩子对自己负责任、独立思考、认真仔细的学习品质。

(6)点拨孩子做习题。对于学生一时做不出来的习题,需要加以辅导和点拨。首先让孩子反复读题。通过反复读题,增强信心,并逼迫自己集中精力去思考和研究,或许就可以从中找到思路。其次,对于思考后仍做不出来的,可以通过讲解习题中的关键点,引导孩子思考,启发思路。再次,还可通过举相似的例子的方法,与孩子一起分析、讨论,弄懂例题,再由孩子去做原题。

(7)协助孩子建构朋辈互助系统。通过工作坊、主题活动等形式,在"四点钟学校"创造平等、互助、友爱的氛围,为孩子们建立"结对互助"小组,让孩子们彼此之间互相帮助,碰到难题或者不懂的作业时,可以互相教学。比如,为高年级和低年级的学生建立结对小组;让学习成绩好的和学习成绩比较不好的学生建立结对小组。

2.儿童个案会谈方法[①]

个案工作是儿童社会工作的重要方法,也是"四点钟学校"项目中重要的工作内容和工作方法。个案会谈则是有效个案工作的基础,只有做好个案会谈,才能掌握服务对象的真实情况,才能与服务对象建立信任关系。而有效会谈必须掌握相应的谈话技巧。

(1)支持性技巧。社会工作者通过借助口头和身体语言让服务对象感受到被理解、被接纳。具体而言,一要专注,在会谈过程中,社会工作者要以友好、开放、专心的态度关注服务对象。二要倾听,会谈过程中,社会工作者要以诚恳的态度,认真聆听服务对象所表达的信息,以示理解接纳服务对象的感受。三要同感,在会谈过程中,社会工作者要设身处地地从服务对象的角度,了解其所面对的处境和面临的压力,体验其内心感受。

(2)引领性技巧。在会谈过程中,社会工作者要运用自己的知识和经验,主动引导服务对象提高对问题的认识。一是澄清问题和感受。社会工作者引导服务对象整理自己模糊不清的经验和感受。二是抓住重点。社会工作者引

---

① 全国社会工作者职业水平考试教材编写组.社会工作综合能力(中级)[M].北京:中国社会出版社,2014:108-109.

导服务对象集中讨论关键的问题,认清问题的实质。三是抓住要点。社会工作者引导服务对象概括、整理、归纳所面对的问题的基本要点。

(3)影响性技巧。社会工作者为服务对象提供必要的信息或建议,引导服务对象根据不同的理解角度,采取不同的解决办法。一是提供知识,社会工作者运用自身知识和经验为服务对象提供理解问题必要的知识和不同视角。二是社会工作者以亲身经验和智慧为服务对象提供解决问题的方向性指导。三是社会工作者引导服务对象直面自己存在的问题及其危害性。四是社会工作者基于有利于服务对象改变境况的目的提供建设性意见。

3.组织游戏技巧

游戏是学龄儿童学习的重要方式,因而组织学龄儿童游戏是社会工作的重要内容,是儿童小组工作的重要形式。而游戏活动成功与否,游戏活动组织者的水平极为关键,其中,掌握组织儿童游戏技巧则是儿童社会工作者的重要技能。

(1)做好充分准备。一是选择游戏类型。游戏种类繁多,应根据活动主题或目的,选择关联性紧密的游戏;根据孩子年龄及活动能力选择合适的游戏。二是选择场地和材料。要根据游戏的内容选择合适的场地,给儿童足够的活动空间。选择的材料不仅要确保安全性,道具新颖,能刺激儿童产生兴趣,而且应综合儿童操作能力和费用合理性选择合适的质地、重量和大小。三是建立游戏小组。分组、互相介绍、相互认识。四是热身活动。游戏活动开始之前,组织者选择自己熟悉、规则简单,并能在短时间内完成的游戏作为热身活动,调动儿童参与的活力和热情。

(2)适时恰当的指导。一是发挥组织者的引导和参与作用。首先,组织者应通过简单清楚的语言介绍游戏的名称、解释游戏的目的、说明游戏规则,如果规则较长,可边解释边示范。其次,游戏开始时,组织者带着深厚的兴趣,以积极玩伴角色把孩子带入游戏活动中。再次,在整个游戏活动过程中,组织者要跟进游戏进程,根据发展情势和孩子的能力状况,适时引导、修改、控制游戏活动进程,并为孩子鼓劲加油。二是组织者要把握好参与的"度"。儿童是游戏的真正主人,因而组织者的参与要把握好"度"。从一开始主动、主导参与,以调动儿童参与积极性,再逐渐把游戏的主动权转移给儿童,组织者转为控制、引导角色。三是游戏活动结束,组织者要抓住时机进行简单或细致的游戏体验分享,引导孩子提高认识、改变行为。

4. 小组工作技巧①

(1) 小组沟通技巧

沟通是小组工作得以进行的重要动力,是小组组员互动的基础。小组沟通包括组织者与组员沟通和组员内部沟通两个层面,社会工作者开展小组工作必须熟练掌握这两个层面的沟通技巧,组织者与组员沟通技巧,这部分内容类似于个案会谈技巧,这里不再赘述。促进组员内部沟通技巧,社会工作者应及时提醒组员相互倾听,鼓励组员相互表达,帮助组员相互理解,促进组员相互分享和回应。

(2) 小组讨论技巧

小组讨论目的在于激发组员积极参与小组事务,在于运用小组集体力量促进小组及组员问题的解决。因而,社会工作者必须掌握小组讨论的一些技巧。主要有两方面:

①事前准备技巧。一是组织者要选择合适的主题。主题应明确,主题的选择要考虑小组的特质、目标和组员的能力。二是选择恰当的主题措辞。主题不同,应有不同的措辞。三是选择合适的讨论形式。根据主题和人员情况采用公开讨论、座谈会等形式。四是合理安排活动场地。讨论之前要对活动场所、座位安排、灯光、音响、活动空间进行精心布置。五是挑选合适的参与者。讨论之前要安排好主持人、参与者和组员的角色。六是准备好讨论草案。内容包括目标、素材、问题清单、时间分配掌握等。

②主持小组讨论技巧。一是开场技巧。介绍参与者相互认识、引出主题、说明主题的意义、讨论的规则及要求。二是了解技巧。随时观察组员的言行举止,及时跟进讨论进程,适时给予支持和鼓励,适时表达自己的感受和看法。三是提问技巧。常用的提问类型有五种:封闭式,如"是不是";探究式,如"描述、告诉、解释";重新定向式,如"其他人对这个问题是怎么想的";反馈或阐述式,如"谁能对此总结一下";开放式,如"怎样""为什么"等。四是鼓励技巧。不同性格的组员应采取不同的鼓励方式。如对内向的组员应不逼他发言,但给予支持的眼神,对他的发言重复强调以增强他的自信。五是限制技巧。对于不合适的发言应限制,比如给予适时打岔、及时切断话题、引导其他人接续发言等。六是沉默技巧。对组员的发言不表态,由组员自行判断。七是中立

---

① 全国社会工作者职业水平考试教材编写组.社会工作综合能力(中级)[M].北京:中国社会出版社,2014:131-136.

技巧。对于讨论的争论,社会工作者应保持中立,只提供问题、资料信息,或仅作利弊分析,不作决断或提供答案。八是摘述技巧。当讨论出现偏离主题、偏离主题、偏离要求时,社会工作者应及时作简要明晰的摘要发言,以控制和规范讨论进程。九是引导技巧。面对讨论中的偏离主题,社会工作者可采用暗示方向、提示重点等保证讨论有序正常进行。面对讨论冷场,避免指定发言、轮流发言,避免直接打击发言者的不当言论,可选择头脑风暴法调动组织参与的积极性。面对讨论中发生的冲突,社会工作者应尽快、直接、公平地协调,及时化解冲突。十是结束技巧。讨论结束阶段,社会工作者需要对讨论中组员提出的问题、建议等进行详细、全面的归纳、总结,并形成结论,对主要观点进行点评。

(3)小组活动设计技巧

小组活动是小组工作的载体或媒介,因此,小组活动的设计是小组工作非常重要的技巧。这就要求社会工作者应该掌握小组活动设计技巧。具体要求如下:

①扣紧小组目标。社会工作者设计小组活动方案时。首先应围绕小组工作的总目标,根据小组工作各阶段目标要求,设计好与这些阶段相适应的一系列小组活动方案。如活动初期可设计自我介绍、相互介绍、寻求朋友、集体唱歌、做游戏等,中期可设计角色扮演、角色互换、角色冲突等情景剧。

②考虑组员的特征及能力。设计小组活动方案应具有针对性,应考虑组员的心智特征、社会关系、文化背景、成长经历和问题及组员能力。

③掌握基本要素。任何小组活动设计都必须包含以下基本要素:小组活动目标、参与者、活动规模、时间分配、组员角色扮演和互换、环境(场地、设施)设计、资源供应和经费预算、活动强度分布、预期结果、意外事件应急预案、总结与奖励。

(4)注重经验分享环节。经验分享是小组活动实现预期目的的必要阶段,因而不同阶段小组活动都应包含经验分享环节。通过经验分享,鼓励组员发表感受,讨论经验,总结启示,促进组员通过活动提高认识,改变行为。

第二节 "四点钟学校"项目中社会工作的工作流程

一、常规工作流程

（一）开班前

工作流程：场地布置—招生宣传—学员报名—建档、存档。

场地布置：根据"四点钟学校"所在的场地硬件条件情况进行场地布置，要求场地要干净整洁，功能区域划分明显，氛围温馨和谐，体现社会工作服务理念。

招生宣传：运用海报、单页、电子屏幕、短信平台、微信平台等形式进行"四点钟学校"服务宣传及发布招募学员信息。

学员报名：对报名的准学员进行信息登记，并向家长说明相关注意事项。

建档、存档：将学员信息进行建档，并做好存档工作。

（二）开班初期

开班家长会—签订服务协议—常规服务（课后四点班、周末工作坊）—建档、存档

（三）开班中期及后期

常规服务（课后四点班、周末工作坊）—个案、小组、社区活动服务（含特色服务活动）—建档、存档

二、专业流程

在"四点钟学校"中常用的社会工作方法主要有个案工作、小组工作和社区工作，相对应的专业工作流程也分为个案工作专业服务流程、小组工作专业服务流程和社区工作专业服务流程。

（一）个案工作专业服务流程

个案工作专业服务流程分为一般个案工作流程和危机个案工作流程。

1.一般个案工作流程（如图5.1）：首先，我们从热线咨询、主动求助、走访、调查、其他部门反馈问题等来源接触到个案；然后再对相关个案进行预估。在备案的前提下，选择接案或者不接案；接案之后，再按照服务顺序建立良好的关系；进行深入的个案问题评估，具体分析个案产生问题的所有可能原因；评估完成之后，就着手制定一系列服务计划；接下来，也是最主要的，就是服务介入，一开始要着重运用周围的有效资源和环境影响，消除服务对象所面临的

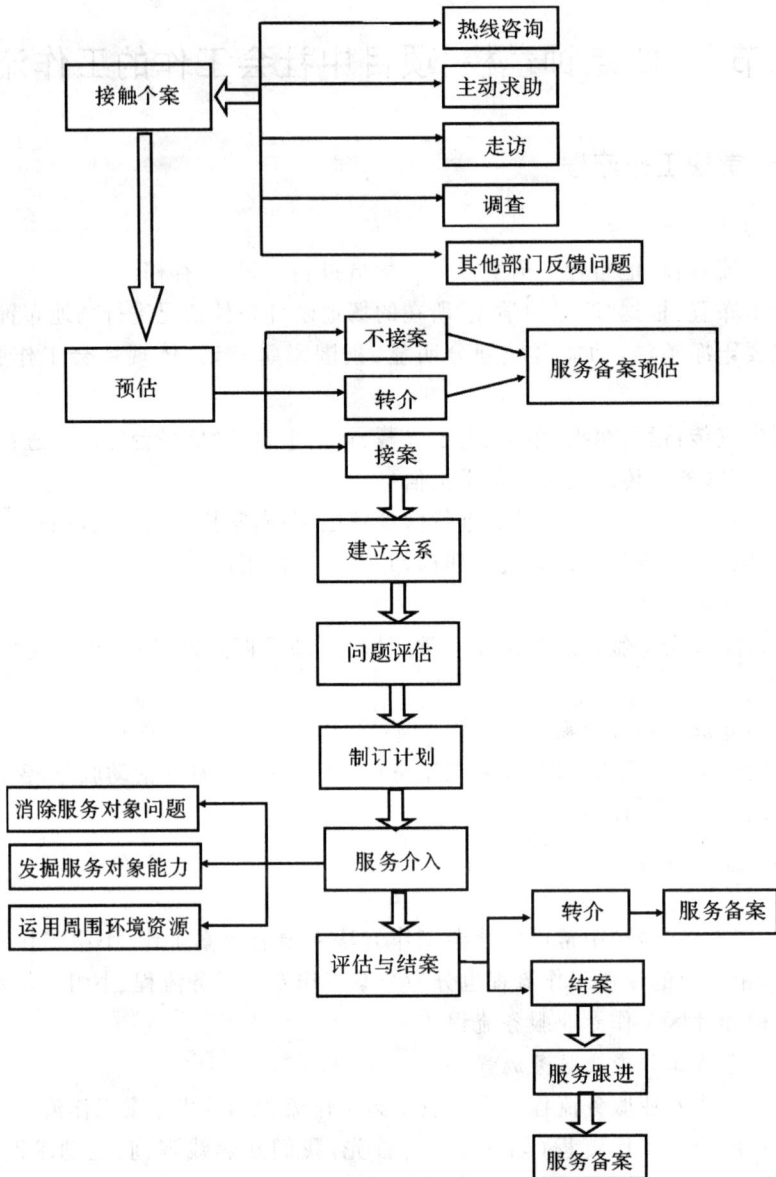

图 5.1 晋江市"四点钟学校"一般个案工作专业服务流程图

```
┌──────────┐      ┌──────────────────────────────────────┐
│  危机个案  │─────▶│ 紧急介入,评估个案危机程度,了解危机成因及影响 │
└──────────┘      └──────────────────────────────────────┘
                                   │
                                   ▼
                  ┌──────────────────────────────────────┐
                  │ 约请"四点钟学校"分管领导、家长、社工督导、 │
                  │ 专家等召开危机会议,成立危机处理小组        │
                  └──────────────────────────────────────┘
                                   │
                                   ▼
                  ┌──────────────────────────┐
                  │ 协商制订危机介入计划和方案    │
                  └──────────────────────────┘
```

┌──────────┐ ┌──────────┐ ┌──────────────┐ ┌──────────────┐
│ 及时将个   │ │ 对案主进   │ │ 与班主任面谈,并 │ │ 与家长会谈,了 │
│ 案进展信   │ │ 行情绪疏   │ │ 告知各种任老师配 │ │ 解案主问题的成 │
│ 息告诉相   │ │ 导及安抚   │ │ 合,密切关注案主 │ │ 因,取得家长支 │
│ 关负责人   │ │   │ │ 状态,争取同学支 │ │ 持与配合   │
│   │ │   │ │ 持   │ │   │
└──────────┘ └──────────┘ └──────────────┘ └──────────────┘

```
              ┌──────────────────────────┐
              │ 整合相关资料,为案主        │
              │ 提供服务                  │
              └──────────────────────────┘

              ┌──────────────────────────┐
              │ 持续跟踪,及时给予          │
              │ 支持与辅导                │
              └──────────────────────────┘

                  ┌──────────────────┐
                  │  评估危机介入成效    │
                  └──────────────────┘
                        │        │
                        ▼        ▼
                  ┌────────┐  ┌────────┐
                  │  结案   │  │ 定期追踪 │
                  └────────┘  └────────┘
```

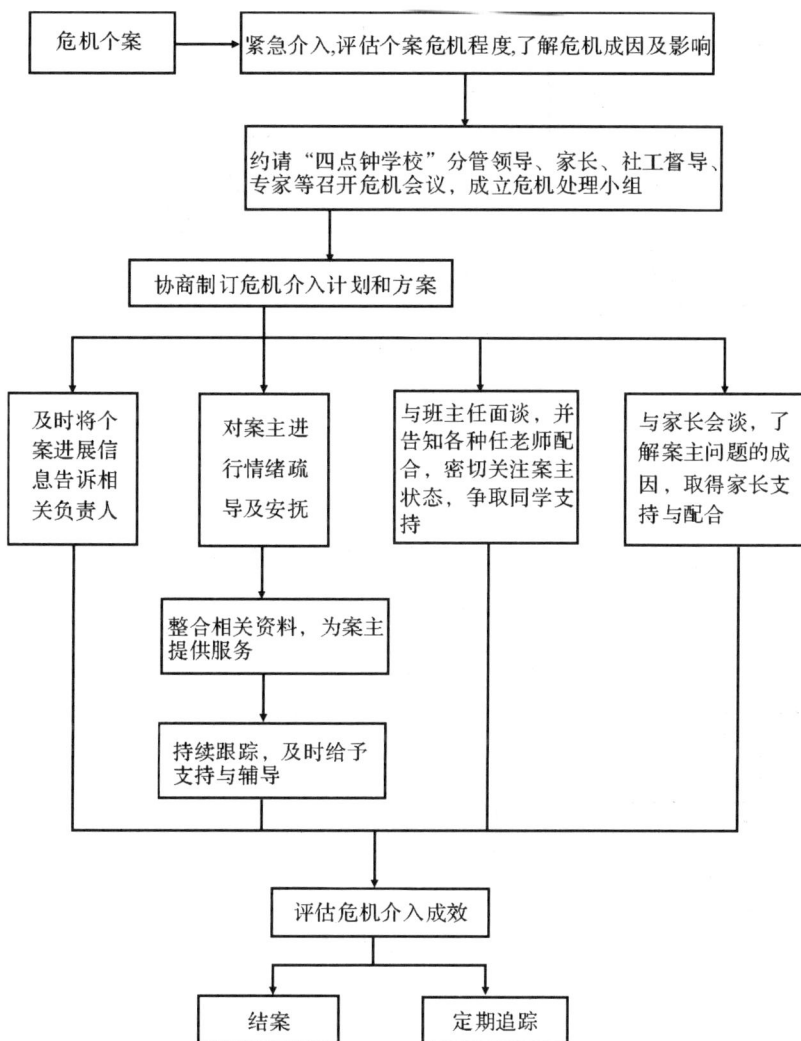

图 5.2 晋江市"四点钟学校"危机个案工作专业服务流程图

```
                                    ┌──────────────┐
                          ┌────────→│   学校需求    │
                          │         └──────────────┘
                          │         ┌──────────────┐
  ┌──────────┐            ├────────→│   学生需求    │
  │          │←───────────┤         └──────────────┘
  │  需求评估  │            │         ┌──────────────┐
  │          │            ├────────→│  学生家属需求  │
  └────┬─────┘            │         └──────────────┘
       │                  │         ┌────────────────┐
       │                  └────────→│ 其他部门反馈的需求 │
       ↓                            └────────────────┘
                          ┌──────────┐
                    ┌────→│  不接案   │──────┐
  ┌──────────┐      │     └──────────┘      │    ┌──────────┐
  │          │      │     ┌──────────┐      ├───→│  服务备案  │
  │   预估    │──────┼────→│   转介    │──────┘    └──────────┘
  │          │      │     └──────────┘
  └──────────┘      │     ┌──────────┐
                    └────→│   接案    │
                          └────┬─────┘
                               ↓
                          ┌──────────┐
                          │  问题评估  │
                          └────┬─────┘
                               ↓
                          ┌──────────┐
                          │  制订计划  │
                          └────┬─────┘
                               ↓
                     ┌─────────────────┐
                     │ 筛选小组成员并建立 │
                     │     初步关系      │
                     └────────┬────────┘
  ┌──────────────┐            │
  │ 成员间初步建立 │            │
  │ 联系，建立互信 │←───────────┤
  │   的关系      │            │
  └──────────────┘      ┌──────────┐
  ┌──────────────┐      │  服务介入  │
  │ 成员共同努力达成 │←────│          │
  │    小组目标    │      └────┬─────┘
  └──────────────┘            ↓        ┌──────────┐   ┌──────────┐
                        ┌──────────┐   │   转介    │   │  服务备案  │
                        │ 评估与结案 │──→└──────────┘   └──────────┘
                        │          │──→┌──────────┐
                        └──────────┘   │   结案    │
                                       └────┬─────┘
                                            ↓
                                       ┌──────────┐
                                       │  服务跟进  │
                                       └────┬─────┘
                                            ↓
                                       ┌──────────┐
                                       │  服务备案  │
                                       └──────────┘
```

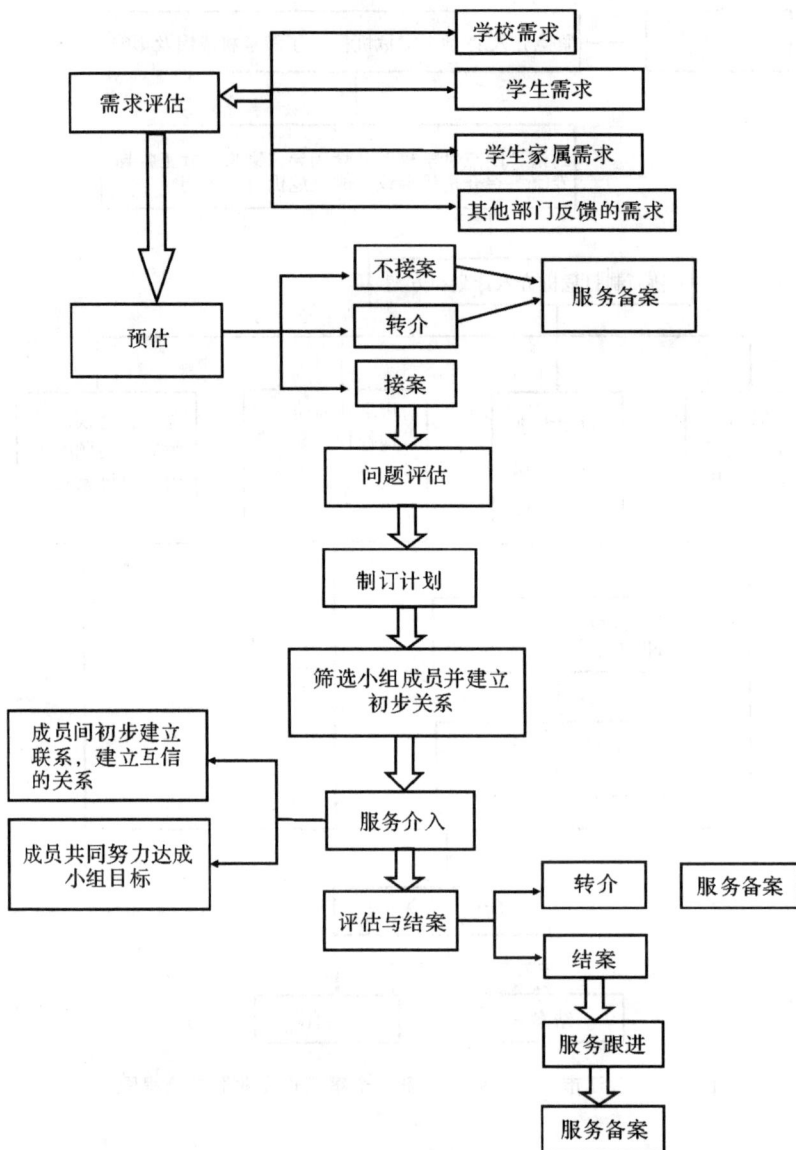

图 5.3　晋江市"四点钟学校"小组工作专业服务流程图

```
需求评估 ──────→ 试点需求
         ←────── 学生需求
                  家长需求

制订计划 ────── 设计活动方案
              根据试点单位、
              机构督导的修改
              意见进行修改

组织活动 ────── 做好各种宣传工作
              组织学生参与
              组织家长参与        服
              组织志愿者参与      务
              吸引其他人员参与     备
                                案
评估与结案 ───── 活动参与者评估
              机构评估
              试点单位评估
              社区自我评估
```

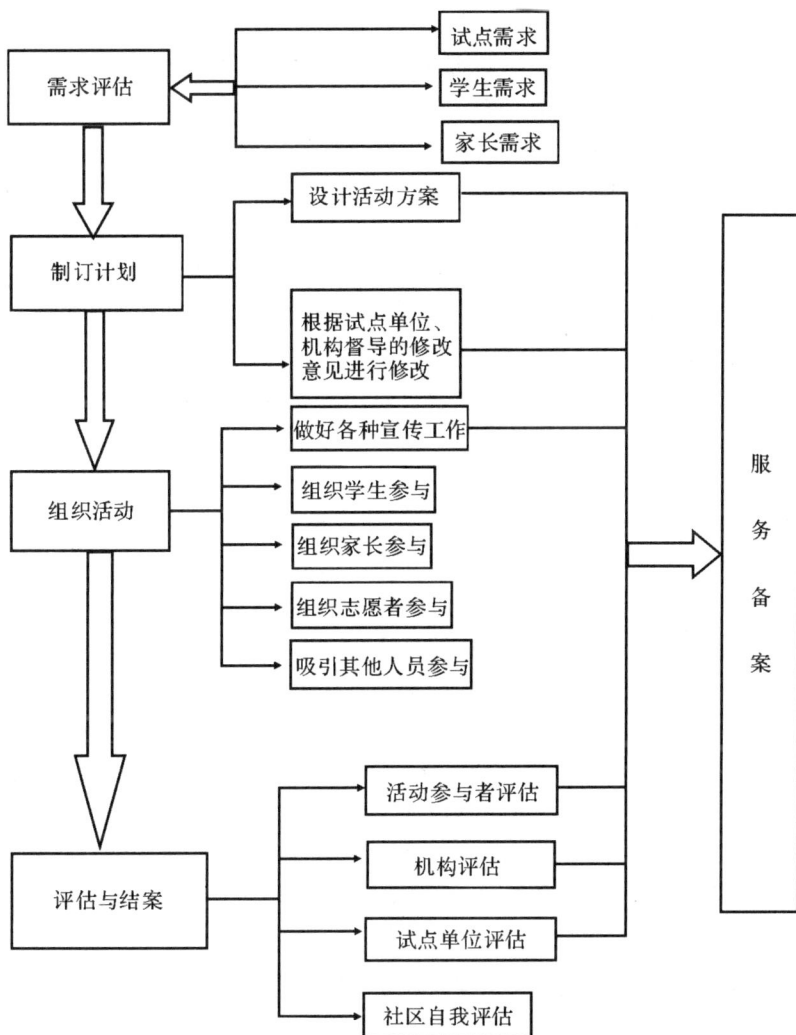

图 5.4 晋江市"四点钟学校"社区工作专业服务流程图

问题,发掘服务对象的潜在能力;最后,对个案服务的一系列过程进行总结评估和结案,并注意后续的服务跟进和及时反馈。

2.危机个案工作流程(如图 5.2):首先紧急介入,评估个案危机程度,了解危机成因及影响。然后,成立危机处理小组,协商制订危机介入计划和方案。之后,开始为案主提供服务。最后,评估危机介入成效,再根据情况选择继续治疗或结案。如果基本完成预定目标,则结案,但仍需注意定期追踪。

(二)小组专业服务流程(如图5.3)

首先,从学校需求、学生需求、学生家属需求、其他部门反馈的需求等渠道来源进行需求评估;其次,对这些个案进行预估并选择性地分组,在备案的前提下,可以选择接案或者不接案;接案之后,进行深入的小组问题评估,具体分析各个小组中学员可能产生问题的相同或相近的原因;当评估完成之后,就开始着手制订一系列的计划;然后,筛选小组成员并建立良好的初步关系,接下来,进入服务介入,先让成员间初步建立联系,建立互信的关系,再布置任务,让成员们共同努力达成小组目标,之后充分运用周围的有效资源和环境影响,消除小组所面临的问题,并发掘小组所有成员的潜在能力,帮助小组共同发展;最后,对小组服务的一系列过程进行总结评估和结案,并注意后续的服务跟进与及时反馈。

(三)社区工作专业服务流程(如图5.4)

社区工作专业服务是非常常见,也是非常重要的专业服务,与个案服务或小组服务不同,社区工作服务的活动范围较大,覆盖面较广。

首先,从试点单位需求、学生需求、学生家属需求等方面进行需求评估;其次,就服务目标制订计划,包括设计活动方案、根据试点单位和机构督导的意见进行修改等工作内容;然后,是活动的组织。活动的组织和实施,是整个社区工作专业服务流程的核心,无论是大型活动,还是中小型活动,都必须进行各种宣传工作,积极组织学生、家长、志愿者、其他人员参与其中,让更多的人感受到活动所表达的意义。最后是评估和结案,包含至少活动参与者、社工自身、机构和试点单位四个方面的评估,从各个方面、各个角度总结分析该活动的优缺点,然后再进行服务备案。

第三节 "四点钟学校"项目的档案整理

档案整理是社工记录的基础性工作,做好记录是社会工作的重要内容,完整的记录是检视服务过程和评估服务结果的依据,也是社会工作者自我保护的重要手段。美国著名的"特蕾莎的社工三原则"中有一条是"没有写下来的就没有发生过",这条原则点明了笔记在社会工作中的重要性。"四点钟学校"项目档案作为一种信息资源,首先,它是社工服务的真实记录、服务成果展示、服务经验传承的一项基础性工作。其次,它是"四点钟学校"项目购买方对项目运行成效评估的重要参考凭证。因此,做好规范、有序的档案整理是"四点钟学校"项目中的一项重要工作。

一、前期档案整理

"四点钟学校"开班前,需要整理的档案包括社工与新学员家长签订的服务协议、告家长书、学员基本信息采集表、家长联系簿、学员花名册、学员管理制度等内容。

二、常规档案整理

1. 值班档案。每天的学员签到表、值班人员签到表、志愿者签到表等。

2. 社工档案。社工简介、社工个人成长记录、社工考勤表等。

3. 工作计划档案。即每月工作计划表。

4. 工作总结档案。即每月工作总结报告、年中工作总结汇报、年终总结汇报、服务数据统计表等。

5. 志愿者档案。志愿者报名表、花名册、签到表、活动剪影。

6. 会议、督导记录。利益相关方沟通反馈表、会议记录表、督导表。

7. 社区工作材料。方案、通知、报名表、签到表、活动记录表、新闻稿、总结、照片精选等。

8. 小组工作材料。表格模板、服务表格、专业表格、小组表格等。

9. 个案工作材料。表格模板、服务表格、专业表格、个案表格等。

10. 家访记录材料。表格模板、服务表格、专业表格、个案表格、家访记录表或者走访报告等。

11. 媒体报道材料。收集媒体纸质版报道、网址链接及电子版材料等。

12. 每月工作简报。详见表5.1。

表 5.1   每月工作简报模板

序号	板块	要求
1	领导关怀	各级领导下点走访、检查指导工作的新闻稿、照片
2	动态传递	本月所开展的所有活动的新闻稿、精选照片
3	媒体关注	本月开展活动的媒体报道(包括报纸、保存链接电子档)
4	社工分享	收集学员语录或者社工自身的总结
5	服务掠影	本月活动照片精选集
6	服务数据	最直观的体现社工服务的数据统计表
7	活动预告	下个月的活动预告

13. 档案盒材料的归类。"四点钟学校"按照考核指标建立有 13 个档案盒,包括:上级文件、工作计划、工作总结、媒体报道、规章制度、值班管理、服务对象档案、社工档案、小组工作、社区工作、个案工作、服务表格、志愿者档案(详见表 5.2)。此外,部分试点单位还专门设立了暑期夏令营档案盒和专门的相册。

表 5.2 晋江市儿童之家"四点钟学校"项目建档要求

序号	档案名称	要　　求
1	上级文件	
2	工作计划	每月一份
3	值班管理	考勤表、值班人员记录表、"四点钟学校"大事记、服务人员登记表
4	志愿者档案	报名表、花名册、签到表、服务情况登记表、志愿者培训计划等
5	工作总结	每月一份(工作简报、服务数据统计表)
6	规章制度	上墙制度、社会工作者工作守则、服务协议、安全避险办法、媒体接待办法、信息报送制度、学员管理办法、志愿者管理办法、场地配置设施清单、学员证模板、接送证模板、项目统一资料条目
7	服务表格	服务表格(专业表格、家长联系簿、学员花名册、学员签到表、学员基本信息采集表) 行政表格(月工作计划、月工作总结、社工个人成长记录表、服务人员登记表、考勤表、值班人员记录表、"四点钟学校"大事记记录表、会议记录表)
8	服务对象档案	学员花名册、学员基本信息采集表、学员签到表、服务协议
9	个案工作	个案记录(个案专业表格要求)
10	小组工作	小组活动记录(小组活动专业表格要求)、新闻稿(含照片)等
11	社区工作	活动记录(策划、参与活动人员信息、活动总结)、新闻稿(含照片)、宣传资料及活动过程资料等

续表

序号	档案名称	要 求
12	社工档案	社工个人简介、社工个人成长记录表、专业培训活动、团队建设活动等
13	媒体报道	报纸、保存链接电子档
14	会议、督导记录	项目/机构会议记录、督导记录表

第四节 "四点钟学校"项目中社会工作服务注意事项

一、"四点钟学校"环境安全隐患排查及处理

（一）开展校园周边环境安全隐患排查与治理

社工主动参与试点单位、政府职能部门或主管单位组织的定期或不定期对校园周边环境安全进行排查与治理。具体包括以下内容：

1.高压电设施是否符合国家规定的要求。

2.周边区域废气、废品、工业固体废物等污染物排放是否符合国家标准。

3.周边是否设置有毒、有害、易燃、易爆或其他危险品存放站。

4.学校周边各类噪音、放射物质等污染物是否符合国家标准。

5.校园周边区域的山体、水流对学校建筑物、活动场所、通道等是否存在安全隐患。

6.校园附近是否有学校标志，学校门前道路是否有禁停警示、限速标志线、人行横道标志。

7.校门口如是属交通繁忙路段，有无警力维护学校出入口通道。

8.学校周边有无存在不良团伙敲诈、勒索学生现象及其他违法行为。

9.学校周边有无设立电子游戏场所，200米内网吧、文化娱乐设施是否符合规定，有无非法经营的报刊点。

10.学校周边是否发生过暴力、打斗、伤害、欺诈等对本校学生有不良影响的行为。

11.是否存在校外不良人员对在校学生及放学后的学生可能产生的危害，如引诱、拉拢、教唆甚至是侵害等。

12.学校周边商店、食堂、小卖店的食品卫生安全排查。

(二)开展校内环境安全隐患排查与治理

社工主动参与试点单位对校内环境安全隐患的排查与整治

1.教室楼道、走廊、厕所、校园死角是否存在安全隐患。

2.场地设施是否存在不妥当的情况而可能导致对学生身体的伤害。

3.校内学生是否存在聚伙吸烟、打斗等不良行为。

4.父母离异、单亲或留守儿童家庭住房安全隐患排查。

5.学生旷课、逃学、离家出走等的潜在诱发因素或可能导致安全事故的排查。

6.学校制度不合理可能造成安全责任事故的排查。

7、学校预防管理不当可能造成安全责任事故的排查。

8.教师法制意识淡薄或教育方法简单粗暴可能对学生造成伤害的事故的排查,如批评方法不当可能造成的意外伤害。

9.学习、人际关系等出现心理压力可能造成意外事故的排查。

10.家庭中父母教育子女方法不当可能引发孩子意外事故的排查。

11.学生逆反心理或特殊个性可能造成的意外事故排查。

(三)加强安全教育,建立安全责任制度

安全教育与安全事故防患是"四点钟学校"项目社会工作的重要内容。加强对学员进行安全教育极为重要。包括日常安全教育、专项安全教育(如防火、防电等)、指导或引导家长重视了解或掌握安全知识。建立安全责任制度是重要保障。每个"四点钟学校"在开班前都应该让学员家长在了解和接受的基础上签订服务协议书,并遵守相关规定。同时,制定明确的《安全避险办法》,以保障发生意外时,处理问题有章可循。

晋江市×××街道×××社区儿童之家"四点钟学校"服务协议

甲方:晋江市××四点钟学校(以下简称甲方)
乙方:学生家长或监护人(以下简称乙方)

本协议项目:

为××社区(学校、企业)少年儿童提供"四点钟学校"服务。

一、甲方权利和义务

1. 为××社区(学校、企业)少年儿童提供免费、无偿的服务。

2. 有权对违反××四点钟学校管理规定的学生进行行为纠正、思想教育。

3. 在服务工作开展方式上,遵守社会工作的伦理守则,遵照社会工作的平等、尊重、宽容、接纳、保密原则,对服务对象提供及时、诚信、优质服务。

4. 在服务工作内容上,采取多样、丰富、创新的学习形式,调动服务对象的积极参与性,激发服务对象的潜能。

5. 服务时间内,甲方在能力允许范围内尽全力维持秩序,避免不安全事故的发生。若学生在四点钟学校发生人身、财产安全事故,甲方有义务及时通知乙方,并对事故及时采取处理措施,但不承担事故责任。

二、乙方权利和义务

1. 在服务范围之外,孩子的安全由乙方来负责。

2. 督促孩子遵守××四点钟学校的管理规定,并与甲方协商处理违反该行为规范的相关问题。

3. 可以对甲方工作进行监督,为孩子的成长发展提出建议与期望。

4. 配合参与甲方的活动,及时提供孩子的信息。

5. 服务时间内,学生在课后四点钟学校,发生人身、财产安全事故,责任由乙方承担。

三、服务内容

四点钟学校主要包含"学习乐园"课后四点班和"童心大本营"周末工作坊。"学习乐园"课后四点班主要内容为辅导孩子完成作业,组织孩子进行团体活动;"童心大本营"周末工作坊主要内容为开展绘画、手工制作、武术、舞蹈等艺术课程,趣味数学、趣味语文等学习课程。

四、服务时间

"学习乐园"课后四点班:周二至周五下午16:00～18:00

"童心大本营"周末工作坊:周六上午8:30～11:30 下午14:30～17:30

五、协议履行期限

本协议的有效期自____年____月____日至____年____月____日。

本协议自甲乙双方签字之日起生效。

本协议未尽事宜,双方可以协商,签订补充协议。本协议一式两份,甲乙双方各执一份,具有同等法律效力。

甲方代表(本人签字): 乙方代表(本人签字):

地址：晋江市╳╳四点钟学校　　地址：
电话：　　　　　　　　　　　　电话：

（四）开展安全问题专项治理

1.场地安全事故防范：

（1）上下楼梯安全事故防范：加强日常的安全教育，让学员在可控制的活动范围内活动，要求集体活动时上下楼梯需排队等。

（2）地板安全事故防范：随时检查地板，及时处理可能造成的地滑。如备好干拖把，及时拖地防止有水造成地滑；下雨时，门口放个防滑垫；禁止学员光脚在室内跑动等。

（3）栏杆安全事故防范：禁止攀爬、设立警示标志等。

（4）消防通道出口作用说明：向学员说明消防通道的位置及用处；设立指示牌等。

2.用电安全事故防范：不用的插头用胶布粘好；贴好警示标志；做好安全教育等。

3.文具、手工用具等安全事故防范：

（1）加强文具安全教育，使学生了解文具、手工用具潜在的危险性。

（2）指导选购安全文具。

（3）指导安全使用文具，防止误伤。

4.组织外出活动的安全事故防范：

（1）组织外出活动要征得上级领导同意。

（2）制定外出活动安全方案。"四点钟学校"的"周末工作坊"和假期冬夏令营，主题活动形式多样，外出活动也不少，不论进行何种集体活动都必须制订安全工作预案，外出活动风险更大，安全预案更应慎重。预案的制订应明确、详细、具体、可行。一般来讲"预案"由四部分组成：①活动基本情况，包括活动名称、活动时间、活动地点、组织部门、参加人员、活动目的、日程安排。②活动前的安全准备工作，包括：组织人员的安全意识培训、成立安全保卫组织机构、制作标记、统一服装或帽子、交通安全准备、饮食起居的生活安全准备、学生活动场所的安全准备、预防意外伤害和疾病。③活动前的安全教育工作，包括：安全意识教育、饮食卫生安全教育、行动上的安全教育。④对易发事故的估计和应急措施。包括人员疾病发生，火灾事故，活动中遇大雨、雷电、山洪，交通工具故障，活动中人员走失或联络中断等。

（3）与家属签订安全协议书。

（4）发动家长积极参与。

（5）活动前对学员进行安全教育。

二、新老社工工作对接处理

新老社工工作顺利对接是"四点钟学校"项目服务的重要环节。"四点钟学校"项目不是一次性消费，而是持续性服务项目。而当前，由于社会工作者整体平均待遇较低，社会工作人才市场供给不足，社会工作者流动性较大，因此，加强新老社工工作对接管理，有利于新社工更快适应工作，提高工作效率，保证项目服务的连续性和稳定性。新老社工工作对接具体要求做好以下工作：

1. 档案材料交接。一是老社工离岗之前要把属于自己职责范围内的工作材料尽量整理完善。首先，尽早补齐材料。包括尽早打印必需的材料，及时补上缺失的材料，并存入档案盒。其次，做好备份。将现有的工作材料拷贝到机构硬盘，以防丢失。二是老社工应告知新社工有关自己来不及补齐的而又需要添加的材料。三是老社工告知新社工关于工作材料的存放位置。包括纸质材料和电子材料存放地、讲明试点单位的档案盒的类别、每个类别存放的内容，以方便新社工继续储存材料。比如："四点钟学校"项目材料必须与试点单位日常行政工作材料分类存放等。

2. 日常工作交接。一是老社工需向新社工介绍所在试点单位整体特点。比如：优兰发公司儿童之家"四点钟学校"是企业类的"四点钟学校"，优兰发公司又是晋江市青少年基层服务工作站选定的服务点。"四点钟学校"按项目购买方要求，必须开展常规服务、周末工作坊、夏令营和冬令营等服务。青少年基层服务工作站服务对象与"四点钟学校"服务对象相近，两者可以共同合作，开展的活动，社工应根据各方的需要整理所需材料。二是老社工向新社工介绍试点单位基本情况。包括学校特色、服务对象数量及其特点，试点单位负责人、联系方式及其性格或特点、项目主管和副主管的情况等。三是老社工向新社工介绍试点单位具体服务事项。比如服务的范围和制度规定、在服务过程中需要注意的问题、常规服务时间、周末工作坊时间、"四点钟学校"的布置、活动经费的报销与申请方式、活动场地的安全性、请假方式、个人办公用品的获取方式，等等。

3. 财物管理交接。清点"四点钟学校"所在教室现有财物，有特别的财物要说明来源以及管理注意事项。

4. 社会资源共享。老社工应向新社工介绍试点单位内外的可用的服务资源。如试点单位所在镇（街道）的特点，尤其是青少年基层服务工作站的所在地，同工是谁，联系方式是什么，镇（街道）负责人情况，汇报工作或者要合作开展活动是找哪位，等等。

三、媒体接待注意事项

加强宣传，扩大影响，争取政府和社会各界支持是推进社会工作发展的重要途径。为此，做好宣传工作也是社工组织开展"四点钟学校"项目服务的一项重要内容。社工一方面应积极主动加强宣传，另一方面应重视新闻媒体的采访，规范接待媒体记者，树立好自身形象，维护好与各新闻媒体的良好关系。一是要有规范的接待程序（如图5.5），二是要有规范的接待管理制度。

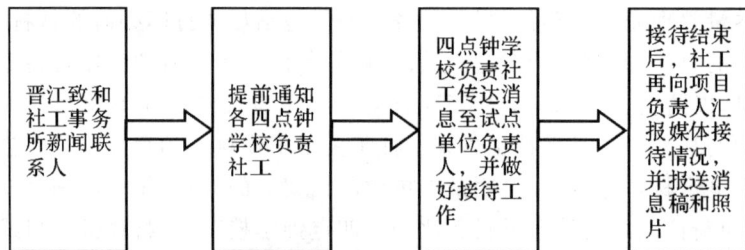

图 5.5　媒体接待流程图

晋江市×××街道×××社区儿童之家"四点钟学校"
媒体接待管理规定

为进一步规范对新闻单位采访接待的管理，建立健全新闻宣传工作机制，在此，结合晋江市致和社工事务所及试点单位实际，特制定本规定。

第一条　高度重视新闻媒体的采访接待工作，充分尊重记者的合法采访权益，积极主动地提供服务，切实做到热情、礼貌、周到。

第二条　机构对新闻采访接待工作实行统一管理。新闻单位对四点钟学校的采访，由机构和试点单位负责人统一安排，各职能部门和各试点社工要积极配合与协助。

第三条　新闻媒体工作人员来采访，应持记者证或单位介绍信到晋江市致和社工事务所找相关负责人申请采访许可，并说明采访目的和内容，做好新闻采访的登记备案手续，做好接待采访相关事宜。

第四条　各四点钟学校遇有新闻媒体的主动采访，负责社工应及时将采访媒体、采访意图等情况报告机构，并做好接待工作。

第五条 社工个人邀请新闻媒体到四点钟学校进行采访,应事先报告机构负责人,并向机构申请批准;申请者要明确告知采访意图、邀请的媒体及人员等内容,由机构在综合评估的基础上作出相应决定。

第六条 接受采访的有关人员应明确要求记者在发稿前必须将稿件返回给本人并送机构审阅。

第七条 如遇突发性危急事件,记者已到达事发现场,现场负责社工要礼貌接待,确认采访者身份、采访的目的和内容,并及时向机构反映。机构负责人应核实情况,及时掌握事件真相,把握信息发布主动权。

第八条 本办法由晋江市致和社工事务所负责解释。

第九条 本办法自通过之日起执行。

第六章

"四点钟学校"项目社会
工作服务总体报告

第一节 "四点钟学校"项目社会
工作服务开展基本情况

一、服务情况统计

从 2013 年至 2014 年底,晋江市致和社工事务所先后承接服务晋江市妇联购买"四点钟学校"项目的 17 个试点单位。2013 年度有 10 个,它们分别是:青阳街道永福里社区、梅岭街道梅庭社区、梅岭街道竹园社区、罗山街道华泰社区、灵源街道曾林社区、内坑镇湖内村、金井镇围头村、龙湖镇百宏公司、西滨镇优兰发公司、金井镇岱峰中心小学。2014 年试点单位为 15 个,它们是在 2013 年度 10 个试点单位保留 8 个的基础上(其中梅岭街道梅庭社区和灵源街道曾林社区两试点单位退出),又增加了新塘街道弘涌公司、池店镇桥南片区、陈埭镇远通公司、青阳街道崇德小学、磁灶镇岭畔村、西园街道后间社区、福建柒牌集团这 7 个试点单位。

截至 2014 年底,致和社工事务所共为 1075 名小学生提供了免费的课业辅导、兴趣培养和成长教育等服务,服务约达 172495 人次,其中,免费的课业辅导 5247 次,服务达 75727 人次;开展小组工作共 73 次,服务达 6371 人次;开展个案工作 55 次,服务达 330 人次;开展社区工作 380 次,服务达 22702 人次;志愿者参与活动达 258 人次,服务达 12865 人次,开展其他类型活动(兴趣课堂、趣味运动、小游戏等)3796 次,共服务了 54500 人次。详见表 6.1。

表 6.1 晋江市"四点钟学校"社会工作服务开展情况统计

名称	服务数量			服务人次		
	2013 年度	2014 年度	总计	2013 年度	2014 年度	总计
试点单位	10 个	15 个	\	\	\	\
服务人数	400 人	675 人	1075 人	66672	105823	172495
社区活动与主题活动	122 次	258 次	380 次	8572	14130	22702
小组活动	36 次	37 次	73 次	2718	3653	6371
个案服务	26 次	29 次	55 次	156	174	330
志愿者活动	75 次	183 次	258 次	1500	11365	12865
免费课业辅导	2340 次	2907 次	5247 次	30726	45001	75727
其他	1696 次	2100 次	3796 次	23000	31500	54500

二、建立多方协调机制,实现工作对接

晋江市妇联、晋江市致和社工事务所与试点单位建立有效协调机制,实现对接工作。一是晋江市致和社工事务所组建了"四点钟学校"社会工作服务项目团队。包括一名主管、一名副主管、一名全职社工、一名专业督导,其中项目主管负全责。二是各试点单位"四点钟学校"都成立了领导机构,并指定一名领导分管"四点钟学校"。三是晋江市妇联指定专人负责"四点钟学校"项目。三个管理主体之间,由晋江市致和社工事务所项目负责人起转承作用。如图 6.1。

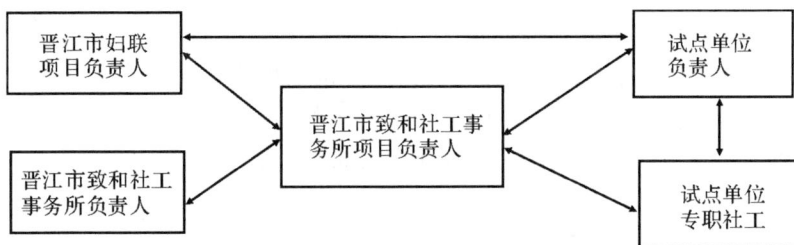

图 6.1 晋江市"四点钟学校"项目协调机制示意图

三、依据项目要求,开展基础服务

1. 开展课业辅导。社工通过链接志愿者资源为"四点钟学校"学员提供课业辅导,并在课业辅导过程中培养学员良好的学习习惯,提升学员的学习能力。

2. 开展兴趣培养课程。社工通过开设音乐、舞蹈、手工制作等兴趣课程,培养学员良好的兴趣爱好,陶冶情操,提升素养。

3. 开展趣味体验游戏。社工通过带领学员体验趣味性的游戏互动,让学员在游戏中感受童真童趣,在游戏中学习各种知识。

4. 开展安全知识教育。社工通过讲座、培训、情景模拟等方式,帮助学员学习户外活动、家庭生活等方面的安全知识,以预防和减少学员意外安全事故的发生。

四、结合具体情况,开展特色服务

(一)结合节日主题,开展特色服务

各试点单位结合节日主题,分别开展了母亲节、儿童节、父亲节、端午节、"三月学雷锋·见行动"志愿服务月、"金秋十月·情暖夕阳"敬老服务月、"感恩于心·感谢于行"感恩主题服务月、"暖冬志愿行·共筑爱心梦"志愿主题服务月等主题活动。具体活动有:华泰"四点钟学校"围绕学雷锋月开展的"防震减灾"地震馆体验活动、围头村"四点钟学校"围绕敬老服务月开展的"爱心午餐"派送服务、竹园社区"四点钟学校"针对感恩主题服务月开展的"童心系感恩,筝爱在身边"手工风筝活动。节日主题活动丰富了试点单位少年儿童课余生活,培养了少年儿童的感恩情怀,增强亲子关系互动,也增强了外来人员对晋江的归属感和认同感。

(二)结合试点单位实际需求,开展特色服务

结合试点单位实际情况,充分发掘、整合试点单位及周边社会资源,开展专业服务,基本实现了一个"四点钟学校"一项特色服务。下面列举几个试点单位"四点钟学校"的特色服务活动(详见表6.2)。

表6.2 试点单位"四点钟学校"特色服务活动选登

试点单位	特色服务活动
优兰发公司	开设"闽南语童谣"班、"亲子聊天室""社工在身边"的特色服务。社工用寓教于乐的方式,引导外来务工人员子女在轻松愉快的氛围中学会说闽南语,帮助外来工子女尽快融入当地社会。通过"亲子聊天室"和"社工在身边"解决服务对象与家长之间的矛盾,促进家庭关系的和谐。
围头村	开设南音培训班,传承泉州传统文化,培养学员音乐素质,陶冶学员情操。结合村里特色组建了"小小导游"志愿服务队,周末免费接待"泉州美丽乡村"游客,学员在享受社工服务的同时也学会了服务他人、服务家乡。
湖内村	利用地缘优势,与泉州理工学院的志愿者们建立合作关系,创建了"社工+志愿者"的联动机制,开展志愿者优势系列特色活动,如"手工课",丰富学员的业余活动。
华泰社区	针对学生放学后乱吃街边不卫生食品现象,华泰社区为"四点钟学校"学员免费提供爱心点心,如自制豆浆、包子。餐具经过严格合理的消毒措施,且分别标上学员姓名。这是华泰社区"四点钟学校"不同于其他试点的特色服务内容,希望借此纠正学生不卫生的饮食习惯。此外,社工还整合社区丰富资源,成立"妈妈义工团",为暑期夏令营、户外活动开展、心理健康辅导等提供重要支持。
梅庭社区	开设网球兴趣班和书法兴趣班,丰富学员的课余生活。
竹园社区	结合学员的特点,开展一系列的"同心结"团建活动,提高学员之间的团队协作意识。开展"拼车上学"低碳行动,解决接送孩子上下课的难题。
远通公司	利用四点钟学校的图书角开展了"半小时绘本时光",让学员在课余空闲阅读绘本,丰富学员们的课余生活,培养从小阅读的良好习惯。
崇德小学	结合学校教学活动,开展"七彩阳光"广播体操、泉州市小学生南少林五祖拳、"十二生肖"模仿操等活动。
岭畔村	结合当地特色——陶艺,开展生动而有趣的陶土课,让孩子们提高动手能力,了解中国传统文化。

（三）综合少年儿童及其家长需求，开展专业服务

学龄儿童在其成长过程中往往会遇到各种问题，在实际生活中也会有一些生理、心智、情绪或生活上的特殊困难，因而对学龄儿童的一般问题、特殊问题或个体问题开展社会工作是极为必要的。"四点钟学校"依据项目要求和服务对象需求，开展了针对学员成长过程共性问题的小组工作、社区工作和团体活动，针对学员个体成长或生活实际问题开展了个案工作，不同程度地解决了学员成长中或生活中面临的问题。

第二节 "四点钟学校"项目社会工作服务成效与经验

一、主要成效

经过两年社工服务工作的开展，服务活动取得了明显成效。一是有效解决了学员下午放学后无人照管的问题。以前学龄儿童下午四点钟放学后，有的家长还在上班，放学后的孩子在家没人照管，或在宿舍独自活动，或到车间玩，或到室外甚至野外等地方玩，存在安全隐患。频繁发生的青少年儿童安全事故让一些有孩子在家但没人照管的家长，特别是外来工家长极其担心。开设"四点钟学校"为家长解决了后顾之忧。二是改善服务对象的社会环境。通过各类小组工作、个案工作、社区工作、学生团体活动等方式，改善儿童成长环境，促进服务对象人际关系及家庭关系的和谐，协助服务对象建立了社会支持系统，提高了学员素质。三是协助服务对象提高生存和发展能力。通过课业辅导和各种社会工作专业服务，引导学员提高学习能力、热爱生活、增强自信心、团结友爱、尊敬师长、孝敬父母、改变不良行为、提升适应社会能力，促进儿童健康成长。其中对外来务工人员子女群体健康成长的影响，效果更明显。四是扩大社会工作服务理念的影响力。两年来先后17个试点的社会工作服务，不仅增进了学员及其家庭、学校、社区了解社会工作服务，提升了社区（村、企业）凝聚力及归属感，同时其影响力正在以社工组织、政府部门、学员、学员家庭、试点单位人员、志愿者等为圆心，借助各种宣传媒介不断向外围扩大。五是志愿者队伍逐渐形成并壮大。志愿者是社工开展服务时不可或缺的得力助手，是社工组织提供社会工作服务有效的人力补充。社工联谊义工开展社会服务，创造了社会工作发展的服务新机制。"四点钟学校"项目组非常注重志愿者队伍的建设和志愿者资源的整合，如在社区试点单位，注重当地居民的

参与,积极发展当地居民为志愿者;在学校,注重培养青少年志愿者;在企业,注重培养企业员工家属为志愿者;此外,还积极整合社会志愿者和高校志愿者资源,壮大志愿者队伍。目前,晋江市致和社工事务所已与泉州师范学院、泉州理工学院签订志愿服务协议,泉州师院志愿者队伍定期为"四点钟学校"提供常规服务,泉州理工学院暑期社会实践队伍则主要为暑期夏令营提供服务。

二、主要经验

(一)建立健全规章制度

晋江市致和社工事务所建立了一套较完整"四点钟学校"项目管理制度、规章及细则,内容涵盖社会工作服务的人、事及工作流程。(详见表6.3)

表6.3 "四点钟学校"项目管理制度一览表

规章制度		上墙制度:简介、社工职责、人员分工、服务流程图
		社会工作者工作守则
		服务协议书
		场地配置设施清单
		试点单位摸底调研清单
		安全避险办法
		媒体接待办法
		信息报送制度
		学员管理办法
		志愿者管理办法
		学员证模板、接送证模板
		"四点钟学校"项目统一资料条目
表格模板	服务表格	专业表格(个案工作、小组工作、主题活动)
		家长联系簿
		学员花名册
		学员基本信息采集表

		月工作计划
表格模板	行政管理表格	月工作总结
		服务人员登记表
		会议记录表
		课后四点班学员签到表
		课后四点班值班人员签到表
		值班人员考勤表
		社工个人成长记录表
		"四点钟学校"大事记录表
	志愿者表格	志愿者报名表
		志愿者服务签到表
		志愿服务情况登记表
		巾帼、老年、青年、小小志愿者花名册
		志愿者培训计划
	档案整理	项目建档要求清单
		档案标签

（二）创新管理模式,促进项目有效开展

一是采取"社工＋志愿者（义工）或实习生"的服务模式。两年来,致和社工事务所吸纳了来自社会各界的志愿者,其中包括中央民族大学、河南财专、厦门大学、福州大学、福建医科大学等众多高校的实习生与志愿者,服务达258次。通过"社工＋义工,社工引领义工,义工协助社工"的"两工联动"模式。项目活动有义工参与,丰富了活动内容,为社工机构输入了新鲜血液,激活了内部员工活力,也补充了社工机构人力资源不足,特别是满足寒暑假期间各个试点单位社工需求量增大的需要。义工在社工的带领下,义工在项目活动中自我价值得以实现,在项目活动中得到成长,并成为新的社会服务力量。二是实施分组管理。随着项目试点单位增多,特别是2014年增至15个,"四点钟学校"社工服务管理范围和数量在不断扩大。为了保证服务质量,2014年8月,致和社工事务所把15个试点单位分为A、B两组,分别指派一名项目副主管和一名小组长负责统筹协调管理。通过定期每月开展一次项目例会，各小组每周开展一次小组网络会议，以加强工作统筹协调和对各试点单位社工服务的监督管理。

（三）重视督导和团队专业建设

一是致和社工事务所为"四点钟学校"项目指派一名专业督导。二是面向社会招聘符合"四点钟学校"项目的社工，要求应聘社工应具有相应的专业条件。三是聘请国内知名社工机构负责人、高校社工专业教授、相关行业业务骨干，定期或不定期地为社工提供专业培训，不断提升社工专业素质。四是重视培养和储备社工人才。在引进北京、深圳等发达地区社工人才的基础上，加强与本地培训机构、高校合作共建，致力于本地社工人才的培养，同时积极推动政府支持社工人才队伍建设。

（四）充分发挥社会资源的作用

在项目运作过程中，一是发挥高校社工人才资源的作用。高校社工专业教育发展早于社工职业化的社会工作领域，高校在专业理论和专业实践方面相较于初创的社工机构具有优势，因而可以带来很大帮助。晋江市致和社工事务所积极与北京大学、中国青年政治学院、中央民族大学、厦门大学、福建医科大学、漳州师范学院、集美大学等省内外社会工作专业院校建立了督导合作关系和社会工作实践教学共建关系，既为项目运作提供指导，也有助于社工队伍素质的提高。二是发挥社会各界志愿者的作用。致和社工事务所通过与各高校志愿团队、各级各类志愿者协会合作，发展组建志愿者团队，通过"社工引领义工"模式，充分发挥志愿者在项目活动中的作用。三是发挥当地社会资源的作用。项目社工积极整合试点单位及周边现有的青少年宫资源、学校资源、社区内退休老教师资源等，为"四点钟学校"的学员提供多样化的课程培训；积极与机构青少年基层服务工作站项目同工、居家养老项目同工合作，共同开展专业的社会工作服务，资源共享，互利共赢。

（五）重视宣传，扩大影响

一是制定出台《信息报送制度》，在保证服务新闻材料数量的基础上，确保新闻材料的质量。规定社工每两个月出版一期项目简报，并将服务内容进行汇报和展示。这既扩大了项目影响力，也增进了社会对社会工作的认识。二是多种渠道加强社会工作的宣传普及。不仅利用网站、QQ、微信、论坛等多种网络渠道不遗余力地宣传推介，而且积极与中国社会工作、福建日报、泉州晚报、晋江经济报等媒体和相关电视台持续互动，及时宣传项目活动。

（六）项目各主体形成良好互动关系

项目主体包括社工组织、服务购买方（政府）、试点单位、社工等，各主体之间交流保持畅通，有问题及时沟通，共同探讨解决，这是项目取得服务效果的重要条件。晋江市妇联作为致和社工事务所"四点钟学校"项目的购买方，积极为事务所进行业务指导，为事务所在争取资源、扩展服务范畴等方面提供了强大的支持。项目社工处于基础地位，发挥基础作用。项目社工及时发现问题、及时反映问题，及时协调关系，特别是注重与试点单位建立良好的互动、交流、合作的关系。

（七）各试点单位因地制宜设计适合自己服务点的课程内容，确保项目取得成效

华泰社区"四点钟学校"课程设置具有典型意义，可资借鉴（详见表6.4）。

表6.4 华泰社区"四点钟学校"2014年社工服务课程一览表

序号	日期	活动名称	负责社工
1	2月18日	四点钟学校学习乐园开班	×××
2	3月1日	"童心大本营"周末工作坊开班	×××
3	3月1日	"学雷锋，见行动""爱心献家园"活动（一）	×××
4	3月8日	三八妇女节"爱心献妈妈"服务活动	×××
5	3月15日	周末工作坊开展"3·15消费者权益日"主题活动	×××
6	3月15日	周末工作坊开展"学雷锋·见行动""爱心献家园"活动（二）	×××
7	3月22日	组织社区50名居民前往金井"防震减灾科普馆"参观体验	×××
8	3月29日	周末工作坊开展"清明习俗我知道"主题活动	×××
9	4月12日	招募社区志愿者先锋队	×××
10	4月19日	开展"蚕宝宝养成记"周末工作坊	×××
11	4月26日	开展"游戏童年·社工义工伴你同行"主题活动	×××
12	4月30日	协助社区开展"同庆'五一'聚力工会"共建和谐社区文艺晚会	×××
13	5月10日	开展社区"妈妈，我爱您"母亲节主题活动	×××

续表

序号	日期	活动名称	负责社工
14	5月17日	开展社区"法制教育宣传"活动	×××
15	5月24日	开展社区"爱在我家,真情奉献'六一'"、"慈善一日捐"活动	×××
16	5月31日	开展社区"财商培养　辨别钱币"庆"六一"活动	×××
17	5月31日	开展社区"民心情意粽"庆端午佳节活动	×××
18	6月7日—28日	"放飞心灵·认识自我"——心理健康成长小组工作	×××
19	7月11日	社区2014年暑期快乐营启动仪式	×××
20	7月11日	社区联合英联国际英语开展"清凉一夏·水枪大战"活动	×××
21	7月15日—8月16日	社区暑期夏令营邀请老师前来授课	×××
22	同上	社区暑期夏令营邀请片警讲授法制教育	×××
23	同上	社区暑期夏令营带领学员前往"启睿机器人"进行活动	×××
24	同上	社区暑期夏令营带领学员前往社区跆拳道馆上课	×××
25	同上	社区暑期夏令营邀请小太阳围棋培训中心老师前来授课	×××
26	同上	社区暑期夏令营邀请圆梦舞蹈专业老师前来授课	×××
27	同上	社区暑期夏令营开展"缤纷暑期　快乐成长"小组工作	×××
28	同上	社区暑期夏令营开展"中华美德伴我行"小组活动	×××
29	同上	社区暑期夏令营组织营员志愿者前往社区发送《家园报》	×××
30	同上	社区暑期夏令营邀请社区国画老师前来授课	×××
31	同上	社区暑期夏令营邀请象棋高手前来授课	×××

续表

序号	日期	活动名称	负责社工
32	8 月 1 日	社区"DIY 糖果庆八一·古厝喊你来斗阵"大型户外活动	×××
33	8 月 16 日	社区暑期夏令营闭营仪式暨表彰大会	×××
34	9 月 2 日	社区"四点钟学校"召开学员家长会	×××
35	9 月 3 日	社区"四点钟学校"2014 年秋季正式开班	×××
36	9 月 4 日—5 日	社区四点钟学校"浓情九月·缘聚华泰"游园活动	×××
37	9 月 20 日	社区公益电影观影会:《有一天》	×××
38	9 月 30 日	社区"庆国庆·迎重阳"游园活动	×××
39	9 月 30 日	社区"庆国庆·迎重阳"大型文艺晚会	×××
40	10 月 12 日	宝龙广场"冰雪节团体体验"公益活动	×××
41	11 月 1 日	社区万圣节主题活动	×××
41	11 月 8 日—29 日	闽南语课课堂第一期至第四期	×××
42	11 月 22 日	"感恩 party—暖冬厨乐汇"活动	×××
43	11 月 28 日	"手拉手,情系晋江"大型义捐活动	×××
44	12 月 5 日	国际志愿日"废品换绿植"活动	×××
45	12 月 7 日	"手拉手,情系晋江"爱心助学义卖活动	×××
46	12 月 20 日	"汤圆暖心间,温情满人间"华泰社工站暖冬行动	×××
47	12 月 27 日	"圣诞·元旦双享炮"手工彩蛋绘画坊	×××

（八）加强中期走访检查评估工作

为全面掌握"四点钟学校"项目运行情况,有效推进项目活动,提高服务项目效益,晋江市妇联、晋江市致和社工事务所组成评估小组,在项目运行中期走访检查全市"四点钟学校"项目活动开展情况。检查内容包括活动场所、制度上墙、氛围布置等;查阅文件档案材料;与试点单位负责人召开座谈会等。通过走访检查,增进服务主体之间的沟通,总结取得的成果和经验,并加以提升;及时发现问题,纠正问题。

第三节 "四点钟学校"项目社会工作
服务存在的问题与启示

一、主要问题

1. 项目社工人员配备不足。每个"四点钟学校"只配备一名社工,面对几十名学生开展个性化、多样化服务,难以应对,也很难保证服务质量。而且,无法满足持续增长的学员数量需求,不利于项目的可持续发展。

2. 项目社工队伍不稳定。由于各种原因,出现社工经常流失的现象。比如购买社工岗位的经费偏少,社工的工资待遇水平低,影响社工工作积极性,在项目运行中,常出现社工离职的现象。社工流失后,新聘用社工加入后又得有个适应期,这不仅会影响整个服务进程,也会影响项目服务工作的质量、稳定性和持续性。

3. 对社会工作认识不足。有的试点单位因此对"四点钟学校"项目热情不高,社会也因此对社会工作支持力度不大。其原因在于对社会工作定位的不准确,对社会工作专业服务不理解,把社工等同于老师或志愿者,把"四点钟学校"等同于托管所,从而影响"四点钟学校"社会工作专业服务的开展。

4. 部分项目社会工作效果不佳。一是由于部分社工经验不足、专业水平不高,本土化能力有限影响了服务质量。二是学员素质的提高,要求有较高的服务水平。三是问题的解决和社会环境的改善是一个复杂的过程,是一个渐进的过程,不是一朝一夕的或立竿见影的。

5. 项目活动开展条件有限。比如:部分试点单位面临场地的限制,没有办法接收更多有需求的学员,影响了"四点钟学校"规模上的发展。

二、结论与讨论

两年来,晋江市"四点钟学校"项目社会工作服务的开展,取得了一定成效,在社会上产生了良好影响,也取得了一定的经验,为建立现代儿童社会工作模式提供了有益借鉴。与此同时,"四点钟学校"项目社会工作服务开展中也存在不少问题。为了进一步提升"四点钟学校"项目社会工作服务效果和影响力,当下必须加强以下工作:

(一)社工组织应加强与试点单位的沟通

通过定期与试点单位负责人进行沟通,争取其对"四点钟学校"项目工作的支持,保障硬件设施与软件设施的齐全配套,以实现招收更多固定的学员的目的,使"四点钟学校"项目发挥更大的服务价值。

（二）巩固常规服务,提升特色服务,拓宽服务范围

1. 坚守常规服务阵地

开展"学习乐园"课后四点班及"童心大本营"周末工作坊服务,为四点钟学校的学员提供免费的课业辅导、兴趣培养、成长教育等常规服务,效果良好,获得了社会好评。常规服务是"四点钟学校"项目的基础工作,也是本项目的品牌和卖点,做好这项服务工作是本项目的根本。因此,应持续做好这项服务工作,不断提升服务水平,巩固这块服务阵地,增进政府与社会对本项目的认可与支持。

2. 做精做细,打造特色服务品牌

结合时政需要、本区域的文化特色和试点单位特点,开展特色服务活动,是晋江市"四点钟学校"项目的一个重要品牌,应把特色服务做精做细,提高品牌含金量,并利用品牌效应,争取政府与社会的支持,扩大社会影响。

3. 开展家庭教育服务

开展家庭教育服务是提升儿童社会工作有效性的重要途径。家庭是儿童成长的重要影响因素,儿童是家庭的未来,他们的成长需要家庭的关怀、支持和共同参与。有效缓解或消除儿童问题或症状,需要整个家庭共同参与,共同成长。"四点钟学校"项目开展儿童社会工作服务,在家庭教育、家长教育这一方面涉及相对较少。为更好地提升项目的效益,推进项目持续开展,应该拓宽服务范围,加强家庭教育,为儿童成长提供良好的家庭环境。

（三）建立常态性志愿服务团队

常态性志愿服务队是志愿服务的中坚力量,它既保证"四点钟学校"社工服务的志愿服务人力需求,又有利于提高志愿服务质量,因此,大力发展常态性志愿服务团队极为重要。为此,可以充分利用社区人力资源组建不同类型的志愿者团队,比如在社区发展"妈妈义工团""老年志愿服务队"等;在"四点钟学校"学员中发展小小志愿者团队;在企业发展"职工之家服务队"等,为"四点钟学校"项目工作开展储备日常志愿者队伍和应急志愿者队伍。

（四）整合多方可用资源,参与项目服务

项目开展过程中,可能会遇到资源不足的情况,这就要求社工发挥整合资源的能力,善于链接社会各种资源,有效弥补资源不足。如社工可以链接试点单位附近的青少年宫资源,为"四点钟学校"的学员提供兴趣培养;或与"居家养老服务"项目试点建立合作关系,开展小小志愿者服务活动,组织"四点钟学

校"学员定期探访老人,关心老人,培养学员尊老爱老的传统美德等。

(五)建立健全评优机制

一是建立常态化的个人评优机制。重视和加强对志愿者、专职社工及试点单位负责人的评优机制。通过每次项目周期对相关人员评优评先奖励活动,给予相关人员精神鼓励,弥补当前社工待遇偏低的不足,提高相关人员的工作积极性,促进项目发展和社工人员稳定。二是建立对服务机构的评优机制。社工服务机构是"四点钟学校"项目购买服务的承接单位,是项目服务的具体提供者,是项目社工管理者。社工机构的实力和能力直接关系到项目的有效运行和目标实现。试点单位为"四点钟学校"项目载体,是项目有效实现的重要支持力量。因而,购买方应组织或委托第三方在项目终期评选出优秀单位,并对优秀的社工服务机构及试点单位进行肯定和表彰,既有利于社工机构和试点单位扩大影响和自我提升,也有利于推进"四点钟学校"项目发展。

(六)提高社工待遇,稳定社工队伍

社工人员的流失,既因为福利待遇低,也来源于社工自身价值难以实现、能力难以提升以及自我发展空间不足等。为稳定社工队伍,一要加强对专职社工的专业能力培训,提高社工的服务质量,增进社工对专业的认同感和归属感,满足社工自我发展的需要。二是努力提高社工薪资待遇。社工的福利待遇水平能否提高,是社工能否安心工作的保障,是决定社工去留的关键因素。所以,社工组织应积极争取,推动购买方提高购买额度,以提高社工的福利待遇水平,从而更好地稳定社工人才队伍。

(七)努力提高儿童社会工作本土化水平

社会工作本土化是发展社会工作事业的必由之路和基本方向。社会工作本土化是外来社会工作模式适应本土社会、政治、经济和文化而生存发展的过程,"四点钟学校"项目针对本土社会问题,开发适应本土的服务项目,创新适合本土的服务方式,进行了儿童社会工作本土化探索。今后应加强儿童社会工作实务改革创新,在服务项目、服务方式方法等方面应加强与本土文化传统,本土社会治理模式相结合。

(八)加强对"四点钟学校"项目典型经验的宣传和推广

加强对项目宣传和推广意义重大。一方面,加强对项目工作和社工行业的宣传,有利于增进民众对社会工作服务的认识,提高社会对社会工作的支持力度。另一方面,及时对项目工作经验进行总结,以更具直观性、可信度和说服力,推广本项目的工作经验、服务模式,有利于扩大项目的社会影响力。

第七章

儿童个案工作与"四点钟学校"案例

第一节 儿童个案工作的基本知识

一、儿童个案工作的概念和问题

儿童个案工作是个案工作在儿童服务领域的运用。个案工作是社会工作各工作手法中起源最早的一种,它源于 19 世纪规范化、系统化的慈善工作和社会工作服务。它是社会工作者以个别化方法,为感受困难、生活失调的个人或家庭(案主)提供物质帮助或精神支持,以解决他们的问题,增强其社会适应能力。[1] 依此,个案工作与其他工作不同之处在于:一是服务对象的个别化,即是服务于生活中遇到困难的个人或家庭。二是工作方法的个别化,即通过一对一的专业服务方式,一对一的活动和交流,以解决服务对象的具体问题。三是服务目标特殊化,即协助遭遇困难的个人或家庭恢复和增加社会功能。

儿童个案工作是以儿童(多指有问题儿童)为服务对象,通过帮助儿童解决困难和问题,并预防产生新的困难和问题,同时协助儿童家长或监护人对儿童做较为健全和积极的指导,促使少年儿童身心健全发展。[2] 儿童个案工作

---

[1] 全国社会工作者职业水平考试教材编写组. 社会工作综合能力(中级)[M]. 北京:中国社会出版社,2014:90.

[2] 陆士桢,等. 儿童社会工作[M]. 北京:社会科学文献出版社,2003:234.

的特殊性在于：一是服务对象的特殊性。即服务的重点在于有问题的儿童，当然随着社会的发展，对儿童的服务不仅停留在解决儿童的生存问题，还要指向儿童的未来发展，开始面向所有发展障碍的少年儿童。二是对社会工作者要求的特殊性。儿童是脆弱群体，儿童社会工作必须科学、恰当，否则反而会给儿童带来更大伤害。为此，儿童社会工作者必须掌握儿童生理学、儿童心理学、社会学、伦理学、人类行为学等知识，还要有一定的社会经验，才能对儿童心理特点、成长规律有所了解和理解，才能在工作实务中掌握好度。三是儿童个案工作方法的特殊性。儿童个案工作的个别化方法的主要方式包括：与儿童面对面沟通辅导、为儿童提供社会资源。由于儿童心智的不成熟，儿童个案工作更强调为儿童提供社会资源和直接引导。四是儿童个案工作目标的特殊性。儿童个案工作不仅在于帮助儿童解决那些生存和发展中遇到的困难，更重要的在于增进其健康成长。

二、儿童个案工作的程序和要求

不同学者对个案工作介入过程有不同认识和划分，但大致可以分为接案或转介、收集资料、制订计划、签订协议、开展服务、结案、评估和追踪等。每个阶段都有社工必须处理的任务和工作要求。儿童个案工作既有必须遵守的一般程序，又有自己的特殊要求。

（一）接案或转介

接案或转介是儿童个案工作的起点，申请是接案的前提，儿童个案工作的申请一般是由家庭、特定机构或是社会工作者主动找寻。正式接案之前必须对儿童需帮助解决的问题有个基本了解，确定自己是否适合接案，如果服务对象要解决的问题不属于本机构或本专业，或服务对象生活在机构服务区域之外，就要考虑进行转介或转案。这一阶段的主要工作包括了解申请者的求助愿望；促进有需要的人成为服务对象；明确服务对象的要求；初步评估服务对象的问题和需要。

（二）收集资料与诊断

正式接案之后，社工就要开始详细收集、整理、评估与服务对象有关的资料。收集的资料包括案主的个人资料，如个人基本情况、生理和心理情况；案主的环境资料，如家庭、同辈、老师等人的关系对案主产生的影响。资料收集基本完成之后，接下来进入评估阶段，即对资料进行归纳、整理和分析，弄清案主问题及解决问题的条件。如果评估时出现异常情况，即发现资料不真实或问题超出自己解决能力范围，则要考虑重新调查或进行个案转介。如果没有出现上述情况,则转入制订计划阶段工作。

（三）制订计划与签订协议

在弄清案主问题之后,接下来的工作是制定针对性的治疗或服务计划。计划工作的基本内容包括解决问题的目的、目标、措施、步骤、方法,明确社工的具体责任等。其中目标必须与案主期望的结果相关,并具有可行性、可测量性;计划中的步骤、方法应具体可操作。同时,计划还应包括社工与案主的协议,内容应明确双方共同认可的服务计划目标、各自承担的责任和义务等。

（四）开展服务

儿童个案工作的执行过程,也是儿童个案工作最重要阶段。这个阶段主要是社工根据制定的计划为案主提供具体服务。儿童个案工作服务主要方式有两种:心理社会治疗和社会环境改善。在服务过程中还应根据服务收效来调整计划,或改进,或完善,或加强。

（五）结案、评估和追踪

当案主的问题基本解决,或社工确认无法解决,或案主(一般是申请人)要求结束服务,或因其他意外情况不得不结束服务,这时就可以结案。结案可采取直接告诉服务对象,或通过延长服务间隔时间以逐渐减少社工服务等形式。结案时,社工要做好以下工作:一是要调适服务对象面对服务结束可能产生的不良情绪。二是要总结经验和成果。三是要总结反思失败教训。结案之后还应对整个个案工作的效果和效率进行评估。即评估服务目标实现程度,评估服务投入(时间、费用及其他资源),如有必要,结案后还应对服务对象跟踪服务。

三、儿童个案工作的主要模式

个案工作服务模式纷繁多样,常见的有:心理社会治疗模式、认知行为治疗模式、理性情绪治疗模式、任务中心模式、危机介入模式、人本治疗模式和家庭治疗模式。儿童个案工作则常运用以下几种方式。[①]

（一）心理社会治疗模式

这一模式主要方法是通过认识和理解人及其心理发展过程来认识案主问题的根源,以对症下药。在 20 世纪 60 年代之前,精神分析理论主导了社会工作治疗方向,因而个案工作几乎等同于心理(精神分析)治疗,目前心理治疗虽

---

① 陆士桢,等.儿童社会工作[M],北京:社会科学文献出版社,2003:252-256.

然不再是主流的治疗方法,但仍然是重要的服务模式,两者的区别最主要有两点:一处理问题不同。心理治疗处理的是心理疾病,特别是有严重精神病的患者;而个案工作也处理心理疾病,但主要是处理一般性的情绪不适或心理困扰性的神经症,同时也要解决个人大量的社会性问题,如贫困、失业、家庭问题、学校或社会适应性问题。二是处理方法不同。心理治疗主要是心理咨询专家通过心理咨询、心理辅导和治疗,对案主个人进行调整以适应社会;而个案工作不仅调适个人,更主要是挖掘个人潜能,调动社会资源以共同解决案主的社会问题。

这种治疗模式要求社工对案主的了解必须从"人在情境中"入手,强调个人的行为是由其内在的心理和外在的社会因素相互影响作用而形成的,对案主治疗的关键是调整其人格体系,改善其社会环境。因而治疗过程包括建立关系,给案主以支持、增加案主的自我了解与增强自我强度。治疗目标在于帮助案主恢复正常生活,增加案主自我认识。在儿童个案工作中,要求社工致力于改善环境,以提高儿童对环境的认识能力,促进儿童对环境的适应能力。

(二)危机调适模式

这一模式认为危机是个人生活平衡被破坏或打乱后的一种状态。在危机状态下,容易引起当事人心理或行为上的失衡,因此,应通过介入干预调适,使当事人恢复到正常的生活状态。这种模式要求社工要及时接案和处理,坚持限定目标、输入希望、提供支持的工作原则。对于儿童而言,危机不期而至并不少见。因此,社工掌握危机调适模式极为重要。面对儿童处于危机状态的情形,社工应力求提供资源支持,缓解儿童的不适,并努力引导案主适应新的环境,增强自我适应能力。

(三)行为修正模式

行为修正模式认为个人的行为是在外在环境的刺激和制约下形成和改变的,因而应通过外部环境的力量训练和治疗,以调整人的行为。这种模式要求社工要掌握正强化、负强化、角色扮演、榜样等工作技巧和方式,以协助案主修正不良行为。这种模式对儿童社会工作极具意义,几乎每个儿童都会面临行为模式的强化和修正的问题。在儿童个案工作中,这种模式要求社工注意儿童在行为训练上获得情绪、理智上新的平衡与协调,要求社工修正儿童行为时必须获得儿童情感上的接纳与认可。

(四)结构家庭疗法

这种模式以家庭为治疗单位,运用系统理论、学习理论、沟通理论去了解案主的个人心理状态,并多元、多层次地介入家庭成员的交往过程,通过改变家庭结构和组织,以改变家庭成员的交往方式,使家庭的功能得到正常发挥,从而解决困扰案主的问题。儿童问题与家庭往往息息相关。在儿童个案工作中,要求社工进入案主家庭,了解家庭成员间的交往方式和状态,进行家庭结构方面的评估,并指导家庭结构完善,以促进家庭关系和谐,恢复和增强家庭功能,从而解决案主问题。

(五)社会支持网络模式

社会支持网络是指一组个人之间的接触,通过这些接触,个人得以维持社会身份并获得情绪支持、物质援助和服务信息,并与新的社会接触。社会支持网络有利于帮助个人预防和治疗社会问题,或恢复社会功能,因而社会支持网络是个人生命过程的重要组成部分,也是影响个人成长的重要因素,对于儿童尤其重要。在儿童个案工作中,社会支持网络模式要求社工在帮助服务对象解决问题的过程中,重点帮助其建立社会支持网络。

四、儿童个案工作的策略和技巧

儿童个案工作中,由于案主本身的特殊性,个案工作成败对案主成长影响是正负相关关系,成则促进其健康成长,败则不仅是没成效,甚至有可能导致案主问题更严重,出现负向增强,因而要求社会工作者要坚持工作原则,即保密原则、沟通原则、个别化原则、环境分析原则及承认与接纳原则。要坚持这些原则,就要求社工在工作中对儿童既要有来自内心的关怀,又要能运用相应的策略和技巧。具体而言,应重点掌握好以下策略和技巧:

1. 重视改善家庭和学校环境。儿童生理和心理的脆弱,使得外在环境成为影响儿童成长的主要因素。家庭和学校是儿童生活的主要环境,为此,在儿童个案工作中,纠正儿童行为和心理偏差,应重视改善儿童家庭和学校环境。

2. 掌握儿童个案工作的主要技巧。做好个案工作,要求掌握一定的工作技巧。包括在个案工作各个环节——接案、资料收集、与案主及相关人员的沟通、工作记录、治疗和评估等方面都应注意把握工作技巧。学龄儿童常见问题有行为偏差、心理偏差或学业问题,因而个别谈话、行为指导和学业辅导是学龄儿童个案工作的主要形式。应重点掌握这三种形式的工作技巧。在个别谈话技巧方面,应力求建立信任关系,注重交谈细节、频率和时机。在行为指导技巧上,应避免采取直接命令式指导,更多采用尝试性的建议指导,即提供多种建议方案,给予案主更多的自主选择机会。同时,随时跟进、及时鼓励,在此基础上方能取得较好效果。在学业辅导技巧方面,主要包括指课后作业辅导。关于"个别谈话技巧"和"学业辅导技巧"的具体内容在第五章第一节已作了详细阐述。

3. 重视个案工作的总结检讨。总结检讨工作要贯穿于个案工作的整个过程,以及时巩固成果,及时发现工作中存在的问题,及时纠正错误,避免工作失误可能给案主带来新的创伤。

4. 重视个案工作的追踪辅导。个案追踪辅导的目的在于观察和促进案主行为及情绪改变的持续性。人的行为的真正改变是需要一个长期过程的。儿童身心具有脆弱性和环境的多变性,增加了儿童良好行为养成的难度。因此,儿童个案工作取得的成果还需追踪和巩固,发现问题及时辅导。

第二节　个案1. 还你一个快乐的童年
——心理问题儿童个案

一、案例背景

(一)服务对象基本资料

姓名:小沙,性别:女,年龄:10 岁,个案情况:已结案,社会工作者:陈萍,督导:潘春珠。

(二)个案背景资料

服务对象来自西部某省的偏远山区,跟随母亲来晋江打工,家住晋江某区,是晋江市儿童之家"四点钟学校"的学员。服务对象性格孤僻,与朋辈群体交往少,平时不喜欢与人交流,不主动融入群体,不积极参与集体活动,其他学员也不怎么主动找她一起玩,觉得她不好相处。很多时候她都是一个人趴在桌子上,不讲话,或者是看着某一处发呆,几乎很少见到她的笑容。不喜欢吃饭,跟同龄的孩子相比,明显偏瘦。在校学习成绩良好,上课认真听讲,是老师眼中的好学生,但偏科现象比较严重,喜欢英语和语文,讨厌数学,在做数学问题时,表现出明显的烦躁和不耐烦的情绪。服务对象的父亲在两年前因病过世,服务对象由母亲带在身边,母亲在某公司打工,家中还有一个哥哥,在外省上班。

二、存在问题:个人问题、家庭问题、社会支持问题

1. 学员个人问题:一是学习问题,在学习数学方面存在困难和焦虑。二是身心成长适应性问题。随着年龄的增长,小沙接触社会范围扩大,但面对陌

生的社会,小沙束手无策,又不懂如何融入。因而,出现情绪漠然、低落,生活消极,人际交往困难。

2. 家庭问题:学生成长过程中遇到的许多问题往往与家长及家庭有关。小沙从小缺乏父爱,母亲又忙于工作,无法顾及她的学习和生活,或者在管教孩子上缺乏耐心和精力,方法简单、陈旧,母女之间沟通、互动少。由于家庭困难,其母亲悲观、情绪低落。母亲的悲情又传染给小孩。小沙哥哥在外省,没有其他亲人可以帮忙。小沙的成长困惑和心理压力,缺乏有效的家庭教育和引导,因而小沙在生活中表现出茫然、忧郁。

3. 社会支持问题:作为外来工子女,原有的熟人社会关系被中断,而在新环境中的新社会支持关系又较为脆弱、社会关系资源匮乏。

三、服务目标

1. 提高自信心。协助服务对象认识自我价值,消除服务对象的自卑情绪,提高服务对象的自我认同感。

2. 改善服务对象的偏科现象。改进其学习方法,与服务对象约定每天利用半个小时的时间来攻克数学问题,以提高总体成绩水平。

3. 引导服务对象处理不良情绪。引导服务对象学会将自己的不良情绪表达出来,并学习掌握调节、排解不良情绪的方法。

4. 增进亲子关系。引导服务对象与其母亲之间做一次深入的交流,尤其要开导服务对象的母亲勇于面对困难,乐观向上,并把正能量传递展示给孩子,用积极向上的生活态度来影响孩子。

5. 建立服务对象支持系统。包括通过与服务对象的母亲、兄长沟通,建立服务对象的家庭支持系统;与朋辈群体沟通,争取朋辈群体对服务对象的接纳和肯定等,为服务对象营造一个快乐的童年成长氛围。

四、服务模式

心理社会治疗模式、认知行为治疗模式、家庭治疗模式、社会支持网络模式。

心理社会治疗模式注重从人际关系中了解服务对象形成问题的原因,并通过直接介入方式调整和修补服务对象的心理困扰和人际关系失调,增强服务对象的适应能力。

认知行为治疗模式把人的问题归结为认知、行为和情绪三者之间的相互影响。因此,针对服务对象的问题,需要从认知、行为和情绪三个方面同时采取有效的十预措施。

家庭治疗模式认为家庭的动力和组织方式与个人问题密切相关,要求社会工作者以家庭作为基本的治疗单位,通过服务对象的家庭结构和交往方式的改变,恢复服务对象的家庭功能,为服务对象提供一个良好的家庭环境。

社会支持网络模式认为人与人之间的相互支持对维系正常的社会生活是必要的,人们在社会生活中遇到的许多问题大部分是由于缺乏必要的社会支持而产生的。社会支持网络模式要求社工在解决服务对象问题的过程中,应帮助服务对象建立社会支持网络,运用、改善和利用社会支持网络。

五、服务过程

第一阶段:与服务对象建立信任关系

社会工作者主要通过面谈的方式与服务对象建立信任关系。社会工作者应通过采用真诚、倾听、尊重的沟通技巧,让服务对象感觉安全,并运用课业辅导的形式靠近服务对象,从而建立信任关系。

第二阶段:预估及介入服务

(一)针对服务对象问题开展的个案辅导

1.引导服务对象提高自信心。社会工作者引导服务对象了解些许社会常识,并理性认知自己、接纳自己,并相信有能力改变自己,以克服自身的自卑感。

2.针对服务对象的偏科问题,改进学习方法,提升学习信心。针对服务对象不喜欢学数学的问题,设置比较轻松的面谈情境,与服务对象约定每天利用半个小时的时间来攻克数学问题。社会工作者采用举一反三的思路,用一些比较浅显易懂的案例来启发服务对象对数学问题的思考。在多次的辅导之后,服务对象对数学的厌恶情绪减低了一些,也能保证一天花至少二十分钟的时间来做数学。社会工作者在服务对象每次成功解出一道数学题的时候都给予赞赏"你很棒",提升了服务对象的自信心。

3.针对服务对象的心理问题,引导安全发泄,给予温暖与关爱。社会工作者利用服务对象很喜欢绘画这个兴趣,让服务对象以"我的家"为主题作画。同时,社会工作者采用心理社会治理疗法,让服务对象因缺乏家庭温暖产生的茫然,以绘画的形式表达并宣泄出来,并运用真诚、理解、关爱的技巧为服务对象提供温馨和爱的环境。

(二)协助服务对象建立家庭支持系统

社会工作者通过家访的形式,与服务对象母亲面谈,协助服务对象建立家庭支持系统。一是引导服务对象母亲以健康心态关爱孩子。运用"宣泄"的技巧引导服务对象的母亲将自己心中的压力及苦闷情绪释放出来,树立信心和积极乐观的心态。并建议其以乐观向上的生活态度来影响服务对象,同时多利用空闲时间与孩子相处、交流。

（三）协助服务对象建立朋辈支持系统

社会工作者引导服务对象身边的朋辈群体理解、接纳服务对象,并让他们主动去邀请服务对象参与他们的游戏。经过几次游戏活动之后,服务对象从一开始的被动、顾虑,到逐渐放开和积极参与,慢慢地服务对象在与朋辈交流中、在游戏中、在集体活动中,脸上笑容明显多了,甚至还与社会工作者分享她在跟同龄小朋友玩耍过程中的一些趣事。

第三阶段:结案评估及后续工作

（一）结案原因

服务对象因为老家有事,要离开福建,所以不得不结案。

（二）案主的改善

经过多次的个案辅导,渐渐淡化了特殊的家庭背景给她幼小的心灵造成的压力。服务对象的性格明显开朗了很多,笑容多了,话也多了,也很愿意主动与朋辈群体交流,在家与母亲的交流也多了。比如:经常与妈妈分享她在学校耳闻目睹的一些趣事,甚至在母亲节还会给妈妈送康乃馨、写感恩信。

（三）结案处理方式及建议

因为突发情况,服务对象不得不离开福建,离开社会工作者,所以,在结案时,社会工作者还处理了服务对象的离别情绪,并同服务对象一起回顾了自己在个案辅导过程中取得的进步,鼓励服务对象要保持自己已经取得的进步;同时告知服务对象,以后如有需要可以继续联系社工,社会工作者也会像好朋友一样继续关爱她及她的家庭。

六、本案反思

（一）主要经验

本个案能取得一定成效,主要经验有三条:一是与服务对象建立信任关系是个案成功的前提。在整个个案辅导的过程中,社会工作者都采用倾听、尊重、理解、接纳等沟通技巧,使服务对象对社会工作者产生了信任感和安全感。因而,在辅导过程中服务对象能倾心地向社会工作者倾诉和表达自己的想法。正是因为服务对象对社会工作者的信任,所以服务对象敢于倾诉,从而使得自己内心的压抑得以排解。正是由于信任,使社工引导对服务对象及其母亲产生了积极影响,从而使服务对象能在生活中不断调整自己。二是家庭关系改善。与服务对象接触之后,社工以家庭系统的观点去看待服务对象身上的表征问题:单亲的家庭背景,家庭成员的负面情绪表现,服务对象母亲常年忙于工作、很少关注到孩子的心理成长等,这些因素造成孩子出现害怕失败、不懂得沟通、自我否定、自我防御等自卑心理。社会工作者与服务对象建立专业关系之后,注重了解服务对象在家中的情况,了解服务对象在家庭中扮演的角色及这种角色产生的原因所在,并与服务对象的母亲建立了专业关系,进行针对性的个案辅导工作。协助服务对象、家庭巩固双向沟通机制,即使没有社工,他们也可以保持良好的家庭规则。在这个过程中,社工逐渐退出对该家庭的介入。三是朋辈关系的支持是本案取得成效的一大因素。社工通过为服务对象建立社会支持网络,服务对象得到了朋友的支持,从而增强了自信心,勇于走入社会。

(二)问题与建议

案结,但事不能结。本案是被迫结案的,不仅服务目标并未完全实现,而且服务对象家里又发生了一些不开心的事情,因而结案之后既面临前期服务结果能否得到维持的问题,又因新的家庭问题有可能对服务对象健康成长产生新的不利影响。因此,本个案的结案并不意味着事情的结束,而本案的社会工作者采取继续关注服务对象的后续情况,值得今后同类个案工作借鉴。

第三节　个案 2. 改变自己　追逐梦想
——行为问题儿童个案

一、接案:服务对象基本资料

小华(化名),男,10 岁,家住晋江市某村,小学三年级,有个双胞胎弟弟,兄弟俩都是"四点钟学校"学员,家中有个上初中的姐姐,爸爸做小生意,妈妈在企业打工,妈妈从未上过学,家庭条件较好。小华性格外向、活泼可爱、贪玩,学习不很认真,上课不专心听讲,数学成绩差,甚至考过个位数。小华母亲非常重视儿子的学习,每天骑摩托车送两个孩子来"四点钟学校",在家也经常陪孩子写作业,但效果不好,她认为自己没办法管教,求助学校社工辅导。

二、存在问题：个人问题；家庭问题

（一）学员个人问题

学习问题较严重。数学很差，作为三年级的学生连一年级的数学题也做错，个位数的加法需要掐指计算。上数学课心不在焉，不感兴趣。做数学题时，会的做，不会的也不思考、不做，有些做错的，不是不会，就是懒得想、懒得算，不爱动脑筋，随便填个答案。学习非常被动，老师辅导要求做的，他连题目也不看，问题也不想，从对题目的理解到问题的解答，整个过程都由老师完成，不参与、不互动。

成长问题。贪玩、好动，朋辈圈子小。在学校只跟几个熟悉的同学玩，他的玩伴都比较喜欢玩，但是学习成绩比他优秀。在家或看电视，或与弟弟玩。

（二）家庭问题

家庭是重视学员的教育的，但没有能力、没有办法辅导学员。

三、服务模式

服务模式：认知行为治疗模式、任务中心模式、人本治疗模式、理性情绪治疗模式。

认知行为治疗模式把人的问题归结为认知、行为和情绪三者之间的相互影响。因此，针对服务对象的问题需要从认知、行为和情绪三个方面同时采取有效的干预措施。

任务中心模式把服务介入的焦点集中在为服务对象提供简要有效的服务上，希望帮助服务对象在有限的时间内实现自己所选定的明确目标。

人本治疗模式注重以服务对象为中心，创造一种有利于服务对象自我发展的辅导环境，具有注重社会工作者自身的品格和态度、强调个案辅导关系及关注个案辅导过程等特点。

理性情绪治疗模式是以服务对象的非理性信念的检查和辩论为中心形成目标清晰、要求明确的治疗方法。主要分为五个阶段：明确辅导要求、检查非理性信念、与非理性信念辩论、学会理性生活方式和巩固辅导效果。

四、服务目标

1. 引导案主提高认知能力，认识学习，特别是学习数学的重要性，调动其学习积极性、主动性。

2. 引导案主改进学习方法，增进学习数学的趣味性，提高案主学习数学的兴趣,以改善其学习数学的能力,提高数学成绩。

3. 鼓励案主多与其他同学交流,使案主在"四点钟学校"的学习和生活中有一个良好的人际关系和学习环境,以更好地主动学习和按时完成自己的作业,提高学习成绩。

五、服务过程及技巧

整个服务过程主要采用会谈方法,并始终贯穿同理、支持、接纳、尊重等技巧。

(一)初次会谈:了解案主及其基本情况

会谈时间:2014 年 4 月 1 日

主要内容:熟悉案主,掌握背景资料;和案主之间建立初步的信任关系;制定服务目标。具体目标为:(1)协助案主认识学习的重要性;(2)鼓励案主多与其他同学交流;(3)鼓励案主努力学习。

布置作业:会谈结束时,布置给案主三个任务:今后上课专心听讲;放学后来"四点钟学校"复习功课;试着找个自己不懂的问题请教家人、老师或同学,做到了了将给予奖励。

(二)第二次会谈:正式介入,进一步了解案主的情况

会谈时间:2014 年 4 月 10 日

主要内容:进一步具体了解案主的心理状况、背景资料以及在生活、学习和其他方面的状况。结论:一是经过第一次会谈,案主心态明显改变。表现如下,(1)生活方面:在他遇到困难时,他学会了与家里人沟通;(2)学习方面:在数学题不会做时,学会了向同学和老师请教,学习积极性相比以前有明显提高。二是与案主一起探讨并明确其自身问题和需求。确立下一步目标:重新认识自己,发现自我;使其了解自己各方面的能力,发现自己的长处。

布置作业:给自己制定进步目标。

(三)第三次会谈:总结过去,发现自我

会谈时间:2014 年 4 月 15 日

主要内容:本次与案主会谈主要有以下几个方面。一起分享作业的完成情况,并一起分析其中的原因;和案主一起讨论找出最适合自己的学习方式;和案主一起探讨为什么朋辈圈小,并引导其改变思想和行为。通过会谈使案主发现自己学习中的主要问题,帮助案主改进学习方法,提高学习成绩。引导案主积极参与朋辈活动,在参与中发现自我,发现自己的长处,在参与中学会自我表达,在参与中享受快乐。

布置作业:想想自己在过去的学习生活中取得的成就;与同学分享自己生活中的趣事;与家人分享在学校遇到的趣事。

（四）第四次会谈:让案主发现自己的优点,使其增强自信

会谈时间:2014年4月20日

主要内容:本次会谈的目标是:在上次辅导的基础上,改变案主不合理的想法,让他发现自己的优点,接纳自己,增强案主的自信心。具体内容:(1)增强案主信心。和案主一起分析了作业,进一步鼓励和支持案主,从而起到强化的作用。同时,让案主感到自己一直被关注,自己的努力是有人见证的,让案主坚定只要自己努力了就一定可以做得更好的信念。(2)强化自己的优点,弱化自己的缺点。通过与案主交流发现案主性格上的优点和缺点,让他接受自己的缺点,说出自己的优点。优点如开朗、活泼、上进、要强等,缺点如依赖心较重、贪玩等。社工从中强调肯定其优点,以增强其自信心。(3)回顾过去,鼓励他取得的进步。(4)回顾这几次的会谈,巩固已取得的成果。

布置作业:回顾几次会谈,并写下心得,再与他人分享。

六、结案与反思

（一）结案

服务预定目标实现。通过社会工作者的介入和多次会谈,案主态度和行为发生很大改变。一是学习态度有了很大改变。从原来好动、上课不认真听讲、对自己的学习没信心,到希望提高自己的成绩,改善自己的状态。二是行为上也有所改变。案主现在上课已能认真听讲,课后认真完成作业。三是学会交流。碰到大小事情已能主动与他人分享。

（二）反思

虽然通过社会工作者的介入,案主的不良思想和行为有所改变,但最终的效果与最初的设想还是有一定的差距;在很多问题与情况的处理上,社会工作者还显得很稚嫩;对于各种关系的协调,社会工作者做得还是不太好;在社会工作者撤离的过程中,对于案主的依赖处理得不是很理想;对于成效的巩固,社会工作者的方法还需要再强化。

（三）建议

1.社工接案时必须考虑自己的能力,同时注意区分职责范围与能力大小。

2.与案主建立信任的专业关系并签订服务合约。

3.接案之后需要全面了解案主的信息及与案主问题或需求有关的情况。社工要深入到服务对象的生活中,多与案主有些日常的交流,以利于深入了解

案主个人,更助于与案主建立良好的专业关系。只有掌握了比较充足的信息之后,社会工作者才能弄清问题的原因,更准确地评估案主的问题,从中梳理出服务的要点,以便为案主提供更加合适的服务。

4.社会工作者必须让案主知道自己在服务之中的责任,尊重案主自决。在个案服务中要避免社工处于控制者的角色,案主则处于被动角色或不对自己负责任的角色。社会工作者应把握"助人自助"的社会工作宗旨,引导案主认识问题,为案主提供支持,帮助案主通过自己力量自我改变。

第四节　个案 3. 走出阴霾　拥抱阳光
——行为心理问题儿童个案

一、案例背景

(一)服务对象基本资料

姓名:小明,性别:男,年龄:9 岁,服务对象来源:"四点钟学校"学员,个案情况:已结,社会工作者:潘春珠。

(二)接案原因

2014 年 5 月的某一天,在"四点钟学校"举办的"感恩母亲,回馈真情"的母亲节活动中,有一个制作贺卡的环节:当所有的小朋友都很认真地制作贺卡的时候,小明由于还没轮到使用剪刀,就很生气地把自己的贺卡撕掉扔了。社工看到后,蹲在小明面前,问他生气的原因,但是他低头不语,一直在桌子上画圈圈,并默默地哭泣。在活动即将结束的时候,小明先跑出了"四点钟学校"。

二、服务模式:结构家庭治疗模式

问题分析:社工对案主的实际情况进行走访、家访调查,经了解评估,小明的问题主要是家庭问题。在小明小的时候,妈妈就离家出走,不在他身边。小明是爸爸和奶奶带大的,但他爸爸忙着工作,很少能陪他、照顾他。他奶奶要承担不少家务,还要照顾其他孙辈,又缺少对他关爱和引导的能力。他缺少家庭的温暖,缺乏家庭的爱,甚至堂哥也经常会说他是没有妈妈的孩子,并经常欺负他。家庭问题是小明的行为心理问题的主要原因,所以本案选择了结构家庭治疗模式。

结构家庭治疗模式是由美国的米纽钦与他的同事在 20 世纪 60 年代所创立的,结构家庭治疗模式并不直接解决个人行为问题,而是致力于改变案主家庭的交往方式。结构家庭治疗模式认为,个人的问题只是表象,家庭的问题才是导致案主个人问题的真正原因,因此,主张通过多元化、多层次的家庭介入解决家庭的问题,最终解决案主个人的问题。

三、服务计划

服务基本目标:改善家庭关系,增进亲子关系。引导案主家庭人员多关爱小明,重点引导案主的奶奶、父亲,尽家长之责,关爱小明成长,多与小明沟通,给予他家庭温暖。引导案主增强自信,理解奶奶、爸爸的难处。

服务具体目标:通过走访、家访,了解案主的家庭环境,评估家庭环境对案主问题的影响程度。通过与案主家庭沟通,争取让其家人多关爱小明,给予小明家庭温暖,帮助小明健康成长。

四、服务介入过程

1.第一阶段

目标:详细收集案主的家庭情况。从案主的亲人处了解案主的家庭情况。形式:走访。

内容:由于案主内向、自卑,对自身行为心理缺乏认识,或不愿与他人谈自家的事,为了避免对案主造成伤害,减少案主对社工服务的抵触,社工没有直接前往小明家,而是找了与小明住一起的表姐来了解情况。经了解得知:小明在他小的时候妈妈就离家出走,小明从小是奶奶、爸爸带大的,现在爸爸忙着工作,很少能陪他,他经常被身边的同伴欺负,甚至连堂哥也经常会说他是没有妈妈的孩子。

2.第二阶段

目标:采用倾听技巧,与案主建立信任关系。形式:面谈。

内容:社工主动约案主见面,并通过采取接纳、倾听、真诚、尊重等沟通技巧与案主面谈,并承诺保密等原则,让其感受与社工面谈的安全性与可信任性,从而愿意对社工吐露心声。经过交谈,小明说出了自己心里的想法,说他有事没人能说,受人欺负,没人能倾诉,没人能帮忙。他很爱父亲,但是总觉得父亲太凶了,不敢靠近。在交谈中,社工也引导小明理解奶奶和父亲的难处与能力有限,自身要学会坚强和独立。通过交谈,社工与案主建立了信任关系,也进一步了解案主的基本情况,为有效介入工作打好基础。

3.第三阶段

目标:通过面谈,引导小明奶奶及其堂兄妹给予小明更多的关心和关爱。

形式:家访面谈。

内容:经过前面两个阶段的调查,了解到造成小明性格孤僻问题的主要原因是缺乏倾诉对象,缺乏家人关爱。因而引导小明奶奶给予其更多关爱是重要一环。社工前往小明家,与其奶奶就小明的情况进行了更深入的交谈,进一步了解小明的情况,也让奶奶看到小明的需要。奶奶悟出了自己对小明关心不够,关爱不足。社工进而引导奶奶平时多与小明谈谈家庭中的事,学校中的事,给小明多些关心,当小明遇到困难时给予支持、理解和帮忙。与小明奶奶交谈之后,社工也与小明的堂兄妹见了面,对他们谈及小明的处境,以及小明需要大家关爱等等,并引导他们认识到兄弟姐妹应友好相处,引导他们摒除堂兄妹之间相处的障碍,引导他们学会选择友好相处的方式。

4.第四阶段

目标:通过面谈,引导小明父亲给予小明更多关爱。形式:家访面谈。

社工联系到小明的父亲,主动约其见面,并就小明情况深入交谈。通过交谈了解到,他的上班地点离小明所在"四点钟学校"比较远,没办法经常陪在孩子身边。通过交谈,让他知道小明需要家庭的关爱,需要父爱才能健康成长。他检讨了自己对孩子关爱不足,认识到了问题的严重性,表示今后周五会去接小明放学,周六周日轮休时间将更多地陪伴孩子,但不知道如何与其沟通更好。社工为他提供了一些沟通的好方式,并建议他在轮休的时候,可以去"四点钟学校"接小明出去玩,或者是过来陪小明吃饭等,做一些更能够亲近小明的事,让小明能够感受到父亲的爱。

五、评估与结案

1.目标达成情况。经过多次家访以及对小明的专业辅导,小明和父亲有了行为上的改变。(1)第三周,父亲主动与小明进行属于他们"爷俩式"的沟通。父亲来到小明吃饭的地方,两个人坐在花坛旁边进行交谈,刚开始小明与父亲坐得较远,但是两人进行了一会儿的交流后,小明慢慢地靠近了父亲,虽然还是侧身,没有正向面对,但是已经在慢慢地靠近了。(2)第四周,小明来"四点钟学校"的时候,脸上多了灿烂的笑容,话也多了,也开始比较主动与其他小朋友互动了。

2.个案目标基本达到,自然结案。社工也告知案主,今后若有需要依然可以联系社工帮忙,社工也会在一定时期内继续跟进其发展情况。

六、专业反思

1. 在本次案例中面谈和家访是了解案主问题的主要途径。本次案例中，社工通过家访，与案主本人、他的同龄人(他表姐及堂兄妹)、他的家人(案主奶奶、案主父亲)等进行面谈，了解导致案主问题的根本原因是母亲在他很小的时候离家使他缺少母爱，而父亲的忙碌又使他感受不到足够的父爱，没有父母的保护，加上同龄人的欺负，让他很不自信。专业反思：家庭构成了家庭成员非常重要的成长基础。家庭成员个人问题的产生很大程度上和家庭系统有关。单亲的家庭背景、家庭成员的负面影响、没有时间陪伴、很少关注到孩子的心理成长等，这些因素造成了案主出现害怕、不自信、自我否定、不与人交谈等自卑现象。

2. 本次案例采用结构家庭治疗模式，较有效地解决了问题。本次案例，社工通过结构家庭治疗模式，与案主建立专业关系，对家庭成员进行个别辅导，促进家庭成员的思想和行为改进，促进家庭成员良性互动，进而改善亲子关系，从而改变案主行为和心理，最终完成个案工作。

第八章

儿童小组工作与"四点钟学校"案例

第一节　儿童小组工作的基本知识

一、儿童小组工作的概念和问题

儿童小组工作,它是以儿童小组为服务对象,在社会工作者协助下,通过游戏、情景模拟、任务达成及讨论分享等活动,促进儿童小组成员有目的的互动互助,使参加小组的个人行为得以改变,社会功能得以恢复和发展的工作方法。[①] 儿童小组工作是到了 20 世纪 30 年代才正式被社会工作专业接纳,其特点在于:(1)服务对象是小组成员。小组概念是指两个以上且具有共同需求或相似社会问题的成员,组员对小组具有认同感,组员之间有较高依存度。小组根据不同的标准可分成不同类型。社会工作实务中常见小组类型有心理健康小组、成长小组、亲子沟通小组等。(2)服务目标是推动儿童的社会性发展。即帮助儿童适应外部环境,增强社会责任感,自觉遵守社会规则,认识自身社会角色。(3)工作方法主要是通过小组的沟通、互动和经验分享。在小组工作中,社会工作者起指导、协调和控制作用。小组成员则平等参与,小组成员建立互助、合作关系,共同发现问题、共同寻找解决问题的办法,在小组活动中共

---

　　① 　香港·社会服务发展研究中心.学校社会工作实务手册[M].广州:中山大学出版社,2013:55.

同成长。

小组工作对于儿童具有重要意义。小组工作也可称之为"人为打造的社会支持网络",它提供了一个儿童可以自由表达自己所关心的问题,可以大胆尝试新行为的安全环境。在这一环境里,儿童通过共同目标建立真正合作关系;在这一环境里,儿童学习新知识,尝试新行为,在互动中分享经验,共同成长;对于问题儿童,由于其社会性特征,通过小组工作也可促使其转变。

二、儿童小组工作的主要阶段及活动内容

小组工作是一个由不同阶段组成的动态过程,一般将小组工作分为五个阶段:准备阶段、开始阶段、中期阶段、后期阶段、结束阶段。每个阶段小组有不同目标、组员有不同特点和角色、社会工作者也有不同的角色和地位。儿童小组工作一般也要经历这些阶段(详见表8.1)。学龄儿童小组工作流程可简要概括如下:了解学生需求—制订服务计划—招募学生—定期开展小组活动—活动评估。

表8.1　儿童小组工作主要阶段及活动内容

活动阶段	活动内容
准备阶段	1. 了解儿童需求。走访、家访、活动信息收集、询问教师等。 2. 制订服务计划。制订小组工作计划是小组工作开展的必要条件。一份完整计划书的基本框架可体现小组活动的理念、目标、组织基本情况、特征、活动流程、日程、招募计划、资源、应急预案、预算、评估等。 3. 招募及遴选组员。通过家访、学校招募、社区宣传栏、新媒体等方式招募学员,然后进行必要的遴选和评估,再根据小组类型、特点确定小组成员。 4. 申报并争取资源。向所属服务机构申请并争取资源支持,需要时寻求社会赞助。 5. 确定小组规模与工作时间。小组活动人数、活动持续时间及频率、每次活动时间等,要求适度。人数多少,时间多长,应依据小组特点、学员情况、社工实力等因素确定,才能保证活动效果。 6. 物质准备。活动场所要选择安全、安静和舒适的地方,场地布置要有助于成员对小组的认同,座位的安排要有助于提高活动频率。
开始阶段	这一阶段社工的主要任务是在小组成员之间建立信任关系,社工主要担当领导者、鼓励者和组织者的角色。

续表

活动阶段	活动内容
中期阶段	这一阶段社工的主要任务是处理小组冲突。社工的主要角色既是工作者、辅导者,又是调解人和支持者。
后期阶段	这一阶段社工的主要任务在于协助组员保持良好互动、提高认识、鼓励支持组员尝试新行动。社工的主要角色是资源的提供者和协调者、能力的促进者、支持者、引导者。
结束阶段	这一阶段社工的主要任务是处理好组员的离别情绪、巩固小组活动获得的成果,并做好小组评估。社工的主要角色是引导者、领导者。

三、儿童小组工作的主要理论与模式①

（一）儿童小组工作的主要理论

儿童小组工作依据的基础理论涉及心理学、教育学、社会学和组织学,其中影响较大的主要有三:组织系统理论、社会学习理论、心理分析理论。

1.组织系统理论。该理论认为组织是一个有机整体,是由很多相互依赖的成员组成的社会系统,这些成员是组织系统的一部分,在系统内部,成员应保持一定的秩序和稳定的平衡。

2.社会学习理论。这种理论认为人的行为是在对他人的行为观察和评价中学习得来的。由于儿童心智不成熟,因而社会性学习是发展的中心任务。为此,儿童社会工作者运用社会学习理论,通过有效使用正强化和负强化手段,形成正面舆论导向,这对于儿童社会行为的学习及改变特别重要。

3.心理分析理论。心理分析理论认为组织的心理环境和组织成员的心理状况对组织成员影响巨大。儿童小组工作通过为小组成员创造安全、自由、舒畅的活动环境,让小组成员自由表达自己的思想和情感,让小组成员在这样的环境中学习、改变和成长。

（二）儿童小组工作的主要模式

儿童小组工作模式可以分为一般模式和具体模式。

1.一般模式。一般模式在小组工作实务中具有普遍适用性。在儿童小组

---

① 陆士桢,等.儿童社会工作[M].北京:社会科学文献出版社,2003:272-277.

工作中,经常被应用的模式主要有三种:一是互动模式。这种模式认为组织成员之间、组织成员与组织之间、组织与社会环境之间存在密切联系,应通过个人、组织与社会之间的开放及互相影响,增强个人对社会的积极适应,最终增进社会功能的实现。二是治疗模式。该种模式将组织作为矫正个人有问题的行为和态度,进而使之适应社会的一种方法和手段。在儿童小组工作中,这种治疗模式表现为以儿童组织作为载体,为问题儿童提供组织治疗环境,通过团体内部的建设和专业的辅导,推动儿童在组织内部沟通互动,以矫正不良行为和思想。三是社会目标模式。该模式认为人和群体的功能失常问题在于社会自身功能失常,强调重点工作在于利用组织发展成员的社会责任感,增强积极适应社会的能力,并通过组织去推动社会环境改善。

2.具体模式。即指小组工作中根据具体情况而采取的工作方法,较为常见的有四种。一是任务中心模式。这一模式突出的是工作的目标。如以矫正儿童散漫习惯为目标:社工要在这一组织不同阶段采取不同的方法和手段,从规章建设、奖惩运用到行为训练等,都围绕这一目标而逐步实施。二是过程模式。这种模式强调时间、过程和发展阶段。在儿童小组工作中,这种模式重视儿童在团体里的发展,特别重视团体自身的发展阶段。通过辅导推动小组成长,实现小组成员的进步。三是团体中心模式。这种模式重视组织对成员的吸引,将工作的重点放在儿童对组织共同利益的追求和相互认同上,并通过这种认同的过程,逐步实现儿童的自我满足,提高他们的社会化程度。四是行为模式。这种模式是在利用团体中成员间的互动基础上,对儿童个体予以直接的辅导及干预,以修正儿童个人不良行为。

四、儿童小组工作的主要技巧

儿童小组工作技巧是社会工作实务的技术之一,贯穿于整个小组活动过程,并直接影响小组工作成效。小组工作技巧重点包括沟通与互动技巧、讨论技巧、治疗技巧和活动设计技巧。"四点钟学校"服务于学龄儿童,其小组工作既要掌握一般技巧,又应结合学龄儿童的特点(第一章绪论与第五章已分别作过阐述)。

五、儿童小组工作开展过程中的注意事项

1. 小组工作开展前:一是应做全面调研与评估儿童的需要,以便制定合适的活动计划;二是应清楚把握儿童小组工作的背景、理念、目标、对象、人数、场地及财政预算。三是对活动所需的资源,如人手、场地、经费,要做出计划,

充分准备;四是应急准备,活动前应对可能出现的困难做出风险评估,并做好应变方案。

2. 小组工作进行中:社工应及时跟踪了解组员的情况变化,并根据需要及时适当调整活动进程、内容或形式。

3. 小组工作结束时:社工协助组员整合小组经验,并鼓励将其应用于日常生活。

第二节 案例1."中华美德伴我行"
——传统文明礼仪学习小组

一、案例简介

小组名称:中华美德伴我行

"中华美德伴我行"是一个主要针对"社区儿童对中华传统美德的认知和行为的偏差"的半开放式的成长性和发展性小组,通过招募部分有需要的社区儿童青少年、家长参与小组活动,依托相关领域的专业理论和知识,提高组员对于中华美德的认知,并在小组活动中学习传统文明礼仪。

社会背景:一方面,随着家庭子女的减少,物质生活水平提高,出现了儿童在家庭里地位过分提高,家长过于溺爱孩子的现象。另一方面,由于儿童虚拟空间越来越丰富,社会活动相应减少,影响了儿童社会化进程,不利于儿童处理社会关系良好习惯的养成。中华传统美德是处理社会关系的文明礼仪,在这样的社会背景下,中华传统美德也因此在儿童中不断流失。小学生阶段是每个人性格、行为习惯养成的重要时期,因此在儿童阶段宣传、弘扬中华传统美德成为儿童教育的重要工作。

小组工作基本情况:人数,26人;时间:暑假7、8月;活动5节次。

小组工作总目标:让儿童学会感恩,了解中华传统文明礼仪,并践行到现实生活中。

二、小组工作活动过程

(一)小组工作活动筹备

组建小组工作的社工队伍。本次小组工作由4名社工组成,其中一名为负责人,一名为观察员,社工分工合作。社工组织派一名社工督导进行指导。

小组成员的招募与筛选。中心招募成员的主要方式有两种:一是公开招募,通过在社区公告栏内张贴海报宣传招募;通过在中心 QQ 群、微博等方式进行宣传;在电子网络社区发布信息等方式寻找对象。二是通过走访社区家长和儿童进行招募。在实际操作中,前者主要是为了扩大影响,积攒人气;后者则可以在短时间内确定组员。实际情况中还存在一些组员是部分同意参与的成员带来的这种现象。

分解小组工作目标。分解小组工作目标以利于具体开展工作。本次活动主要有 5 个节次,每个节次各有主题。第一节次让小朋友认知中华传统美德;第二节次让小朋友认识中华传统美德的重要性;第三节次培养小朋友责任、合作和宽容的美德;第四节次引导小朋友理解父母,感恩父母;第五节次强化对中华传统美德的认识,并引导小朋友认识团队的重要性。

制定小组工作活动策划书。一份专业的小组工作计划是开展小组工作的必要条件。本次活动策划书的主体内容包括:本次小组活动的背景、小组工作理论、小组工作活动目标、服务对象及其特征、招募方法、具体活动开展计划、所需资源、预料中的问题和应变计划、评估方法、参考文献等。本次策划书体现了小组工作计划书的基本框架,可资借鉴(详见附件一:"中华美德伴我行"小组工作策划书)。

申请资源支持。开展小组工作需要资金、场所以及人力等方面的资源支持。社会工作者应该向所属服务机构提出申请,递交工作方案,争取批准和资源支持,有的也可向社区或赞助机构争取资源支持。本次小组工作活动主要是向社区、晋江市妇联申请支持。

确定小组工作规模与时间。小组规模主要与小组人数相关,小组规模大小是影响小组工作绩效的重要因素。本次小组活动确定在 8～25 人之间。小组工作时间包括工作持续时间、小组聚会频率、每次活动时间长短、小组开始与结束时间。本次小组活动共 5 节,于 2014 年 7 月 29 日开始,8 月 13 日结束。每节次为 1 小时,每周两节(星期一下午 3:00～4:00;星期三下午 5:00～6:00)。

活动场地的选择及其他设施和辅助材料的准备。活动场所的选择要安全、安静、舒适,环境的布置要温馨,座位的安排要有利于小组成员的互动。同时,要做好可能出现意外情况的应急预案。本次活动成员主要来自华泰社区,因而场所选择在华泰社区居委会二楼会议室,对小组成员,是就近、安全又熟悉,小组成员认同度高。

(二)小组工作活动具体实施

活动项目介绍,详见表8.2。

表8.2　小组工作具体实施

主题	活动项目	目的	成员表现
热身游戏	"乘公共汽车"游戏、"红灯停,绿灯行"游戏、"天气预报"游戏、"吹气球"游戏等	通过轻松自在的活动让参与者增进彼此感情,并导入主题。	1.成员较快地融入集体。2.年龄小的比年龄大的成员更喜欢游戏;男生比女生更喜欢游戏。3.社工主要起引导和控制作用。虽然有些打闹现象,但是基本上在控制范围内。
掌握文明礼仪知识	文明礼仪知识问答、观看视频《手捧空花盆的小孩》、唱文明礼仪歌、小朋友互相分享各自生活中的文明礼仪行为	让小朋友懂文明,知礼仪。	1.成员增强了对文明礼仪的感知,增进了相互之间的交流。但沟通还不是很多,个别组员不遵守规则。2.社工很有亲和力,但也存在环节之间衔接不连贯的缺点。
践行文明礼仪行为	"猜拳"游戏	让小朋友在游戏中勇于担当,学会宽容。	成员间的沟通增多,越来越多的成员在活动中能表达和分享自己的想法。
理解父母	观看视频《天亮了》、"爸爸妈妈,我想对你说"卡片游戏	让小朋友学会理解父母,重温家的温馨。	多数的小朋友静静倾听,少部分小朋友勇于表现、说出自己对父母的感恩。
感恩父母	观看视频《妈妈洗脚》、践行"我为爸爸妈妈做件事"	让小朋友学会感恩父母。	部分小朋友努力践行为父母做件事。
与团队共成长	背后留言、分享感受	让小朋友在团队中学习成长。	小朋友在团队中认识自己,也了解他人。

三、案例绩效评估

（一）总体评估

小组成员共同经历了 5 节次活动,在整个小组活动期间,大家共同参与了愉快的热身游戏,共同学习了中华传统文明礼仪知识,观看了视频,感受了父母的辛苦和对子女的关爱,相互交流了各自对文明礼仪的理解及对父母情感的理解和体会,学习表达情感和感恩,在团队中互相学习、共同进步。通过循序渐进,层层深入,组员逐渐融入团体,增进了交流,组员对文明礼仪知识了解增加,认识提高。同时,学会了理解父母,感恩父母,感谢身边的人。在团队中学会表达自己的情感,学会交流。

（二）小组资源再生作用

小组成员有来自低年级的,如一年级,也有来自高年级的,如四年级,其中不乏优秀成员。小组活动中,他们会主动与社工合作,社工有意识地给予这部分人以支持,引导其在表达、交流、分享中发挥领头、示范作用。

（三）小组活动外生成长

小组成员通过形式活泼多样的活动和社工的引导,不同程度地增进了对文明礼仪知识的了解,学会理解父母、感恩父母。与此同时,在小组活动之外,他们又把学习的内容在与家长交流、邻居朋辈交流中,或在接触图书、各种媒体的相关信息中,获得新认识,增加新感受。

（四）小组活动的溢出效应

小组活动的影响是有限的,但这些组员通过他们的生活圈,进一步把他们在小组活动中学习到的信息在更大的社会范围内进行了扩散。

四、本案例启示

（一）小组工作有自身特点

小组工作是通过团体辅导的模式,将有着共性特征或共性需求的对象集中起来,分组进行一系列辅导活动,使小组内的成员共同完成同一个目标。通过让小组成员共同参与到文明礼仪的学习中,理解父母、感恩父母的体验,获得知识,学会感恩,学会表达,敢于表达,在有限的时间内获得最大收获。小组工作的特点主要有:一是主动性,强调组员主动参与。二是寓教于乐,将学习的压力转化成学习的乐趣,最终变成主动学习,主动体验。三是学以致用,小组成员边学边用。四是形式活泼多样,有游戏、唱歌、视频、问答等形式,手、脚、眼、耳等全用上。五是构建互相支持的环境,小组成员相互沟通、交流、分享,在互动中促进相互认识,共同进步。六是以小组成员为中心,从小组成员角度出发设计小组活动,使小组成员在活动中自我学习,共同成长。

（二）小组结构要合理

小组结构是指所招募的组员规模、聚会时间长度、地点、分工、费用等方面的分配。

组员规模一般情况下以 9～12 名组员最为适宜。本次小组活动招募组员共 25 名,规模过大,同时,成员年龄跨度较大,而活动方案没能考虑到年龄差别方案,因而影响了活动效果。

本次活动项目每节活动的时间为 1 小时,长短适宜,但是安排在周一下午,时间不很合理,导致小朋友们有的来得早,有的来得晚,不利于活动的准时开展。

由于人数过多,活动选择地点处于社区中心位置,社区人来人往,加上场地不够宽敞,因而影响了小组活动效果。

从工作人员分工看,本次小组活动是由一名社工作为小组带领者,并有一名助手协助,一名观察员负责记录,分工比较合理。

此外,本次小组活动的费用也控制在了合理范围内。

（三）小组活动要把控好过程

小组活动过程必须能活跃气氛,增进凝聚力、促进沟通互动,控制活动场面,推进活动向前发展等。

本次小组活动过程,程序规范,工作人员作为引导者、控制者的角色比较到位。工作人员能积极引导,也基本能控制局面,因而整体氛围比较活跃,小朋友参与积极性较高,成员较快融入小集体,成员之间建立了信任感,能倾听别人的想法,分享自己的故事。但也存在小组工作规范不到位、游戏规则解释不到位、有时负责人与助手配合不到位,活动进度把握不够好的缺陷,因而有时场面有些乱。

附件一　"中华美德伴我行"小组工作策划书

1. 活动背景

针对越来越多的少年儿童社会问题,提出加强对儿童进行中华传统美德教育。儿童缺乏美德意识和行为规范是少年儿童社会问题中的内容也是原因,具体表现在:一是美德认知缺乏,学生知道的传统美德很少,能准确理解含义的不多;对中国传统文化不太感兴趣,而对外国的节日、风俗反而很关注。

二是敬长观念缺失。许多学生都习惯父母亲照顾自己,却不懂体谅长辈。三是节俭美德淡忘。吃穿挑剔,喜欢攀比。四是不懂得尊重别人。在公共场合大声喧哗,说脏话,乱吐痰、乱扔废物等。五是自私任性。不懂考虑别人的利益,照顾他人感受,做事说话由着自己性子,与朋辈之间很难相处,缺乏合作精神和能力。

教育缺位是儿童对中华传统美德缺失的重要原因。依据现行中小学德育大纲所提出的德育目标,中华民族传统美德包括了孝敬父母、尊师敬业、团结友爱、立志勤学、谦虚礼貌、诚实守信、律己宽人、先人后己、整洁健身、勤劳节俭等方面。加强中华传统美德教育有利于促进儿童人格健全、心理健康,对于提高儿童的文化素质也具有重要作用。

此次活动主要运用社工方法与技巧,从社工的角度出发,介入儿童的成长教育,从而帮助小孩子培养良好的性格与行为习惯,把中华传统美德践行到实际生活中。

2. 理论基础

(1)"人在情境中"的理论(person-in-situation)。该理论认为人不是完全独立自存的个体。研究一个人,必须将其放到他所处的环境中进行,即他的家庭、学校、工作场所等。应该注重研究案主的环境和社会环境间各要素的关系,即"人在情境中"。人受到环境压力和人们彼此冲突的影响及困扰,因此要用系统的方法去分析情境中人们的行为。

(2)勒温团体动力学理论。该理论认为场是融行为主体及其环境为一体的整体,场的整体性在于场内并存事实相互依存和相互作用的关系。团体凝聚力是以团体共同活动为中介。在团体活动中,成员经过互动,彼此诉说自己的喜怒哀乐,从而增进成员之间的感情和思想交流。这时,如果彼此发生认同,互相满足心理需要,就会产生亲密感和相互依赖感,加大成员之间的相互吸引和团体对成员的吸引,在这样的团体中,成员心情愉快,精神振奋,行为、认知、情感一致,凝聚力就高。相反,如果团体成员经过交流,在思想上、情感上不能产生共鸣,或有严重分歧、冲突,相互不能满足心理上的需要,成员感到心情压抑、相互离异,团体对个人的吸引力必然小,凝聚力自然很低。

(3)马斯洛的需求层次理论。该理论认为人类的需要包括生理需求、安全需求、爱与归属的需求、尊重的需求。这些都是人生存过程中不可缺少的。"爱与归属的需求"这一层次的需要包括两个方面的内容。一是友爱的需求,即人人都需要伙伴之间、同事之间的关系融洽或保持友谊和忠诚;人人都希望得到爱情,希望爱别人,也渴望接受别人的爱。二是归属的需求,即人都有一种归属于一个群体的感情,希望成为群体中的一员,并相互关心和照顾。感情上的需要比生理上的需要来得细致,如果一个人在这一方面的需要没得到满足,就会产生孤独感和被遗弃感。一个好的社会要发展、要健全,它就必须满足人的这一渴望。同理,一个好的团体要发展、要健全,它就要满足成员的这一需要。

(4)埃里克森的心理发展观。该理论认为青年期主要面临的问题是自我同一性,同一性混乱具体表现为自我认识不全面、不客观,自我目标不明确,自我与环境适应不良,由此导致了自我认识偏差、自卑、人际关系不良等一系列迷失性问题。新生刚走进一个完全陌生的环境,远离了朋友和家庭,心中的孤独和失落、未来生活的不确定性都会让他们心理困扰,引发焦虑和放任行为,及时正确引导和排解,有助于新生更快更好地立足于学校这块良田,让自己的人格和心理积极健康地发展。

3.小组目标。(1)让儿童学会感恩,并将感恩践行到现实生活中。(2)让儿童懂文明,知礼仪,知道什么事情不可以做,什么事情应该去做。(3)文明礼仪教育从小抓起,将文明礼仪落实到实际生活中。(4)宣传社会工作理念,提高社会工作的知晓度,将社会工作引入生活。

4.服务对象。华泰社区2014年暑期活动营中的小朋友,这些小朋友在中华传统美德的认知与行为方面或存在偏差或有要求学习。服务对象招募的途径有三条:(1)在社区公告栏张贴海报宣传招募;(2)通过中心QQ群、微博等方式进行宣传招募;(3)通过走访社区家长和儿童进行宣传招募。

5.具体活动开展,详见表8.3。

表8.3 "中华美德伴我行"小组活动具体实施

节次	主题	活动目标	活动内容
第一节	文明礼仪 你知我知大家知	1.组员互相认识。 2.评估组织现状。 3.阐述小组的意义。 4.让小朋友了解社会公德中的文明礼仪。	1.组员签到。 2.社工诠释小组意义。 3.组员自我介绍。 4.组织"乘公共汽车"游戏。告知游戏规则,组织游戏。通过游戏增进组员感情。 5.组员说出自己所了解的文明礼仪。 6.社工点评总结,并介绍主要的文明礼仪。 7.分享感受,并告知下次活动时间和内容。

续表

节次	主题	活动目标	活动内容
第二节（15分钟）	文明礼仪从小做起 从我做起	1.通过正面引导，让小朋友认识交通文明行为。 2.通过反面教材，让小朋友认识文明礼仪的重要性。	1.组织"红灯停，绿灯行"游戏。介绍游戏规则，组织游戏。 2.组员发表对本游戏的感受，社工进行总结，并正面引导。 3.播放不文明礼貌现象的图片。 4.组员发表看法，社工点评并正面引导。 5.观看视频《手捧空花盆的小孩》。 6.社工点评并正面引导。 7.分享本节感受，并告知下次活动时间和内容。
第三节	讲文明 懂礼貌 从我做起	1.强化小朋友的文明礼仪意识和行为。 2.培养小朋友合作和宽容美德。	1.组员跳兔子舞，营造氛围。 2.学习文明礼仪歌。 3.看文明礼仪视频。 4.组员分享各自在日常生活中的文明礼仪行为，社工总结。 5.组织"猜拳"游戏。介绍游戏规则，组织游戏活动。 6.社工点评游戏。包括如何看待责任，当别人失败的时候有没有抱怨，如何宽容，两个人有没有同心协力对付外面的压力。 7.社工总结本次活动，并告知下节活动安排。
第四节	感谢有您 伴我成长	1.引导小朋友了解父母的辛苦，感受父母对子女的关爱和家庭温暖。 2.引导小朋友勇于表达自己对父母的感情。 3.引导小朋友学会对父母感恩。	1.组织"天气预报"游戏活动，营造氛围。 2.播放视频《天亮了》背后的故事。引导小朋友们分享感受，并回忆父母做过的让他们开心、感动的事情。 3.组织"我所了解的爸爸妈妈……"游戏。引导小朋友认识父母、关心父母。 4.组织"爸爸妈妈，我想对你说"卡片游戏。引导小朋友说出最想对父母亲说的话。 5.观看公益广告《妈妈洗脚》。 6.引导小朋友们讨论与分享自己可以为父母做的事情。 7.布置家庭作业：要求小朋友回家后要为父母做的一件事，以表达自己的感恩之心。 8.总结本节活动，并告知下次活动的时间和内容。

续表

节次	主题	活动目标	活动内容
第五节	快乐离别	1.强化小朋友对父母感恩。 2.引导小朋友感受团队的温暖,认识伙伴的重要性。 3.组织活动的回顾与成果分享。	1.检查上节布置的作业并点评,引导小朋友学会感恩父母。 2.组织"吹气球"比赛游戏,营造学习氛围。 3.组织"背后留言"游戏。增进小朋友之间的相互认识和感情。 4.社工全面概括和点评,并对中华传统美德的意义和内容进行诠释,强化小朋友对中华传统美德的认识。 5.引导小朋友回顾小组活动整个过程,分享感受。 6.社工总结小朋友的观点,并提出引导性建议。 7.最后宣布活动结束。

6.所需资源。(1)人手安排:社工主持人1名,负责活动前准备工作和整个活动的主持工作;协助者1名,协助主持者开展活动;观察员1名,负责每次活动观察记录,包括基本情况、小组过程描述、工作人员表现描述、成员间的沟通状况描述、小组效果评估与建议等;督导1名。(2)物资与财政预算(详见表8.4)。

表8.4 "中华美德伴我行"小组活动物资和财政预算

名称	数量	单价(元)	合计(元)
空瓶子	1个		
纸棒	25支		
奖品	2份	15	30
笔	20支	1	20
便利贴	2张	3	6
共计			56

7.预料中的问题和应变计划。(1)预料中的问题。①家长的不理解,反对我们的工作,认为我们在打扰居民的正常生活。②物资不足,不利于工作的开展。③宣传工作不到位。④服务对象的不积极参与,儿童现场不配合、玩闹。⑤组员对某些游戏之前已参加过,没有兴趣在本次活动中参与。⑥成员临时

退出。(2)应对方法。①活动开展前,负责人应协调各种资源,加强与居民的沟通,让他们清楚我们工作的内容及意义,争取家长的支持。②尽量合理规划利用活动物资,同时更应该协调多方资源,利用少量资金进行购买。③拓宽宣传渠道,以更直接的手段,让儿童及家长知道工作的意义,必要时进行登门造访。④耐心和儿童进行沟通,通过一些小事赢得信任,了解需求。活动开始前达成契约。⑤充分尊重成员的选择,不得强迫成员留下。工作人员要及时检查小组计划是否存在不妥并及时处理;如因误解导致成员离场,则及时澄清误会,诚挚挽留,并尊重成员的选择。

8.评估方法。(1)组员个人自我评估;(2)小组工作人员根据小组活动过程的观察与分析进行评估;(3)从出席率及参与积极性方面进行评估;(4)督导评估。

第三节 案例2.儿童青少年安全意识提升小组

一、案例特点与背景

小组名称:儿童青少年安全意识提升小组

"儿童青少年安全意识提升小组"是一个主要针对"社区儿童青少年的安全问题"而开展的安全隐患识别、安全意识提升、安全事故自救等系列活动的半封闭的教育性和成长性小组。通过招募企业员工子女参与小组活动,运用社会工作领域的专业理论和相关安全知识,并邀请专业人士讲座和演示防患安全事故,通过小组活动形式提高组员对安全常识的认知和安全事故的防患。

社会背景:近年来儿童青少年安全事故频发,每年因意外伤害而死亡的儿童超过20万人,涉及自然灾害、溺水、校园伤害、斗殴、中毒、跌落、触电等,中小学生意外死亡呈逐年上升趋势,寒暑假更是高发期。其中原因在于儿童青少年是一个特殊群体,这个年龄群体贪玩、好奇、好动、缺乏安全知识,同时家长、监护人及学校存在安全意识不足、安全教育不到位、监管不力。这一问题已引起全社会的强烈关注。儿童青少年是祖国的未来,是家庭的希望。在独生子女政策的条件下,儿童青少年发生意外死亡往往是毁了一个家庭的希望,也会影响社会稳定。未成年人保护是一项全社会的事业,需要国家、机构、家庭和法定监护人在内的全社会的呵护,才能使他们有保障地安全和健康成长。晋江市众多企业外来务工人员多,外来工子女在课后难以得到较好看管,因而在"四点钟学校"开展安全意识提升小组工作具有重要意义。

二、小组工作活动过程

(一)小组工作活动筹备

组建小组工作队。本次小组活动由一名社工负责,高校实习生协助和支持。小组成员在来自晋江市百宏公司员工子女中参与暑期夏令营的营员中筛选。

确定小组工作规模与时间。本次小组活动确定在 50 人左右,时间从 2013 年 7 月 15 日至 8 月 12 日。小组活动共有 5 节,每节次为 90 分钟,每周星期一下午一节次。

场地选择:在百宏公司"四点钟学校"活动,环境安全、学员熟悉、社工借用资源方便。

确定小组工作目标:确定小组工作总目标为提升小组成员的安全意识,避免生命安全事故的发生。总目标分解为 5 个节次的主题目标,分别是:第一节次是"增进小组成员信任,促进相互认识";第二节次"学习消防安全知识,了解灭火器操作方法";第三节次"了解防溺水、防火知识及自救和救人方法";第四节次"了解防震、防台风、防雷电、高压电知识及自救和救人方法";第五节次检验巩固小组成员学习成果。

制定小组工作活动策划书:详见附件二"儿童青少年安全意识提升小组策划书"。

申请资源支持。向社区申请场地、器械、人员支持,向政府申请资金支持,联系高校志愿者或实习生参与协助和支持。

(二)小组工作活动具体实施

1.活动项目介绍。详见表 8.2。

(1)"名片交流"。主持人发给每位学生一张卡片(纸张)和一支彩色笔,要求每位学生为自己设计一张"个性名片",内容选项有:①姓名,特指昵称、网名、绰号。②特长,如爱好、兴趣、嗜好。③崇拜的人,如欣赏的人、敬重的人。④理想,即目标、志向。⑤对自己的描述,包括体型、外貌、身高、体重、肤色等。⑥联系方式,如家庭电话、手机号、QQ 号、学号等。把自己最想让别人知道并想与他人交流的信息,简洁明了地表现在小小的卡片上,用直白的语言或诗句等来表达,用单色的线条或彩色画面来展现。然后进行"名片交流"。每个人轮流再次亮出自己的名片,并介绍自己的情况。

(2)消防安全教育。社工老师组织小朋友学习消防安全知识,介绍消防安全中的注意事项,讲解灭火器的构造等知识,然后请保卫科主任演示操作方法,最后由同学们上场学习灭火器的使用。

(3)防震知识讲座和防震演习。社工负责人为小朋友讲解防震知识,并组织防震演习。本次活动得到了泉州黎明职业大学实习生的大力支持。

(4)防溺水等安全知识讲座。内容包括防溺水、防火、防高压电等知识。一是通过对近期溺水事件频发的解读和分析,让小朋友认识野浴的危险。二是指导小朋友下水游泳前应做的准备工作,并介绍溺水发生时的自救和施救办法。三是指导小朋友识别火灾隐患,介绍预防和避免火灾事故发生的措施。

(5)穿越"死亡电网"游戏。①道具:"电网"。②步骤:分为若干组,每组4至6人。③规则:此"电网"为380伏高压电,除底线外不能有任何触碰,否则即为死亡;要求全体通过;每组预先给满50分,触电一次扣1分,滞留一个扣5分,每超时1分钟扣1分;规定必须在20分钟内完成。注意事项:不允许借助任何工具;每一网洞只能过1人/次,不允许实验。最后公布结果,分享成功经验和失败教训。

(6)"命运女神"游戏。道具:一个水晶球、一张小桌子、一件彩色的斗篷。①将学员分成3~5人一小组,每个小组选一位学员作为"命运女神"——神秘美好未来的占卜者(披上彩色斗篷);②让每一个"命运女神"都将一只手放在水晶球上,并对桌上一位被选定的人复述下面的话"你的未来我已看到了,将来你的命运是:笑声盈盈,家财万贯,春风得意,幸福快乐!"③被选定的人将手放在水晶球上。在接下来的1分钟里,这个人与同小组的人开始注视着水晶球并为他憧憬美好未来。④然后"命运女神"问被选定的人"看到了什么",即憧憬的未来是什么;再让同小组成员描述未来更多的细节。⑤被选定的人又成了下一轮的"命运女神"。最后,让每个小组推选代表来做简短的汇报,内容包括:预见的美好未来是什么;当别人关注你的未来的时候,你的感觉如何。

表 8.2　活动项目简明表

主题	活动项目	目的
建立团队	1."名片交流" 2.确立小组活动规范	1.增进认识 2.明确规范
消防安全教育	1.讲解消防安全知识 2.灭火器知识讲解和操作演示	1.学习消防安全知识 2.了解灭火器的操作方法

续表

主题	活动项目	目的
防震、防溺水、防火,防电等安全教育	1.防震知识讲座和防震演习 2.讲授防溺水、防火、防高压电等知识 3.穿越"死亡电网"游戏	1. 掌握防震、防溺水、防火灾的知识以及火灾自救或救人的方法和技巧 2.认识团队合作的重要性
巩固知识	引导小组成员回顾整个小组活动过程 "命运女神"游戏	1.巩固所学知识 2.鼓励组员积极生活

三、案例绩效评析

（一）总体评估

在 5 节次的小组活动中,讲解了消防安全知识,防震、防溺水、防火、防高压电等知识,观看了灭火器使用操作演示,参与了防震演习、穿越"死亡电网"游戏和"命运女神"游戏等活动。通过这些活动感受自然灾害的无情和水、火、电等的危险,交流分享各自对安全事件的感受。通过这些活动,组员了解了防震、防火、防水、防电等知识,学习了救人和自救的应急技巧,提升了安全意识,并更加懂得珍惜和爱护生命。与此同时,加强组员在集体活动中的行为规范,增进了感情,促进了交流,学习了团队合作精神。

（二）小组结构评析

小组活动只有一名专职社工,演示场地比较开放,场面较难控制,一定程度上会影响小组进度和组员的学习效果;同时,工作员与观察者是同一个社工,会影响记录的详尽和客观,最终影响小组结果评估的客观性。每一期小组的聚会时间控制在 90 分钟之内,对于年龄在 6~12 岁之间的组员,时间过长,注意力难以集中这么长时间,因而影响学习效果。

（三）小组过程评析

一是小组活动进程控制。组员来自一到五年级,年龄跨度较大,理解能力和控制力存在较大差距,小组进程较难控制。比如在小组活动中,较小年龄的组员有的会跑开去做其他的事。因而,有效控制小组活动的年龄跨度值得重视。二是活动形式的选择。小组活动过程中,游戏形式普遍受欢迎。因而小组活动应尽量开发设计符合小组活动主题的游戏,以提高学习效果。三是小组活动成效明显。小组活动初期,组员较为活跃,但行为不规范,注意力集中时间短。小组活动中期,组员学习兴趣提高,组员之间的凝聚力得到明显提升,在游戏中,团队能较好地配合。小组活动进行到后期,组员的成长明显,言行举止中安全意识增强了许多。

附件二　儿童青少年安全意识提升小组策划书

1.活动背景

鉴于儿童青少年安全问题频发,如烧伤、烫伤、触电身亡、溺水、交通意外、被殴打、被拐卖等事件,引发了社会极大关注。加强对儿童青少年的监管和安全教育是防止意外事件发生的重要手段。由于现在很多家庭安全教育缺失,有的家长忙于工作无暇看管孩子,或不重视对孩子进行安全教育,或缺乏现代社会安全知识,不懂教育;有的是孩子交由家里老人看管,而老人年事已高,难以照顾到位。为此,加强对儿童青少年的监管和安全教育,政府与社会责无旁贷。

此次小组活动是通过社会工作方式,邀请专业人士为小朋友讲解安全知识,包括防水、防震、防火、防电等知识以及救人和自救方法、技巧,并组织现场防震演习、灭火器使用演示等,以提高小朋友安全隐患识别能力,初步了解安全事故应急自救和救人方法。

本次小组活动是晋江市儿童之家"四点钟学校"项目的重要内容。作为政府购买社工服务,它是政府责任的体现。这次小组活动既有社区志愿者参与,又有高校暑假实习生或志愿者参与,其非营利性和志愿性特征明显,因而本次小组活动也体现了社会的担当。

2.理论基础

(1)认知行为理论。认知行为理论认为人类的思想、感觉和行动之间是有相互联系的,认为认知对于行为修正、问题解决具有重要性,内在认知与外在环境之间存在互动,人的认知是否正确,直接影响他的情绪和行为是否正常,外在的行为改变都会最终影响个人行为的改变。本次小组活动旨在提升小组成员的安全认知能力,进而改变其行为习惯,在发生安全事故时,采取自救行为。为此,认知行为理论在本小组活动中具有重要的应用价值。

(2)生态系统理论——"人在情景中"。该理论有以下主要观点:一是人与环境关系是互惠的;二是个人的行动是有目的的,"适者生存";三是对个人问题的理解和判断须在其生存的环境中进行,即"人在情景中"。

生态系统理论的关键在于将服务对象放在一个有层次的系统中,将服务对象与其所在环境作为一个完整的整体来看待,通过改变系统来实现个人需求的满足。本次小组工作,社工通过典型案例的介绍和现场情况的模拟,将儿童青少年带入一种危机情境中,然后通过一些救生用品的正确使用和自救措施的演示,教授危机时刻自救和救人的方法和技巧,正是生态系统理论的应用。

3.小组目标和目的

目标:(1)小组成员能判断事件中存在的安全隐患;(2)小组成员掌握应对危机的简单自救方法和技巧;(3)他人发生生命安全隐患时,小组成员知道通过什么渠道营救。

目的:提升小组成员的安全意识,避免生命安全事故发生。

4.服务对象

(1)小组服务对象。某公司员工子女,尤其是课余无家长监管的儿童青少年。(2)成员特征。好动型的儿童青少年。

5.小组特征。小组性质为教育小组、成长小组。每小组约15人,依据不同年龄段共分为3小组。活动时间约一个月,约5节次,活动地点在企业内部场地。

6.招募方法。主要是社工从暑期夏令营营员中筛选小组成员。

7.具体活动开展计划

表8.3　小组具体活动开展计划

节次	主题	活动目标	活动内容
第一节	消除陌生　相互认识	1.社工与小组成员建立初步关系; 2.组员相互认识,增进彼此之间的了解、交流,建立初步的关系。 3.订立小组规范,确定小组目标。	1.社工及工作人员自我介绍;通过几个事件引出本小组活动主题。 2."名片交流"。每个组员为自己设计一款个性名片,包括介绍自己的姓名、昵称、体征、兴趣、喜欢和不喜欢的人、理想、志向、联系方式等,然后相互之间交流。 3."成语串烧"。每个组员选择一个自己喜爱的成语,并记录下来,然后每个组员用自己选择的成语造句。 4.引导小组成员商量、制定小组活动过程中的规则;引导小组成员认识小组的整体目标。 5.回顾本节内容,听取组员意见和感受。 6.布置任务:收集5个你觉得存在危险的事情,并告知下一节活动时间和内容。

续表

节次	主题	活动目标	活动内容
第二节	提升意识 识别危险	1. 提升小组成员的判断意识和识别危险的能力。 2. 体验游戏，训练小组成员的反应能力。	1. 分享组员收集的存在危险的事情。 2. "知识竞答"。准备 25～40 个案例,鼓励小组成员判断案例中存在的潜在危险。 3. "亲身经历"。要求每个组员与大家分享自己亲身经历的惊险故事。 4. "松鼠搬家"游戏。规则:全体组员自由组合,3 个人一组,两个人面对面站立,双臂相向伸出掌心相抵,做松树,另一个人做松鼠,蹲在松树下面。工作员发口令,当叫"松鼠搬家"的时候,"松鼠"们要转到别的"松树"下面去;当叫"森林大火"的时候,"松树"们要赶紧重新搭架,"松鼠"们也可以寻找别的"松树"。 回顾本节内容,通知下次活动时间和内容。 布置任务:收集最近两个月的溺水事件,以及防溺水的相关知识。
第三节	巧妙施救 保己安全(一)	1. 掌握一些预防溺水的知识。 2. 掌握溺水自救或救人的方法和技巧。 3. 掌握一些预防火灾的科学知识。 4. 掌握一些消防器材的正确操作和使用方法;在火灾发生时如何施救、逃生、自救。	1. "水里很危险,下前要三思"。解读分析近期溺水事件,使小组成员意识到玩水的危险性,忠告学生在下水游泳、玩水前应该准备的事项。 2. "溺水若发生,巧妙去施救"。引导组员思考当溺水发生时,采取怎样的施救和自救方法;传授预防水下抽筋、避免安全隐患的游泳方法。 3. "天干物燥、小心火烛"。引导组员思考哪些事件存在火灾风险,思考预防和避免火灾事故的发生措施。 4. "玩火要当心,小心别自焚"。邀请专业人士演示消防器材的操作和使用方法,现场让组员学习;引导组员思考火灾发生时逃生、自救、施救的措施。 5. 回顾本节内容,通知下次活动的时间和内容。 6. 布置任务:收集有关地震、台风、雷电的知识。

续表

节次	主题	活动目标	活动内容
第四节	巧妙施救　保己安全（二）	1.学习预防地震、台风、雷电的相关常识。 2.学习防高压电触电的知识。	1.组员互相分享各自收集的有关地震、台风、雷电的知识，认识其中存在的安全隐患。 2."共同探讨，快乐分享"。引导组员共同探讨预防地震、台风、雷电的知识，分享灾难中施救、自救、逃生的方法和技巧。 3.穿越"死亡电网"游戏体验。 4.回顾本节内容，通知下节活动时间与内容。
第五节	相见时难别亦难	1.检验小组目标实现情况。 2.巩固小组成员的进步。 3.憧憬美好未来。	1.引导组员回顾整个小组活动内容，并了解小组成员对安全知识的掌握情况，面对安全事故时自救和救人的方法和技巧掌握情况。 2.引导回顾小组活动的所有学习内容，巩固小组成员在小组活动中所掌握的安全知识和自救及救人的方法和技巧。 3."命运女神"游戏。引导组员关注未来，憧憬未来。 4.宣布小组活动结束，合影留念，并鼓励组员积极参与其他活动，寻求其他支持。

8.评估方法

本次小组活动主要通过问卷方式，多角度开展评估。具体为以下几个角度：（1）小组组员对小组的评估；（2）督导对小组整体情况的评估；（3）其他同工对小组的评估；（4）试点单位对小组的评估。

第四节　案例3.预防未成年人违法犯罪小组活动

一、活动背景

近几年来青少年违法犯罪率居高不下，已引起各地政府的高度重视和社会的广泛关注。青少年是国家的未来，是家庭的希望，青少年健康成长直接关系到社会的健康发展与稳定。受社会大环境影响，优兰发公司"四点钟学校"的学员上下学也存在安全隐患，同时这一年龄段的学员具有好动、青春期骚动等特征，打架斗殴、随意攀爬、玩火、泡网吧等现象时有出现。很多学员家长是公司里的工人,大多为双职工,较难有足够的时间关注社会安全对孩子的影响,也缺乏专业能力引导孩子解决成长面临的问题。为此,应加强对学员进行安全知识、法律知识、青春期知识教育,引导学员认识自己,安全玩乐。开展以"预防未成年人违法犯罪"为主题的小组活动应运而生。

二、理论支持

本次小组工作的专业理论支持包括勒温团体动力学理论、马斯洛的需求层次理论、"人在情境中"的理论、社会失范理论。前三种理论在第二节已有阐述,这里介绍一下社会失范理论。该理论的主要代表人物有迪尔凯姆、默顿等,该理论认为在社会转型时期,由于社会某些方面的失控或不适当控制,从而导致社会失范,即社会规范本身出现混乱或冲突,导致具体的个人失范或越轨行为的发生,越轨行为可以分为违俗行为、违德行为、违规行为、违法行为。其中违法行为危害最严重,是社会成员所不能接受的。为此,应通过社会控制,主要是通过文化手段和社会手段,引导和制约个人和集体行为,以维护社会秩序。

三、活动基本情况

1. 小组性质:成长性、发展性
2. 服务对象:优兰发公司"四点钟学校"学员
3. 参与人数:15 人
4. 活动时间:2014 年 10 月,共 4 节
5. 活动地点:优兰发公司"四点钟学校"教室
6. 活动目标:(1)通过小组活动,为成员建立一个相互支持的朋辈团体,营造良好的团队氛围;(2)让组员正确认识网络带来的影响,辨别真假,培养抵制各种不良诱惑的自觉性;(3)让未成年青少年意识到生命的珍贵,珍视生命,不做违反交通规则的事情;(4)伴随小组活动的开展,提高青少年群体辨别是非的能力以及培养其树立法制安全意识。
7. 活动的具体过程:
(1)筹备工作:在开展小组活动之前,主要做好活动策划、招募志愿者、宣传发动招募学员。
(2)第一节活动:快乐相识。首先,社工帮助组员建立一个新的团体关系,并对于新团体制定新的小组规则,通过小组规则约束组员的行为。其次,为了让新组员间相互熟悉,形成凝聚力强的团体,社工组织组员通过接力赛跑的形

式增加彼此间的交流与互动,同时增强团体的凝聚力,以达到小组间破冰相识、增进情感的目的。

(3)第二节活动:网络安全教育。社工请到了两个志愿者,扮演真假美猴王,通过学员喜爱的方式,呈现出社工想表达的主题。《西游记》是每个孩子都熟悉的故事,孙悟空更是每个孩子心中最喜爱的角色之一。志愿者通过扮演美猴王,演绎《西游记》中"真假美猴王"片段,让学员明白网络虽然如同美猴王一样是大家所喜爱的东西,但是也要注意辨别其中的真假、好坏。然后通过讲解,让学员明白网络用得到的地方有很多,比如打游戏、看视频、找资料、看书籍等,网络无奇不有、五花八门,容易让人沉迷其中。因此,一方面要防止自己整天沉迷网络,影响学习生活。另一方面要防止网络诈骗。社工通过列举现实中各种网络诈骗、各种沉迷网络的事例,说明其危害。然后正面说明如何正确使用网络,培养与提高自控力使自己成为网络的主人。如:我们可以通过上网看新闻来了解天下大事,扩充自己的知识,或者上一些学习网站来辅助自己的学习,或者通过网络平台与朋友交流,相互学习、相互促进、互相倾诉、缓解压力。同时,指导学员合理安排上网时间,比如,一天上网一小时,不耽误学习、生活。

(4)第三节:法制知识记心中。社工请来了当地派出所的警员,给学员上法制安全教育课和交通安全常识。因警员身份特殊,其讲授更有说服力、更有影响力,因而学员在听课中,更会集中注意力,记忆更深刻。警员在授课中,通过举身边所见所闻的例子,让学员有亲临其境之感,印象更深。并且通过与学员的互动,提高学员认识,学员积极配合,互动频繁,积极提问,警员耐心解答,取得了较好的活动效果。

(5)第四节:愉快分别。社工组织鼓励学员敢于表达在小组中所学到的知识,勇于分享各自的感受,并且征求组员关于本次活动的看法,提出意见和建议,为下一次小组活动积累经验。

8. 活动创新点

本次活动,采取了"社工＋义工"两工联动形式,以发挥社会资源的重要作用,为本次活动的有效开展提供了很大支持。本次活动,两名扮演"美猴王"的志愿者与警员的义务加入,不仅弥补了人力与能力上的不足,同时以更生动、更形象的形式,以贴近实际、贴近生活的方式传授知识,更能调动学员的学习积极性,让学员的学习更开心、记忆更深刻,从而大大增强了活动效果。

9. 活动成效

本次小组活动受到了媒体的广泛关注,《东南早报》、晋江新闻网分别做了报道,产生了较好的社会影响。同时,在实际生活当中取得了显著的成效。就在该小组活动结束后的第二个月里,该小组成员中的一对姐妹就遇到了小组活动第三节中警员提到的"如何面对陌生人"的情况,引起了警惕并机智处理,化解了社会风险。姐妹俩姐姐读五年级,妹妹读一年级。有一次放学,一个陌生人靠近姐妹俩,想要在人群中带走妹妹,姐姐拉着妹妹,不让她离开,而妹妹却拒绝不了陌生人的诱惑。姐姐努力劝阻,并紧紧拉着妹妹的手,硬是把妹妹带回家。姐姐在"四点钟学校"回忆这件事的时候,说"警察叔叔来上课时说'不能跟陌生人走',所以那时才特别警惕,赶紧把妹妹带回家"。

四、案例评估

(一)经验总结

本次小组活动,取得了较好成效,其主要经验在于:一是此次活动采取了讲授与游戏相结合形式,既传授了知识,又活跃了气氛,调动了学员学习的积极性。在讲授方面,有社工向学员讲解小组活动的意义、目的,邀请当地派出所警员为学员讲解安全知识等。游戏活动方面,有社工组织的接力赛、志愿者扮演"真假美猴王"片断等,两种形式的结合,满足了不同年龄学员需求,适应了不同年龄学员的理解力。二是此次活动采取了"社工+义工"两工联动形式,既发挥了社会资源的作用,又弥补了社工人手和能力的不足。比如志愿者表演"真假美猴王",生动、逼真、有趣。警员通过自己所见所闻所知,向学员传授安全知识、法律知识,更具真实性、感染力、说服力。

(二)问题与反思

本次小组活动虽然取得了不错的效果,但是也有一些问题需要注意:

1. 纪律性不够。学员有时不守规矩,有些环节无法有序进行。虽然在活动之前有制定小组规则,但活动过程中执行不力。建议:小组活动制定的规则应更加规范细致,同时活动中要督促学员执行、坚守。

2. 学员的流动性比较大,每节小组活动来的人数都有变动,影响学习的连续性和有效性。今后在活动之前要加强宣传力度和纪律制度,争取得到家长配合,招募更多的学员参加,保证学员出勤率。

3. 最后一节学员分享的环节还是比较薄弱,效果较差。学员分享积极性不高,不敢表达自己的想法,不善于分享所学。今后要改进方式,提高学员表达能力,引导和鼓励学员敢于和善于分享学习经验。

第九章

儿童社区工作与"四点钟学校"案例

第一节 儿童社区工作的基本知识

一、儿童社区工作概念和问题

儿童社区工作是社区工作的重要领域。社区工作最早始于19世纪的英国和美国的慈善组织协会运动,社区工作是以社区民众为服务对象,运用社区民众自动自发、自行诊断原则和技术,了解社会问题及需求,动员社区相关资源,配合外力的协助,以解决社区问题,满足社区需求,促进社区居民福利和社区健全发展的一项社会工作服务方法。[①] 儿童社区工作起源于20世纪40年代的社区教育,儿童社区工作是以调动包括儿童在内的社区居民参与为重点,以营造社区内儿童健康成长发展环境,引导儿童在力所能及的范围内与社会互动,动员一切社会资源,服务于少年儿童,促进社区健康发展的一种社会工作服务方法,[②]是"让孩子开心、让家长放心、让社区称心"的重要平台。

儿童社区工作的主要特点在于:一是社区是儿童社会工作的平台。即从建设社区和发展社区的角度入手,来解决儿童生存和发展问题。二是分析问题和解决问题更具社会性和综合性。儿童社会工作重视社区环境与制度对儿

---

① 陆士桢,等.儿童社会工作[M].北京:社会科学文献出版社,2003:289.
② 陆士桢,等.儿童社会工作[M].北京:社会科学文献出版社,2003:289.

童的社会功能的影响,强调政府和社区对于解决儿童问题的责任。它不仅要解决物质、制度、机制等方面的问题,还要加强社会意识、思想观念的培育,因而具有较强的社会性和综合性。三是体现了现代社会自治精神和权利观。儿童社区工作既倡导通过自己的努力解决儿童生存发展问题,体现了自助、互助和自决的现代自治精神,同时也重视政府责任和决策的重要性,传递了现代儿童权利观。

二、儿童社区工作的程序和要求

社区工作是一个解决社区问题、满足社区需求的连续过程,一般可以分为:准备阶段、启动阶段、巩固阶段和评估阶段。在儿童社区工作中具体表现为以下过程:[①]

(一)调查研究

这是进入社区开展儿童工作的第一步,是解决社区儿童问题的基础。其主要任务是:(1)了解社区的类型。不同社区类型对儿童社区工作的影响极为不同,因而要重视这方面的工作。概要而言,社区类型从纵向看可分为:传统社区、发展中社区、现代社区。从横向看则可分为:法定社区、自然社区、专业性社区和精神社区(如宗教社区)。社工应深入社区了解,以掌握社区所属类型。(2)了解儿童所面对的问题。解决儿童面临的主要问题是儿童社区工作的具体目标。社区儿童问题是多方面的,有物质的,如贫困;有精神的,如认知问题、心理问题;有生存问题,如残障、家暴、安全等;也有发展问题,如学习问题、不良社区文化环境等。社工应深入调查,认真分析,准确判断。(3)了解社区可用资源。社区资源是儿童社区工作有效开展的必要条件,社工应努力挖掘,充分利用。社区资源包括人力资源、区位资源、组织资源、社会网络资源、文化资源等。

(二)建立专业关系

社工与社区儿童工作对象建立专业关系是儿童社会工作者进入社区工作的关键阶段。社区儿童工作对象主要是指儿童的家长、与儿童有关的代表人士,各类社区机构和团体。儿童社会工作者通过开展服务活动、探访重要人物等方式,加强与服务对象的联系与交往,增进双方的了解和认识,促进相互支持。

---

①　陆士桢,等.儿童社会工作[M].北京:社会科学文献出版社,2003:297-301.

（三）制订工作计划

一个完善的社区工作计划应包括服务内容、服务对象、资源的争取、实施步骤等方面。儿童社区工作计划是针对社区内儿童的综合服务。服务内容是多方面的,有动员社区资源,如兴建托儿所、幼儿园,以代替家庭抚育功能;有开展家庭服务介绍所,如以解决双职工家庭照顾孩子的困难;有开设小学生托管班;等等。服务对象也是多种类型的,既有对正常成长儿童的服务,也有对失足青少年的矫治服务,更有对残障儿童的服务等。

（四）组织社区服务活动

儿童社区工作是通过组织社区服务活动来实现的。社区服务活动形式一般有:家长会、亲子活动、主题活动等。社区里开展儿童服务活动,一是要具备一定的要素,如宣传教育、协调机构、社区组织等。二是活动内容应体现儿童特征。以主题活动为例,主题的选择最为关键,社会工作者必须在充分了解国内外政治社会形势和形态,了解国内外少儿教育最新发展,了解社会风气对儿童的影响等信息的基础上选择活动主题。

（五）儿童社区工作成效评估

儿童社区工作成效评估内容包括以下方面:一是直接成绩的评估。主要是指具体工作项目的总结和成绩分析,如建立托儿所,建成后需要对其主要功能、服务容量、财务支出等方面进行考察评估。如主题活动完毕时,社工应请参加者填写意见表,收集参加者对主题性服务成效的意见。社工还需撰写评估报告,以检查工作成效。二是对社区整体儿童发展影响的评估。即要对其综合效应、直接影响和长远影响做出评估。三是对社区其他工作的影响。包括对社区政治、经济、文化及生态等方面的影响。

三、儿童社区工作的主要模式

在儿童社区工作中常涉及的主要是以下三种模式:

（一）地方发展模式

该种模式是社区社工协助社区成员分析问题,发挥社区居民自主性,鼓励社区居民通过自助和互助解决社区问题的社会服务模式。此种模式在儿童社区工作中的运用体现为发动居民广泛参与,开发居民参与潜能,构建社区自我发展的良性机制,促进社区儿童发展。社区工作者扮演"促成者""协调者"或者"教育者"角色。比如发动居民筹建社区儿童之家。

（二）社会策划模式

该种模式是在了解社区问题的基础上,依靠专家的意见和知识,通过理性、客观和系统化的分析,对解决社区问题的过程和方法进行计划的工作模式。制定方案、执行方案、评估结果是这种模式的主要环节。社工充当方案制定者和执行者的角色。这种模式在儿童社区工作中的运用主要在于促进社区树立正确的儿童权利观念,建立服务儿童的社区机制。

(三)社区照顾模式

该种模式是社会工作者依靠正规服务(如政府、福利机构)提供支援与设施,动员社区资源,运用非正规支援网络(如非政府组织、志愿者等)让需要照顾的人(如老人、儿童、残障人士等)在家里或社区中得到照顾,过正常生活的社会工作模式。社区照顾模式服务对象主要是老、弱、病、残。这种模式在儿童社区工作中的运用主要面向社区全体儿童,依靠正规服务、争取非正规服务,利用社区资源,促使需要照顾的儿童在社区里得到照护,促进社区儿童健康成长。

四、儿童社区工作的主要技巧

社区工作在于解决社区问题,满足社区需要,要求社会工作者需协助社区建立社区组织、社区支持网络,开展社区教育,等等,因而是一项综合性服务工作。社区工作技巧涉及调查技巧、社区组织技巧、社区教育技巧、发展社区支持网络技巧等。具体运用到儿童社区工作的主要技巧有三:[①]

(一)调查分析技巧

社区儿童工作调查技巧可以借鉴社会调查技巧,即通过亲身观察、访谈、访问等方式了解社区及其儿童情况;通过文献分析,掌握儿童政策和法规,了解社区儿童问题状态。

(二)建立专业关系的技巧

儿童社区工作者与服务对象,或与儿童工作对象建立专业关系也需要运用相应技巧,其中重点是接触(居民、政府、社会团体)技巧、访谈技巧等。

(三)动员、组织和活动的技巧

这里着重强调三方面内容:一是在活动内容和形式上,应生动活泼,具有趣味性、教育性、科学性、针对性,以调动儿童和社区居民参与的积极性。二是调动争取各种可用资源。社工应尽量争取政策支持,调动社会各界人力和物力,为儿童成长提供尽可能多的有益的资源。三是挖掘社区内的各界精英。

---

① 陆士桢,等.儿童社会工作[M].北京:社会科学文献出版社,2003:302-305.

包括社区内的领军人物、行业精英等,发挥他们在社区工作中的榜样作用。

第二节　案例1:华泰社区暑期快乐营社区活动

一、活动背景

本社区具有丰富的资源。本次活动选点在晋江罗山街道华泰社区,本社区占地面积 613 亩,总建筑面积 60 万平方米,现居住人口 2000 多户、7000 多人。社区先后荣获晋江市"绿色社区"、泉州市"绿色社区"、晋江市"文明社区"、泉州市"文明社区"、泉州市"十佳和谐社区"、"罗山街道综治先进单位"等多项荣誉。社区至今举办过四届暑期快乐营活动,组建了一支 48 人的义工服务队,其中 38 人为义工老师,10 人为妈妈义工团队员,累计服务 2715 人次,义工服务达 267 次,其中户外活动 15 次,社区活动的社会基础较好。

本次暑期社区活动目的在于:一帮助解决暑假家庭孩子无人看护的问题。二是丰富社区内少年儿童暑假文化生活,引导社区内少年儿童形成健康积极心态,树立安全意识,促进社区内少年儿童全面发展。三是增进社区人员对社区内少年儿童的了解,促进社区少年儿童之间的交流互动。

二、理论依据

1. 马斯洛需求理论

美国社会心理学家亚伯拉罕·马斯洛认为,人类的需要是分层次的,从生理需要、安全需要、社会交往需要、尊重需要到自我实现的需要。少年儿童随着年龄的增长,安全需要和社会交往需要逐渐凸显。本次暑期社区快乐营活动,一方面,一定程度上规避了少年儿童暑期因家长无暇照顾而可能产生的种种安全问题,满足了家长和孩子的安全需要。另一方面,也扩大了孩子交友圈,满足了儿童青少年社会交往的需要。

2. 社区治理模式

社区治理要求社区组织、社区公民与政府共同承担社区建设的责任,即多元主体共同参与对社区公共事务的管理。少年儿童的安全管理,政府和社区责无旁贷。社区工作是以社区为服务对象的社会工作方法,社工通过整合社区资源,组织社区人员参与集体行动,合力解决社区问题,促进社区和谐与发展。社区组织与人员在参与社区公共事务管理过程中建立起对社区的归属感,并培养起自助、互助和自决的精神和能力。本次社区暑期夏令营活动,通过整合社区资源,引入社会资源,如社区义工老师服务队、妈妈义工团及社区志愿者,社区场地、设备等物质资源,暑假高校大学生志愿队伍等;通过社区内外资源有效整合,合力解决社区少年儿童安全管理问题,促进社区的和谐与进步,提升社区自我管理能力和社区少年儿童素质。

三、服务内容

本次暑期快乐营系列课程活动内容包括:辅导社区儿童青少年完成暑假作业、安全教育、培养兴趣特长、传承传统文化、法制教育、培养环保意识等(详见表9.1)。

表 9.1　华泰社区 2014 年暑期快乐营课程表

课　程　表					
		星期一	星期二	星期三	星期四	星期五
上午	1(8:30—9:30)	经典诵读	晨读/书法	晨读/书法	国画	跆拳道课
	2(9:40—10:40)		暑期作业辅导	暑期作业辅导	暑期作业辅导	
	3(10:50—11:30)	英语口语	探索发现	闽南童谣	手工坊	绘画
午　休						
下午	4(3:00—4:00)	影视赏析	绘画	心理课	围棋	活动课
	5(4:10—5:10)		安全教育	奥数班/体艺班	法制教育	活动分享课
	6(5:20—5:45)	社工游戏		社工游戏		"我爱我家"清洁行动

四、服务过程

(一)准备阶段

1.制定暑期快乐营方案。

2.在社区内招募爱心义工老师,并与高校大学生志愿服务队进行分工对接。

3.组织社区范围内学员报名,建立学员档案,建立华泰社区暑期快乐营QQ群,并邀请学员家长加入。

4.做好课程安排设置和课程审查,聘请课程教师,制作对应快乐营营员证件卡、家长接送证等。

5.完成快乐营场地布置,包括桌椅、展板、黑板、投影仪、屏幕。

(二)活动基本情况

1.举行启动仪式。举行启动仪式的目的在于宣传本次活动项目,同时让与会人员了解本次活动的内容和管理制度,让参与本次活动的人员相互见面,为整个项目活动的开展作铺垫。

2.本次活动时间与规模。本次活动历时近两个月,从7月8日至8月26日结束。预计招收50人,实际招收53人。从活动开展到结束,学员和义工服务队人数共达101人。

3.本次活动共两期。第一期时间为7月8日至7月28日;第二期时间为7月29日至8月26日。开课时间为周一至周五上午8:30～12:00,下午15:00～18:00。每个学员只能参加一期。

4.每天的课程活动中,社工及时将活动情况的照片发到群里,让家长能及时了解学员们的动态。

5.闭营仪式。每期活动结束后,快乐营组织一次闭营仪式。闭营仪式既是对学员暑期快乐营进行总结和展示,也有意组织亲子活动,增进亲子关系。第一期学员闭营仪式于7月26日在华泰社区居委会举办,共有38人出席。闭营仪式内容包括四部分:第一部分为游戏互动。让家长与学员在游戏中体会乐趣,又在游戏中拉近距离。第二部分为颁发奖状。在3个星期的亲密相处过程中,社工根据学员的表现情况给予"智慧之星""才华之星""魅力之星"等相应的奖励。第三部分为水果拼盘。该活动过程中,社工特意要求家长和学员共同参与,鼓励家长和孩子一起挑选水果及完成拼盘,让他们在挑选和完成的过程中培养亲子默契。第四部分为自助餐交流。社工提前通知家长在家准备一道拿手小菜带到活动现场,让大家品尝,这不仅可以让家长和学员们品尝到了可口的菜肴,更为学员家庭之间提供了互动的平台。

6.活动小结。整个暑期快乐营活动结束后,社工要组织一次总结。活动总结包括汇报演出和材料整理。汇报演出的参加对象除了两期快乐营的成员外,还包括家长、社工组织负责人、社区代表及政府有关部门(晋江市民政局、晋江市团委、晋江市妇联)人员。材料整理要求对整体活动开展情况及时进行总结反思,保存好相关材料及暑期快乐营活动照片,以作为下次开展相应活动的参考。

五、服务特色

(一)尝试建立"妈妈义工团"

社工尝试联络社区内少年儿童家长,共同组建一支专门服务于快乐营学员的"妈妈义工团",使家长们能够一同参与到孩子们每周一次的户外活动课程中来,在加强亲子间交流互动的过程中,也提高了户外活动课程的安全性。

(二)充分利用社区师资资源

本次快乐营活动充分利用本社区内部师资资源,课程老师有社区内来自台湾的经典诵读老师,相关培训机构老师、离退休教师、幼儿园教师、老年大学的国画老师,等等。

(三)引入暑期大学实习生和志愿者

在安全教育、户外活动课等课程中,有中国农业大学和泉州理工学院的暑期社会实践队的同学们参与进来。大学生的参与,为快乐营带来了新鲜血液,增添了活力。他们生动活泼的表达与表演,增进了社区少年儿童的学习兴趣。

(四)制作学员个人证件以及家长接送卡

这不仅使学员与学员之间、老师与学员之间能尽快熟悉,也进一步保证了学员的上下课接送安全。

六、案例评估

(一)经验与成效

1.通过暑期快乐营活动,实现了活动的基础目标。一是为学员提供了安全活动平台,解决了学员家长对孩子安全的担忧。二是帮助学员完成暑期作业,巩固加强了学过的知识,也为新学期入学打好知识基础。

2.通过暑期快乐营一系列课程学习,拓宽了学员的视野,培养了学员兴趣,帮助学员发现自己的长处,并引导学员树立积极向上的世界观、价值观和人生观。比如:通过带领学员前往晋江博物馆参观,使学员增进了对晋江优秀文化的了解,也更能体会晋江人爱拼会赢的拼搏精神;通过家园清洁行动,体会清洁人员的辛苦,明白环境的整洁离不开每一个人的付出,环境的整洁让每一个人都是受益者,有助于树立环保意识;通过来自台湾的4Q知识成长营,使学员们接受了系统的智商、情商、道德商数、逆境商数的学习培训,以更好地促进他们今后的学习和生活;通过到爱心格子铺的爱心捐献,培养了学员爱心,也传递了社会正能量;通过启睿机器人中心之行,激发了学员创新探索意识和动手实践能力。

3.通过暑期快乐营,整合和发挥了社区资源的作用。充分发挥社区义工老师的作用,如:国画知识来源于社区居民曾菊康老人;绘画课、手工课、武术课、闽南童谣知识来源于华泰社区双语汉唐幼儿园的老师;国学、4Q成长班由社区居民引荐的台湾吴进雄老师授课;科普知识(机器人篇)由社区启睿机器人机构,等等。充分发挥社区义务服务队的作用,快乐营暑期活动期间组建了一支 48 人的义工服务队,尤其是其中的"妈妈义工团",这是一支专门服务快乐营营员的义工队,成员都是由营员妈妈组成,其中一位护士妈妈还踊跃担任起整个快乐营的医护工作。妈妈义工团积极参与暑期快乐营活动,不仅增进了亲子交流,提高了营员的学习效率,也提高了外出活动的安全性。

4.通过暑期快乐营活动,推进社工元素的传播。本次活动根据成长营营员的爱好和特征设置了"缤纷暑期·快乐成长"成长小组、"中华美德伴我行"提升小组、"静心一夏"心理健康小组、"我爱我家"小志愿者活动、"春蕾计划·护蕾行动"专题讲座等,开展了小组工作,推进了社会工作理念的传播。

5.通过暑期快乐营活动,增进了社工对学员的了解,以利于今后"四点钟学校"更好地开展社工工作。暑期快乐营活动,使社工有更多的时间接触学员,在更多的事情上观察学员,因而能增进对学员的了解,从而有利于社工帮助学员克服不良思想和行为习惯,有利于帮助学员改进学习方法,提高学习效果。

(二)问题与建议

1.问题:一是成员不遵守纪律,课堂吵闹现象较严重;二是招收人数偏多,不利于活动的开展;三是营员年龄跨度大,活动成效受影响;四是课程安排过满,缺乏自由活动时间;五是有一部分营员是老成员,对安排的常规课程不感兴趣;六是物资管理不到位,由于学员的人数较多,尤其以男孩子偏多,对于一些物资,例如围棋、象棋、文具、书籍等的保护意识不足,出现了不同程度的损坏;七是由于人手较为不足,个别学员的不良情绪无法被立即察觉,而是通过与家长的交流才能获悉。

2.建议:一是活动之前要制定一整套规章制度,活动过程中要求学员严格遵守。二是控制规模。应根据工作人员管理能力,控制参与的总人数和活动班级人数。三是在分班时,同一班的年龄跨度不能太大。四是每期活动时间不宜过长。每一期可以定为半个月时间左右。如果是用一个多月时间集中完成,无论是对于社工或学员来说都过于劳累。五是课程不能安排太满,过密集的课程安排使小朋友们过于辛苦而产生抵触不满的情绪,影响其学习积极性。每周可安排两个半天的自由活动。六是制定适合小朋友们的教学方式。可以组织老师们进行探讨,研究合适又新颖的教授方式,以吸引小朋友们的注意力,提高课堂效率。七是链接更多不同的资源。既有社区内的,又有社区外的资源,让小朋友们接触到新事物。八是社工应与家长经常保持联系,以及时发现和解决学员存在的问题。

第三节 案例2:华泰社区"学雷锋,见行动"活动

一、活动背景

雷锋精神是我们中华民族宝贵的精神财富,它激励着一代又一代的儿童青少年健康成长,促进了社会的文明进步。2014年3月5日是第51个"学习雷锋日",为弘扬雷锋精神,推动社区"学雷锋"活动深入开展,激发社区居民和增进社区"四点钟学校"的儿童青少年的主人翁意识、关爱他人、关心集体、奉献社会、爱护环境的思想风尚和良好行为习惯,华泰社区"四点钟学校"在3月份组织开展了以"从我做起,从身边的小事做起"的"学雷锋,见行动"为主题的系列活动。

二、理论基础

(一)环境保护主义

这是西方国家自20世纪60年代兴起的社会思潮,并已经发展成为最深入人心的全球性运动之一。本理论认为:应保护地球环境免遭破坏,补救现代文明产生的物质主义、享乐主义、道德沦丧等弊端造成的不良影响,克服现代人的心态危机,重视个性完善和灵性发展,追求具有生命意义的生活方式,这是一项新的文明的进化。环境保护从基层做起,社区是社会的细胞,环境改善与社区工作有着天然的联系。创建绿色社区是保护环境应有之义。节约能源、尽可能减少资源的耗费,减少对环境的污染则是创建绿色社区的重要内容。

(二)社区发展理论

随着社会经济发展走向市场化、城市化、现代化,人口流动已成常态。在经济社会发展较快的地区,社区的流动人口大大增加,人口结构也越来越复杂。随着政社分开改革的不断推进,计划经济时期政府越位承担的大量社会管理、社会服务职能开始从政府中剥离出来,还给社区,还给社会。这就大大拓宽了社区的工作面,丰富了社区的工作内容,也恢复了社区的功能,提升了社区的地位。现代社会里,社区应成为社区居民的自治组织,成为社区居民交流、互助的重要平台。

三、活动基本情况

1. 活动目标：通过社区志愿者践行学雷锋精神，发挥先锋模范带头作用，树立"奉献、友爱、互助、进步"的时代新风，将雷锋精神落到实处，同时引导社区志愿者争当现代"活雷锋"，进一步促进个人与社区的融合。通过开展本次学雷锋系列活动，整合社区内的各种资源，使各种资源之间达到互补，促进社区的和谐与进步。

2. 参加对象：社区青少年儿童、青年志愿者、社区居民。

3. 活动时间：为期一个月（雷锋活动月），共五节次。

四、活动过程

（一）宣传准备

1. 社区安排一名工作人员协助"四点钟学校"专职社工为本次系列活动进行宣传，包括网络宣传、横幅制作、海报宣传等。

2. 由"四点钟学校"专职社工负责写新闻通稿和现场照相。

3. 由社区工作人员及专职社工负责活动资料的收集和整理。

4. 后期宣传，每个系列活动结束后，撰写新闻稿并发布。

（二）前期准备

1. 由"四点钟学校"专职社工和社区负责人沟通此次系列活动内容，以便后面统一安排工作。

2. 由"四点钟学校"专职社工组织社区居民、青年志愿者对本次活动进行报名，控制参与人数。

3. 由"四点钟学校"专职社工对本次系列活动的工作人员的分工、活动内容的安排、活动总体把关和过程进行控制。

（三）活动内容

本次活动开展了"了解雷锋精神""爱心献妈妈""爱心献地球""学雷锋，从自身做起"等系列活动，通过开展学雷锋志愿服务活动，大力营造"弘扬雷锋精神，奉献爱心"的浓厚氛围，在全社区内弘扬雷锋精神，引导广大儿童青少年在奉献中体现作为，在付出中提升境界，在实践中传播文明，为创建和谐社区做出新贡献（详见表 9.2）。

表 9.2　华泰社区"四点钟学校"——"学雷锋,见行动"活动

活动内容	目标	时间安排	所需物资	备注
"了解雷锋精神" 组织学员学唱"学习雷锋好榜样"的歌曲; 组织学员书写学雷锋标语、分享雷锋故事、摘抄雷锋日记; 组织"四点钟学校"志愿者进行"家园清洁"活动。	营造学雷锋氛围,进行"雷锋月"活动动员	2014 年 3 月 1 日—2014 年 3 月 7 日	雷锋歌曲、雷锋故事、雷锋日记等材料,作业纸和笔	3 月 1 日学唱雷锋歌曲、读雷锋故事;3 月 4 日分享各自心得;3 月 7 日摘抄雷锋语录上交。
"爱心献妈妈" 以三八妇女节为教育契机,为妈妈写一封信、制作一张贺卡、唱一首歌或献花; 布置家庭作业:为妈妈做一件力所能及的事,并请妈妈填写反馈信息卡。	学会感恩,学会理解	2014 年 3 月 8 日	信封、信纸、贺卡制作材料、反馈信息卡	
"爱心献地球" 1.以"植树节"为契机,写一条环保标语或画出心中的地球,并进行环保标语评选比赛。2.带学员外出植树、捡垃圾、绿化社区环境等。	培养环保意识,引导志愿者学会团队协作,培养团队集体感、荣誉感	2014 年 3 月 11 日—2014 年 3 月 12 日	作业纸、马克笔	
"爱心献他人" 开展"爱心连接你、我、他——爱心总动员活动"。以义卖、义捐等形式到格子铺献爱心。	树立志愿者爱心奉献的意识	2014 年 3 月 22 日	义卖或义捐的物品	
"学雷锋,从自身做起" 以座谈、讨论各自学习雷锋珍惜时间、勤奋学习、勤俭节约的体会和今后设想。	学雷锋,从自身做起	2014 年 3 月 29 日	纸和笔	

五、活动效果评估

(一)此次"学雷锋·见行动"系列活动完成较为圆满

经验如下:一是试点单位华泰社区居委会为这次活动的举办提供了活动所需场地和材料经费的支持。二是在活动前做了广泛的宣传和充分的准备。不仅与社区工作人员沟通好,更重要的是与服务对象的沟通好。三是本次活动影响较大。本次活动社区青少年儿童是参与主体,很多社区的志愿者、学员家长也参加,因而对社区影响较大。四是此次活动安排在"四点钟学校"课余时间,不影响学员的学习,因而得到学员和家长的支持。五是本次学雷锋系列活动形式活泼多样。有室内也有室外的,有唱歌、写字、画画、讲故事、手工制作,也有环保活动,献爱心活动,有讨论,等等,在活动过程中以发挥学员主动、主体作用为主,学员参与积极性较高。

(二)所遇到的困难

1.此次系列活动中,除了比较大型的活动参与的人数比较多以外,其他小型活动参与人数比较少,不能达到很好的宣传效果。

2.本次第一节次活动方式,即学雷锋歌曲、讲雷锋故事、抄雷锋日记等传统学雷锋精神的形式陈旧、老套,生硬、教条,很多小朋友不感兴趣,没能很好地理解雷锋精神的实质。

3.由于场地限制,社工人手不足,难以满足更多家长和学员参与的需求。

第十章

学生团体活动及"四点钟学校"案例

第一节　学生团体活动的基本知识

一、学生团体活动及特点

学生团体活动是学生活动的常见形式,是由学生特定团体开展的一次性或系列主题活动。现代学生团体活动融入了社工元素,它是在社工的协助下,以团体为活动单位,以实践或游戏体验、任务讨论、经验分享等形式进行,通过学习生活知识或技巧,提高学生自我认识,促成学生自我实现。通过学生团体间互动,促进学生提高人际沟通能力和团体人际关系和谐,帮助学生实现社会性发展。

常见的学生团体活动类型有:主题活动、志愿者活动、亲子活动、社区活动等。主题活动是指以人际交流、感恩、压力释放、了解当地民风等为主题,增进学员对相关主题的教育和发展。志愿者活动是指组织学员通过担任小小志愿者、探访老人院或福利院孤儿等形式,开展义工或志愿者活动,以促进学员社会意识发展,培养学员志愿精神。亲子活动是指通过组织学员和家长开展亲子互动活动,增进家长与学员的交流互动,促进亲子关系和谐融洽。社区活动是指通过与社区合作,组织学员走进社区、走进居民,促进学员了解社会,扩大社工的社会影响,也为社区发展提供支持。

二、学生团体活动流程及注意事项

为争取良好的工作成效,学生团体活动同样要做好工作流程安排。其工

作流程与小组工作一般流程大致相当,一般有五个阶段:

第一阶段:了解学员需求,确定活动主题和形式。可通过走访、问卷调查、征求教师和家长意见或根据社会形势需要(如重要节日、发生重大社会事件),以确定活动主题及形式。

第二阶段:制订服务计划。即根据主题和活动目标制订服务计划。

第三阶段:学员招募。可通过海报、社区宣传栏、家访等形式招募。

第四阶段:活动开展。

第五阶段:活动评估。可通过问卷评估、观察评估、学员及家长感受、义工反馈等形式,综合评估活动成效。

社工应做好活动前的准备工作。一是活动开展之前应做好全面调研和评估工作,以便策划符合实际的活动。二是充分准备活动所需资源。包括人手、场地、经费、道具等。三是加强宣传和应急准备。活动之前要做好宣传工作,对可能出现的困难和风险要做出评估,并制定应急方案。

后间社区亲子活动计划

一、活动背景与目的。和谐家庭关系是儿童成长的重要社会基础,亲子活动是增进家庭和谐的重要途径,特别是对于双职工家庭,或外来工家庭,由于工作忙,家长陪伴孩子的时间少,交流和沟通少,导致亲子关系的疏离,影响儿童身心健康,因此组织亲子活动有利于增进亲子间的沟通与交流,增进亲子间的情感。为此,我们策划一场社区亲子活动。

二、活动宗旨。增进家长和学员的交流与互动,促进亲子关系的发展。

三、活动主题。温馨家庭,和谐社区。

四、活动情况简介

(一)活动时间:2014 年 7 月 24 日(星期四)

(二)活动地点:后间社区居委会三楼

(三)参加对象:后间社区暑期夏令营营员及其家长

(四)活动项目及规则

1.爱的摸摸

家长 15 人,学员 15 人,将家长分为 3 组,每组 5 个家长,每一个家长带 1 个孩子参加比赛。发令员 1 人,监督员 3 人。道具:5 块蒙眼布。

规则:(1)5 位家长站成一排,半蹲在地上。(2)由其中一位家长的孩子蒙眼过来摸所有家长的脸(家长不可以出声,手要放在身侧,不可以提示),摸对自己家长的孩子,可以得到一个小奖品。(3)角色互换,由家长摸孩子的脸,摸对自己的孩子,也获奖。

活动意义:检验父母与孩子之间的熟悉程度,增加双方之间的默契度以及增进感情交流。

2.爱的抱抱

所有家长和孩子都参加。发令员1人,监督员3人。场地要求:一块空旷的场地。

规则:(1)所有的人围成一个大圈。(2)游戏开始时,播放背景音乐——What Is Dancing。(3)当主持人说出一个数字时,例如说出数字"5"时,5个人就要赶紧抱在一起,落单的人就要被淘汰。(4)最后落单的家长及孩子获一份小礼品。

活动意义:增加父母与孩子之间的互动交流,与孩子间有更多的沟通,增进情感交流。

(五)为孩子和家长颁奖

(六)主持人致辞,活动结束

五、活动过程中的注意事项

为保证活动有序开展,防止意外伤害发生,还应做好如下工作:

(一)事先熟悉活动地点,了解周围是否有安全隐患,若有应及时整改。

(二)做好活动组织工作,明确负责人,保证孩子安全。

(三)随时供应孩子饮水,在活动过程中,安排孩子适当休息。

(四)每项活动比赛之前都有相应的人员作出游戏示范。

第二节 "四点钟学校"学生团体活动案例

一、案例1:竹园社区庆"'五一'我爱劳动"主题活动

(一)案例简介

1.活动背景:"五一"劳动节是教育小朋友热爱劳动的好时机,为了让小朋友了解和懂得尊重他人的劳动,激发小朋友热爱劳动的热情,培养小朋友的劳动意识和劳动能力,2014年4月26日,竹园社区"四点钟学校"联合晋江市青少年基层工作站在周末开展"'五一'我爱劳动"主题活动。

2.活动时间:2014年4月26日上午

3.活动地点:竹园社区广场

4.活动主题:"五一"我爱劳动

5.活动对象及规模:竹园社区"四点钟学校"学员共15人,志愿者2人,社工2人

6.活动开展:社工负责活动方案策划、与社区对接等前期准备和统筹工作。通过在社区"四点钟学校"口头宣传、通知的形式招募学员。活动成员分成两组,分别由社工和志愿者各1人组织带队,以比赛的方式,鼓励学员积极参与打扫社区的草坪和街道。活动结束后,集体合影留念。详见表10.1.

表 10.1 竹园社区"四点钟学校"——"'五一'我爱劳动"主题活动安排

活动内容	目标	时间安排	所需物资
清扫小区草坪及街道	让小朋友在活动中培养劳动意识,学习劳动技能,体验劳动生活的乐趣。	9:00—10:30	镬子10担,垃圾袋10个,一次性手套1包,扫把2把,畚斗1个。由居委会提供。
集体合影	留影纪念。	10:30—1:00	

(二)活动评估

本次活动是一次成长性小组活动,通过组织小朋友参加义务劳动,培养小朋友的劳动意识,很有意义,小朋友做起来容易,也觉得开心。

但本次活动开展过于简单,缺乏专业元素。一是主题目标发掘过于单一。本次活动更多强调"五一"劳动节对培养劳动意识的意义,对于提高小朋友的环境保护意识、维护公共卫生意识等没有充分挖掘。二是准备工作不足。首先策划过于简单,也缺乏专业元素。把一次主题社工活动策划为一次简单的义务劳动,形式老旧,没有新意。其次,事先没有做好思想引导,启发学员对劳动节、劳动意义、对维护公共卫生的认识,因而小朋友对参与这次活动认知不足。第三,招募学员宣传发动不力。本次活动只通过社区"四点钟学校"口头宣传、通知的形式招募学员。形式单一,影响力小;没有做好说服工作,一通了知。因而,出现了"通知的人多,而实际参加的人少"的现象。第四,所需资源准备不足。比如分两组活动,而所用劳动工具并没配备两套,如畚斗才一个。三是活动开展过于简单。主要活动是带小朋友打扫公共场所卫生,缺乏事中的互动、事后的经验分享,社工只起组织角色,其引导者、教育者的角色缺位。

况且也不宜采用竞赛方式,而是应该让小朋友分工合作,在宽松的情境中完成劳动,学习劳动技能,分享劳动的感受。因而这次活动对小朋友的影响极为有限。四是时间安排不合理。劳动时间两个小时,最后半小时安排合影,其实可从中安排半小时让学员交流分享当天劳动感受,安排 10 分钟合影就足够。

二、案例 2:永福里社区"粽香飘千里,爱心传万家"活动

1. 活动背景

每年农历五月初五是我国祭奠爱国诗人屈原的传统节日——端午节。包粽子、吃粽子已成为历史遗留下的纪念屈原的方式和传统习俗。为了更好地发掘、传承和发扬端午节的文化精神,2014 年 5 月 31 日,永福里社区"四点钟学校"协助青阳街道永福里社区居委会在永福里社区的广场上举办了"粽香飘千里,爱心传万家"端午活动,让社区居民、社区"四点钟学校"学员通过包粽子、送粽子,献爱心的方式过端午节,缅怀先贤屈原,继承和发扬优良传统。

2. 活动主题:"粽香飘千里,爱心传万家"活动

3. 活动时间:2014 年 5 月 31 日

4. 活动对象和规模:社区居民、社区"四点钟学校"学员、志愿者、社工,共300 人

5. 活动地点:翠山苑小区广场永福里社区

6. 活动过程

(1)活动准备:

①前期宣传:通过社区"四点钟学校"向学员口头宣传,通过社区宣传栏、微信、QQ 等宣传,通过《晋江经济报》开展宣传活动,以发动学员、家长积极报名,招募志愿者,并争取企业、公司赞助活动奖品。

②人员分工:社工张盈统筹并主持;4 名社工和 4 名志愿者负责 4 个游戏;安排 6 名"四点钟学校"学员、4 名圆爱志愿者负责义捐组织活动,1 名社工负责登记及分类;1 名社工和 1 名志愿者全场负责拍照及工作引导;社区物业人员负责维持现场秩序。

③物资准备:详见表 10.2。

表 10.2　物资及经费预算

所需物资	数量	经费预算（元）	所需物资	数量	经费预算（元）
桌子(借)	10 张	0	相机(自备)	1 架	0
棉布	12 块	30	横幅	1 条	40
香料	10 包	50	海报	1 张	40
棉花	5 包	20	签到表	5 份	0
针	1 盒	5	笔	5 支	10
线(多种颜色)	1 盒	5	蒸笼、锅(大)(租)	1 套	40
剪刀	10 把	40	志愿者衣服和帽子(借)	50	0
五彩绳	2 捆	10	红豆	2 斤	15
糯米	10 斤	40	蜜枣	2 斤	20
粽叶	5 把	50	大碗	5 个	10
粽绳	5 捆	40	调羹	5 个	10
肉	2 斤	30			
总计		320			215
		535			

（2）活动内容及安排

上午,举行包粽子比赛、送粽子活动和游园活动。

包粽子比赛。比赛规则:选手 50 名,每 5 人一组,限时 8 分钟进行比赛,以数量多者为胜。最后评出前 8 名,一等奖 1 名、二等奖 2 名、三等奖 5 名。比赛活动过程主要工作:集合签到、活动开展、合影、后勤处理。比赛活动三道流程:制作香囊、包粽子、煮粽子。两名工作人员在现场给予指导和帮助,事先做出样本,提供参考。

送粽子,献爱心。永福里社区工作人员、晋江市致和社工事务所社工、志愿者部分人员等带着包好的粽子上街送给交警、环卫工人、街头乞讨人员。

游园活动。设计了 4 个小游戏,分别是企鹅漫步、钓粽子比赛、幸福传递、深海拾贝(详见表 10.3)。每个游戏由 1 名社工和 1 名志愿者负责,所有居民均可参加,获胜者即可获得大润发公司提供的小礼品一份,奖品送完即止。活动吸引了众多市民参加。参赛选手至后台报名,工作人员写好小票,选手凭票入场,参赛选手可选其中一个游戏,且只有一次机会。

下午,义捐活动。

义捐活动。在永福里社区举行"爱在我家,真情奉献"晋江市少年儿童庆"六一"大型义捐活动。捐赠物品主要以书籍、文具为主。本次活动总共收到市民的捐赠物品近300件。最后捐给爱心格子铺,作为义卖品捐给贫困人员。

表 10.3　永福里社区游园活动

名称	游戏规则	道具	工作人员分工
企鹅漫步	1. 一名参加者用双腿夹住1个皮球,双手抱2个皮球,站在起点处,哨音响后,将球运至终点处;再从终点以同样的形式将球运回起点; 2.60秒内完成,即挑战成功; 3. 每人只有一次机会。 注:运球过程中若球掉下,需从掉下的位置夹起球继续前进。	皮球3个、哨子1个、秒表(或手机)1只	工作人员2人 (1人维持秩序,1人带领)
深海拾贝	1.参加者手拿筷子,哨音响后,将1号盆中的玻璃球全部夹到2号盆中; 2.30秒内夹完,即挑战成功; 3. 每人只有1次机会。 注:若玻璃球掉到地上,必须重新捡起来放入1号盆中进行。	筷子1双、哨子1个、盆子2个、玻璃球10个、秒表1只	工作人员2人 (1人维持秩序,1人带领)
端午钓粽PK赛	1.每5人一组进行比赛,共3组15人; 2.选手到指定区域内手持钓竿,钓起粽子,90秒内最快将10个粽子钓到脸盆内的选手即为获胜者; 3.每组将胜出1名进入决赛,共3名,决赛按完成时间先后和钓粽数量多少,评出冠亚季军。	钓竿5个,钓钩5个,钓绳5条,粽子50个,脸盆5个	工作人员3人(1人计时,1人带领,1人维持秩序)

续表

名称	游戏规则	道具	工作人员分工
幸福传递	1.哨音响后,参加者需将乒乓球从第一个碗(装水)依次连续吹到最后一个碗; 2.若中途乒乓球跳出碗,则需重新开始; 3.30秒内完成,即挑战成功; 4.每人只有1次机会。	哨子1个、乒乓球1个、桶装水一桶、碗6个、秒表1只	工作人员2人 (1人维持秩序,1人带领)

7. 活动评估

(1)本次活动取得较好成效。本次活动形式多样,场面热烈,引起了学员和居民对活动的热情和兴趣,提高了他们在活动中的积极性。特别是赠粽子及义捐活动赋予节日时代新风貌,让学员亲身感受我国的传统文化,增进他们对民族文化的认同感和自豪感。参加活动的人多面广,扩大了宣传面和影响力。本次活动大部分家长带着自己的孩子参加,因而又是一场增进亲子关系、促进亲子沟通的盛宴,是家长为孩子树立榜样的又一契机。

(2)此次活动较为圆满完成的主要经验。一是与社区良好的沟通,从而得到永福里社区居委会对这次活动的大力支持,为活动提供了所需场地、礼品和材料经费。二是宣传准备充分。本次活动除了社工通过社区宣传,通过电话、微信等方式宣传外,还加强与《晋江经济报》合作,通过该报的广泛宣传,扩大了本次活动的影响力。三是组织工作准备较充分。本次活动不管是人员安排还是物资准备,或是各方协调,都做了较充分准备,特别是招募了志愿者,从而保证了这场规模较大的活动得以按部就班、安全有序地完成。四是活动主题和活动时点的选择合适可行。端午节是社区居民熟悉又有感情的节日,包粽子也是居民家常活,因而得到居民的积极响应,比赛过程也比较顺利。

(3)此次活动存在的问题及建议。一是工作人员安排上考虑不周全。举办活动各主体之间缺乏协调,现场存在有事没人做、有人没事做的情况。二是活动安排不尽合理。一天安排了四项活动,大型活动包粽子与互动游戏在上午同时进行,造成了人手不足。义捐活动则在下午举行,大部分居民都回家了,参与的人少了,影响也小了。三是专业服务不足。本次活动更像是一次普通学生集体活动,社工服务的专业性并没有得到很好体现。为此建议:①活动开展前要加强多方沟通,事先充分做好需求评估。②活动内容时间要合理安排。比如义捐活动也应安排在上午人多的时候,以增加影响力和活动效果,赠送粽子可安排在下午。③事先要做好工作人员的安排,特别是应多招募志愿者。④赠送粽子应注意学员安全,比如安排社工、志愿者和学员合理搭配,以保证学员路上安全。四是加强社会工作专业服务。如可在本次活动结后,组织参加活动的学员回顾、总结、分享这次活动的感受,社工发挥引导作用。

三、案例3."DIY 糖果庆八一,古厝喊你来斗阵"
——华泰社区 2014 年暑期夏令营

(一)案例简介

1.活动背景:晋江五店市街区历史悠久,始于唐开元年间,街区是晋江城区的发源地,建筑特色突出,具有"晋江街区博物馆""闽南文化新街口"的美誉。在城镇化建设中,五店市街区在保留和传承传统市井风情前提下,融入了餐饮、休闲娱乐、特色商品零售、服务行业等现代商业业态,成为晋江市具有现代特色的传统街区。2014 年 8 月 1 日,以"八一"建军节为契机,华泰社区居委会联合晋江致和社工事务所、向阳青少年社工事务所,带领华泰社区"四点钟学校"学员们走进五店市,体验古厝的美妙和现代商业文化繁华,感受晋江丰厚的文化底蕴和独特的城市文化,带领学员走进五店市好来屋食品 DIY 体验店,培养学员动手能力,一起 DIY 糖果庆"八一"。

2.活动时间:2014 年 8 月 1 日下午

3.活动地点:晋江市五店市

4.活动主题:"DIY 糖果庆八一,古厝喊你来斗阵"大型户外活动

5.活动对象:华泰社区"四点钟学校"暑期夏令营学员 27 人、社工 2 人、志愿者 3 人

6.活动参加单位

主办单位:晋江团市委、晋江市妇联、晋江市青少年服务中心

承办单位:晋江市向阳青少年社工事务所、晋江市致和社工事务所、华泰社区居委会、晋江经济报、五店市好来屋食品 DIY 体验店

协办单位:罗山华泰青少年工作站、华泰社区"四点钟学校"

7.活动目的:带领学员们走进具有"晋江街区博物馆""闽南文化新街口"之称的五店市,感受晋江丰厚的文化底蕴、特色商业文化、独特的城市文化。带领学员走进五店市好来屋食品 DIY 体验店,培养学员动手能力,同时,了解"八一"建军节常识。

(二)活动具体过程

1.活动准备:(1)宣传招募。利用电话、QQ、微信、社区宣传栏等平台,向

社区居民宣传;向学员家长发布通知;组织学员及家长在社区"四点钟学校"开展一次集中宣传活动。(2)制定活动方案。(3)组织工作分工。由社工庄雅珊、刘辉负责组织学员、志愿者报名,确定参与活动人数;联系糖果屋等事宜;苏小玲联系车辆安排、活动统筹;洪巧妹负责联系记者、组织活动人员;刘辉、徐喆负责活动当天参与人员签到;小杨负责拍照。(4)与家长签订外出活动协议书。

华泰社区 2014 年暑期夏令营
"DIY 糖果庆八一,古厝喊你来斗阵"大型户外活动
安全免责协议书

甲方:华泰社区居委会

乙方:

一、此次户外活动由华泰社区居委会,致和、向阳社工事务所主办,是民间性质活动,费用均由华泰社区居委会以及参加人员各自承担。

二、此次活动是个人自愿报名参加的活动,如出意外事故,责任均由本人承担。

三、出发前所有参加者必须提供真实的本人姓名和电话号码(以及紧急事件联系电话),签署《"DIY 糖果庆八一,古厝喊你来斗阵"大型户外活动安全免责协议书》,甲方不承担任何法律、经济及一切连带责任。

四、如活动前、中、后发生个人物品的坏损或丢失、与他人冲突、急性疾病、意外事故等,甲方及组织者亦不承担因意外伤亡或个人的经济损失而产生的任何法律责任和相关的费用。

五、该协议生效日期为双方签字日期,协议一经签署立即生效直至本次活动结束。

六、集体活动中参加者必须服从组织者安排,如有特殊情况需要中途离开务必通知组织者,声明自愿离开,离队后的安全、经济及一切连带责任自负。

七、本协议一式两份,双方各执一份。

甲方(盖章):华泰社区居委会　　　　　乙方(签字):

电话:　　　　　　　　　　　　　　　　电话:

日期:2014 年 7 月 30 日　　　　　　　日期:2014 年 7 月 30 日

2. 活动实施过程。下午 3 点,由晋江致和社工洪巧妹、庄雅珊组织学员们前往五店市游古厝。社工一方面组织学员观赏古厝,感受古建筑特点,一方

面向学员们介绍五店市的由来及特色,感受晋江丰厚的文化底蕴和独特的城市文化。随后组织学员前往街区内的好来屋食品 DIY 体验店——福建省内首家糖果 DIY 体验店。到店里后,社工、小学员们纷纷戴上帽子、穿上围裙,在老师的安排指导下,开始 DIY 手工制作属于自己的糖果。糖果制作结束后,社工再向小学员们介绍有关今天这个特殊日子的历史常识,即"八一"建军节的由来及有关历史,并与小学员们一起手拿小红旗,在脸上、手上都贴着可爱的五角星贴纸,营造着浓浓的"中国味",在古厝糖果屋里庆祝"八一"建军节。

(三)活动评估

1. 成效与经验。本次活动主题内涵品位高,内容丰富,其不仅拓宽了学员的视野,增长了学员知识,也是对学员进行的一次古文化的熏陶,同时又培养了学员动手能力,因而受到家长的支持和认同。本次活动取得较好成效,其主要经验是组织工作准备较充分,从宣传招募,到方案策划、工作分工、流程,再到经费预算等都做了比较周全的准备,与具体实施活动出入不大。

2. 问题与反思。一是虽然工作整体较完满,但也存在缺憾,如一些细节考虑不周到,组织工作不规范等。比如:本次活动参加人数较多,但事先只预订一辆出租车难以满足要求,用了两次才将所有人员送到目的地,中间耽误了较多时间;活动时间由上午改到下午,天气炎热,小朋友们有点烦躁,甚至有的小朋友出现抵触情绪;物资安排增购了小红旗、小五星,总经费由 360 元增至 373 元,但矿泉水由两箱改为一箱,参加人数有 30 多人,又是大热天,因而供应不足。二是专业工作不足。由于时间仓促,学员的经验交流、分享等活动无法开展,社工引导、服务工作难以实现。

四、案例 4:崇德小学"四点钟学校"公共安全防范应急疏散演习活动

(一)活动背景

某日在晋江市区发生一起恶性砍人事件。此次事件用血淋淋的事实提醒我们:在公共场合要时刻保持警惕,避免意外的发生。为了提高师生的安全意识,提高自我保护能力,有效控制现场事态和稳妥处置善后事宜,最大限度地减少因生命安全造成的危害和损失,青阳派出所联合晋江市公安局特警大队、曾井社区联防队、崇德小学全体教职工、崇德小学"四点钟学校",在崇德小学开展公共安全防范应急疏散演练活动。

（二）服务计划

1.服务目标:(1)学员:提高学员应对突发事件的防范意识、面临突发事件的反应能力,掌握相关的知识技能,面临危险及时避险能力。(2)教职工:提高保护学生的安全意识,了解紧急救援的方法,有效控制现场的事态发展、稳妥处置善后事宜,提高在公共安全防范工作中的组织、领导和处理应对能力。

2.服务策略:本次活动联合了晋江市公安局特警大队、曾井社区联防队等资源,采用讲解与情景模拟相结合的服务方式。其中情景模拟尤其重要,对学生进行书面性的知识讲解和示范仅仅提供了应对公共危机的基础知识,而危急情景下的反应能力是一个实践性很强的话题,因而必须通过实践中反复操练,方能在危急时刻作出快速避险。因此,适当设置一些场景,演习特定场景下的自救方法,反复多次之后,孩子才能更好地产生动作记忆。

3.服务程序:(1)进行相关安全知识的解答。由警察叔叔教学员辨认安全标志,教育学员在公共场合中不凑热闹、注意可疑人物、跟紧家长等。(2)进行情境模拟。通过情境模拟,巩固教育效果,让师生更加形象立体地了解到具体情况的处理方法。(3)由警官讲解真实发生的案例。(4)反思与讨论。在社工协助下,师生互动,交流和询问、总结和反馈,并就真实的案例及处理进行反思和讨论。

（三）服务计划实施过程

首先由社工与崇德小学校方负责人沟通协商此次活动的主题及意义;然后由校方链接晋江市公安局特警大队、曾井社区联防队等社会资源;在各方面都确定完毕后,再组织学员参与此次活动。活动流程:首先由特警警官为大家讲解应急知识、辨认安全标志,要求学员在日常生活中养成"事先预防"的习惯;接着是情景模拟,巩固教育效果;最后是共同总结反思。

（四）服务成效

此次活动最大特色是情景模拟,通过逼真模拟真实场景,演练公共安全防范应急疏散,不仅让学生了解紧急疏散路线,掌握公共安全防范知识,更使全体教职工进一步了解并掌握应对相关危险事件的行动步骤,明确各自分工和职责,提高教职工防范、自救、合作意识和能力;了解紧急事件避险和救援的程序,提高避险系统的快速反应能力,提高学校应急小组及护校队在公共安全工作中的组织领导和处理应对能力。此次活动的成功开展,不仅对于学生的成长起到很大的教育作用,同时对于教职工在日常生活中的应急危险事件中,也有很大的帮助。此次演练,使全体教职员工树立保护学生不受伤害的责任意识,激发教职员工勇于担当的精神。此次演练也得到了各部门、家长们、师生们的一致肯定。

（五）专业反思

1.活动内容贴近现实需要。认识、应对突发公共社会危机，是学龄儿童社会性发展的重要内容。本次活动对于提高学龄儿童认识社会，学习应对公共危机技能有着重要意义，符合学龄儿童的现实需求，因而激发了他们参与的兴趣和热情，也获得了家长的大力支持。

2.活动形式实践性强。本次活动采取现场讲解、演示和演练相结合的形式，既有知识的传授，又有实践操作，使学员既掌握知识，又学习技能，大大增强了学习效果和活动影响力。

3.在活动前期做好准备工作。活动之前，社工做了一系列详细的分析和评估，预估了学员可能出现的临场发挥或现场无法控制等问题，并与教职工协作研究对策，做好应急预案。

4.充分发挥社会资源的作用。社工积极争取了青阳派出所、曾井社区联防队、晋江市公安局特警大队等社会资源的支持，增强活动效果。同时，邀请了晋江电视台、《晋江经济报》等媒体报道，扩大宣传力度，提高活动的社会影响力。

5.持续性跟进服务。此次活动结束之后，社工还跟进学员的后续活动，定期或不定期对学员进行提醒教育，巩固演练成果。比如在平时的课业辅导中加入更多的自我安全保护知识宣传，曾在课堂播放了《巧虎自我保护DVD》《不懂安全的大灰狼》等动画片，以学生喜欢的卡通形象为主人公，寓教于乐，生动形象，增进学员的安全意识。

五、案例5:竹园社区"户外定向越野周末总动员"

1. 活动背景

为了培养学员空间想象能力、户外活动能力、维权意识和团队合作精神，竹园社区"四点钟学校"在2014年9月28日开展了"户外定向越野周末总动员"主题活动。

2. 活动时间:2014年9月28日下午

3. 活动地点:梅岭竹园社区广场

4. 活动主题:"迷你定向越野周末总动员"

5. 活动对象:社工、志愿者、竹园社区"四点钟学校"学员、竹园社区居民

6. 活动流程

(1)活动准备

策划与分工:由社工林斌龙负责活动方案策划、与社区对接;社工施莹莹负责前期准备、统筹和志愿者安排。

招募及宣传:在"四点钟学校"口头通知学员、电话通知家长、到社区楼道发放宣传单。

制定活动规则:①活动以小队形式进行,每队人数 4~5 人。②活动开始时每队将得到第一张地图,按照地图上的指示找"宝藏"(装有问答题的信封),并按"宝藏"的内容要求完成任务。③每队都有一张地图,全部找完地图上的"宝藏"者算完成任务。活动按完成任务时间长短排列名次。参与者均有奖品奖励。④活动进行中不可半途离场(不能离开竹园小区),要注意个人以及团体的安全,有特殊事情要提前到出发点处报告。⑤活动期间每队成员要互相协作,不能独断专行,表现过激者或不遵守活动规则者可中途被停止参加活动。⑥不遵守工作人员安排者也可被终止参加活动。

物资准备:桌子 1 张、椅子 6 把、竹园小区平面图 30 张、中华笔 10 盒、彩色笔 5 盒、转笔刀 5 支、信封 25 个、问答题 5 式(每式 5 份)。

(2)活动过程

社工事先将装有问答题(维权知识)的信封藏于社区特定角落,接着让小朋友们在广场集合,共有 20 个小朋友,分成 5 个小分队,每队由一名社工和一名志愿者带队,一名家长参与。安排一名社工在出发地看管物资。分给每队一张标有"宝藏"的小区地图和一支笔。接着,社工讲解这场活动的意义及游戏规则。特别强调社工、志愿者或家长起协助和指导的作用,并保障小朋友安全,小朋友是活动主体,要求小朋友要勇于担当。再分发知识材料(内含维权知识),给出 5 分钟时间,让小朋友熟记。宣布活动开始,各队开始去社区各个角落寻宝。最先找到 5 个信封,并回答出信封里面问题的小分队为胜利者。

(3)活动评估

①活动成效及经验。本次活动圆满完成,因形式独具特色,小朋友较为喜欢,所以虽然天气较热,但小朋友很有热情,找到"宝藏"时特别开心。主要经验有:一是试点单位竹园社区居委会为这次活动的举办提供了活动所需场地和材料经费的支持;二是在活动前,社区工作人员和社工宣传工作做得比较到位;三是社区居民积极配合活动开展;四是本次户外活动形式活泼,寓教于乐。社工在设计本次活动时注意目的性、逻辑性、知识性与趣味性相结合,同时活动场地设定在学员所熟悉的地方,使本次活动较为顺利和有效。

②活动存在问题及反思。一是团队没做好合理分工。在活动开始后,有的小朋友坚守岗位,尽职尽责;有的小朋友热心肠,凡事都想一肩挑,几乎想把

所有工作都自己承担下来。但有的孩子会忘记自己的职责,游离在团队之外,顾着自己的喜好,而忽略了自己的团队。由于团体没做好分工,有小朋友各行其是,导致"寻宝"进程慢,错过目标。建议:今后团队活动一定要加强团队分工合作。二是志愿者人数不足。虽然此次活动在于锻炼小朋友们自己独立活动能力,但仍需要社工、志愿者或家长的协助指导,何况本次活动范围较大,参加人数较多,存在安全风险。因本次活动只招了3名志愿者,没能满足5个活动小组每组1名志愿者的要求,影响了活动整体效果。三是游戏规则没有说清楚。出发之前社工讲解了游戏规则,但有些小朋友并不清楚明确,导致活动过程中有些小朋友因不明白规则而无所适从。建议:讲解规则应简单明了,讲完之后还应进一步了解每个学员是否完全明白,应讲至大家清楚为止。

六、案例6:岭畔村"四点钟学校"乐玩陶艺活动

1. 活动背景

素质教育是新时期我国基础教育的核心,而美学教育是素质教育的重要组成部分,陶艺教育则是美学教育的重要内容。陶艺是中华民族的瑰宝,经历了复杂而漫长历史的文化积淀,已凝聚着深厚宏博的中华文化精神,并已成为人类文化的宝贵遗产。陶艺教育有利于培养学生动手能力、想象能力、空间感知能力,陶冶情操,提高学生审美能力和人文素质。晋江市磁灶镇烧制陶瓷已有1500多年历史,磁灶镇岭畔村是磁灶制陶重要发源地,村里保存的宋元时期蜘蛛山窑址、童子山窑址、土尾庵窑址等统称为磁灶窑址,1961年被列入福建省第一批省级文物单位,2006年被确定为全国重点文物保护单位。本次活动,以欢度双节(国庆节、重阳节)为契机,以学习岭畔村传统陶艺为重点,弘扬中国传统文化为主题,极具重要意义。

2. 活动主题:乐玩陶艺,弘扬中华传统文化

3. 活动目标:增长陶艺知识;培养学员的创造力和动手能力;愉悦心灵,提高艺术欣赏水平;感受中华传统文化魅力;展示学员个性、技巧、才艺和心灵世界;向社区老艺人学习,培养尊老、敬老意识。

4. 活动时间:2014年10月12日

5. 活动地点:岭畔村"四点钟学校"附近陶吧

6. 活动对象:岭畔村"四点钟学校"全体学员

7. 举办单位:磁灶镇妇联、磁灶镇岭畔村村委会和老年会、晋江市致和社工事务所、岭畔村"四点钟学校"联合举办

8. 活动过程:一是活动的策划。活动开始前3天社工进行工作准备,包

括场地的布置、游戏背景音乐的下载、器材设备的调试、工作人员调度等。主要任务是方案策划(见附件一)、物资筹备。这项工作面对的难题在于方案主题比较难确定;活动细节难把握;活动所需材料购买来源少。这就要求社工进一步了解活动环境,并掌握更多的信息来源,以利于开展活动。二是活动的宣传发动。利用现有的 QQ、微信、广播等现代媒体,以及传统的口口相传等方式,发动学员积极参与,争取家长支持。三是活动的具体实施。首先做两个简单游戏,调动大家的热情。由社工带领学员玩"桃花朵朵开"和传统丢手绢游戏,活跃了现场气氛。然后社工通过视频向学员介绍陶瓷文化知识。之后,社工组织将学员分为 3 个小组学陶艺:一组跟着老艺人学习捏鲤鱼,另外两组则向其他两位老艺人学制陶器。在老艺人的精心指导下,学员们捏出了有模有样的鲤鱼,学做的陶器也一个个成形。四是结束阶段。大家同唱国歌,共祝祖国好,在开心的氛围中结束了此次活动。

9. 活动评估。本次采用的评估方法是:向学员、老艺人、家长收集反馈意见和建议(见附件二);社工之间经验分享、探讨交流;社工找学员或家长个别访谈等形式。综合各方评价,得出结论如下:一是目标基本实现。通过此次活动培养了小朋友的动手能力、创造力,陶冶了情操,增添课余生活情趣;既感受节日气氛,又学习和弘扬了中华传统文化。二是存在问题:宣传力度不够,出现一些小朋友对活动流程不了解,没能很好配合活动的现象。对活动细节注意不够,比如游戏并不适合所有小朋友,因而有的小朋友不积极参与;社工对整个活动场面的掌握不是很到位,掌控能力还需提高。

10. 专业反思:细节很重要,比如开展活动前应向小朋友就开展的活动项目、活动流程、注意事项等做细致、通俗易懂的解释。现场控制好,能够更好地实现活动效果;合适的传授方式使学员更容易接纳传统文化;经常与学员沟通交流,更易于活动的开展。

附件一　岭畔村"四点钟学校"乐玩陶艺活动方案

1. 活动时间:2014 年 10 月 12 日(周日)

2. 活动地点:岭畔村"四点钟学校"附近陶吧

3. 活动主题:乐玩陶艺,弘扬中华传统文化

4. 主办/承办/协办单位:晋江市妇联、磁灶镇妇联、磁灶镇岭畔村村委会和老年会、晋江市致和社工事务所、岭畔村"四点钟学校"

5. 活动对象:岭畔村"四点钟学校"学员

6. 活动目标:在国庆节、重阳节期间,以岭畔村传统陶艺为基点,举办以弘

扬中国传统文化为主题的活动,目的在于增进小朋友对陶艺知识的了解,提高小朋友动手能力、想象能力,提升小朋友的人文素质。

7.前期准备:方案策划;物资准备:提前制作65面小红旗、布置活动场地,检查需用到的设备。

8.活动内容

活动内容	目标	时间安排	所需物资
热身游戏——桃花朵朵开。游戏规则:小朋友围成一个圈站好,歌声响起后开始绕着圆圈转,听到社工说"桃花朵朵开"时,小朋友问"开几朵?"社工说一个数字,小朋友迅速按照社工说的数字组合,没有组合成功的学员则被淘汰出局,剩下的再继续走,直到音乐停止。	活跃气氛,提高参与活动的积极性	15分钟	
民间游戏:丢手绢	让小朋友在游戏中感受文化,同时引出主题——中国传统文化	15分钟	手绢一条
了解中国陶瓷发展历史,感受陶艺文化	通过PPT或视频的方式让小朋友对陶艺文化有一个初步的了解	20分钟	PPT/视频
"陶艺小天地,重阳国庆同欢聚",向老艺人们学习陶艺文化	由老艺人具体指导制作陶器、捏泥人等	90分钟	泥巴、小木棍、制陶机器、水桶

续表

活动内容	目标	时间安排	所需物资
与陶艺老艺人们一起回忆过去的点点滴滴,同唱国歌	通过老艺人对历史的回忆,增进小朋友对祖国历史的感性认识,提升对祖国的热爱之情	10分钟	小红旗

9. 经费预算

物资名称	数量	单位	单价(元)	总计(元)
布置场地物资及经费				
笔记本电脑	1	台	自带	0
投影仪	1	台	陶吧提供	0
游戏互动物资及经费				
横幅	1	条	80	80
小红旗	65	面	1.5	97.5
手绢	1	条	3	3
相机	1	架	向社工机构借用	0
合计:				180.5

附件二　活动反馈问卷

亲爱的朋友:

您好!为了了解你们对这次岭畔村"四点钟学校"乐玩陶艺活动的满意情况,我们组织了此次问卷调查。此问卷不署名,通过问卷目的在于改进我们机构的服务水平,提高服务质量,衷心感谢您的参与!

请您在认为合适的选项下打"√",或在"＿＿＿"上填写具体内容。

1.您与该社区"四点钟学校"的关系是:

A.学员家长　　　　　　　　B.社区居民

    C. 学员　　　　　　　　　　D. 陶吧里的艺人

2. 您对本次活动的主题和目的的满意度如何?

    A. 很满意　　　　　　　　　B. 比较满意

    C. 一般　　　　　　　　　　D. 不满意

3. 您对本次活动的时间安排的满意度如何?

    A. 很满意　　　　　　　　　B. 比较满意

    C. 一般　　　　　　　　　　D. 不满意

4. 您对本次活动采取的形式的满意度如何?

    A. 很满意　　　　　　　　　B. 比较满意

    C. 一般　　　　　　　　　　D. 不满意

5. 在本次活动中,您自己投入程度如何?

    A. 很投入　　　　　　　　　B. 不是很投入

    C. 不投入

6. 本次活动中,您与同学的关系如何?

    A. 有很好的合作　　　　　　B. 有一定的合作

    C. 有合作,但没做好　　　　D. 没合作

7. 本次活动中,您对学员的表现如何看?

    A. 很满意　　　　　　　　　B. 比较满意

    C. 一般　　　　　　　　　　D. 不满意

8. 下次您还愿意参加类似的活动吗?

    A. 很愿意　　　　　　　　　B. 愿意

    C. 可有可无　　　　　　　　D. 不愿意

9. 您对此次活动有哪些想法和建议?

    A. 很好;　　　　　　　　　B. 时间太短了

    C. _____　　　　　　　D. _____

第十一章

志愿服务与"四点钟学校"案例

第一节　志愿服务与社会工作

一、志愿服务的相关概念和主要问题

（一）志愿服务的含义

志愿服务是来自西方的概念，最早源于宗教性的慈善服务。对志愿服务概念有不同表述，联合国教科文组织的定义是：志愿服务是一种利他行为，是指人们在正式场合中，在一段时期内自愿、无偿地贡献自己的时间和专业技术。香港义务工作发展局定义为：志愿服务是指任何人志愿贡献个人时间和精力，在不为物质报酬的前提下，为改进社会而提供的服务。[①] 虽然表述不同，但本质皆是：志愿服务是指任何组织或个人不计物质报酬，自愿贡献自己的时间、精力和技能等，服务他人和社会的公益活动，其行为具有自愿性、非营利性、公益性的基本特征。

（二）志愿组织的含义

志愿组织在学术界并没有规范、一致的界定。有把志愿组织等同于非营利组织的；有的则界定得比较宽泛，将志愿组织外延拓展至非营利组织之外，

---

① 党秀云．志愿服务制度化：北京经验与反思［M］，北京：国家行政学院出版社，2013：1.

把任何倡导、组织开展志愿服务活动的组织团体都称为志愿组织。本文是一种狭义定义,这里的志愿组织是非营利组织中的重要类型,即是非营利的、以公益为目标,为社会提供志愿服务的组织。

(三)志愿服务的类型

志愿服务活动形式多样,依据学者研究,概括而言可分为以下四类:一是互助和自助。这种类型又可分为社区互助和群体互助模式。二是慈善志愿活动。慈善志愿活动区别互助模式之处在于受益人不是慈善组织内部人员而是之外的第三者。三是参与。即指个人参与一个组织的过程,包括政府组织活动,比如公众参与推动环境保护。四是宣传倡导。指志愿者对志愿行动、先进理念知识、政策、法规等的义务宣传和倡导。

(四)志愿服务的活动领域

志愿服务活动内容几乎遍及人类生活与发展的所有领域。我国学者丁元竹教授认为中国志愿服务活动主要集中在以下领域[①]:一是环境保护。改革开放以来,经济的快速发展,提高了人们的生活水平,与此同时,由于粗放经营,环境破坏污染也日益严重,甚至影响人们的基本生存。因而各种以保护环境为宗旨的志愿组织应运而生,各种形式的志愿保护环境活动此起彼伏。二是社会服务。内容涉及社区服务和社会互助,主要是指社区成员或社会成员彼此互助。三是大型活动。即在各种国际、国内大型活动中,如奥运会等,提供志愿服务。四是社会援助。主要是指为社会弱势群体提供志愿服务,比如妇女援助、失业者援助、儿童救助、重病患者援助,也包括为老区人民、贫困地区人民、灾区人民提供志愿服务等。

(五)志愿服务的功能

志愿服务有着悠久历史,在新的历史条件下,志愿服务发挥着越来越重要的作用,扮演着越来越重要的角色。一是弥补市场和政府的失灵,推进社会有效治理。面对现代社会日益复杂的各种问题,依靠市场与政府的传统治理模式已难以应对。市场既有效率优势,又有公益缺陷;政府则具有公益优势和效率缺陷。虽然两者在社会治理中可以互补,但仍然漏洞百出。而志愿服务则兼具效率和公益优势,因而可弥补传统社会治理的政府与市场的不足。二是缓和社会矛盾,促进社会和谐。现代社会各种社会矛盾迭出,志愿服务组织作

---

① 党秀云.志愿服务制度化:北京经验与反思[M],北京:国家行政学院出版社,2013:9.

为公益服务者及其形象代表,最适合充当政府与社会的中介,以协调两者之间的矛盾,疏导社会不良情绪,缓解社会矛盾和政府压力。三是培养公民意识,提升社会文明水平。志愿服务是公民对社会负责,对他人负责的责任意识的体现。志愿服务在社会的广泛发展,是志愿精神在社会传播和推广的过程。以服务和关爱为理念的志愿精神是公民精神重要组成部分,其目标在于使社会变得更美好。志愿精神是社会和谐的软实力,推进志愿服务是提升公民责任意识和社会文明水平的有效途径。

二、志愿服务在中国大陆的兴起与发展

（一）志愿服务在中国的发展历程

志愿服务理念与行为在中国早已有之,在历史长河中,志愿服务精神逐渐沉淀为中华传统文化的重要组成部分。中华传统文化中的"仁爱"思想、助人为乐、乐善好施的美德与现代志愿精神不谋而合。民国时期志愿服务蓬勃发展,并具有了现代志愿服务的特征。新中国成立以后,国家倡导的"学雷锋""为人民服务"等活动,其精神实质与现代志愿精神也有共通之处。改革开放以来,中国大陆志愿服务得以恢复发展壮大,并向着具有现代特征的志愿服务迈进,而且在社会进步、民生改善中发挥着越来越重要的作用。

（二）中国志愿服务发展现状

改革开放以来,中国大陆志愿服务迅速发展。1987 年,第一条志愿服务热线电话——手拉手青春热线在广州市诞生。1989 年,全国最早的志愿者组织——新兴街道社区服务志愿者协会在天津诞生。1990 年,第一个合法注册的志愿服务社团——深圳市义务工作者联合会在深圳诞生。1994 年,"中国青年志愿者协会"正式成立,极大地推动了全国性的志愿服务活动。进入 21世纪以来,中国大陆志愿服务事业发展迅猛。如果说在 1986 年前的志愿服务发展是公益转型期,1993 年之前是自发探索期,那么 1994 年之后则是组织推进期,2001 年后则表现为多元发展,2008 年则发展为全民参与。目前,中国大陆的志愿服务包括:民政部门发动的社区志愿服务,共青团发动的青年志愿服务,卫生系统发动的医疗志愿服务,慈善系统发动的志愿服务,宗教团体发动的志愿服务等。目前全国已建立超过 43 万个志愿者组织、19 万个志愿者服

务站,常年开展活动的志愿者超过 5000 万人。[①] 服务主要集中在扶贫助困、大型活动、环境保护、社区公益、帮教服务、宣传倡导服务等领域。政府创办的志愿服务组织还处于类政府、半独立、半民间状态。其中,青年志愿服务影响最大,截至 2013 年 11 月底,全国所有的省区市和市地州盟、2763 个县市区旗,以及 2000 多所高校都建立了青年志愿者协会,并建立了 13 万个志愿服务阵地;规范注册的青年志愿者达 4043 万人。[②]

三、志愿服务与社会工作的关系

(一)社会工作的含义

社会工作是一种通过专业知识和技能提供助人的服务来增加个人和团体的人际关系及社会活动功能的职业化服务活动。社会工作是西方市场化、工业化、城市化发展的产物,当前已发展为解决社会问题的制度化手段。改革开放以来,特别是 20 世纪 90 年代以来,社会工作也在中国大陆得到迅速发展。当前社会工作已成为个体和谐通向社会和谐的重要桥梁,加强社会工作已是构建和谐社会的重要内容和手段。

(二)志愿服务发展是社会工作发展的基础和条件

一方面,志愿服务的发展为社会工作发展奠定了群众基础。从西方社会工作发展历程看,社会工作是基于志愿服务发展而来的,社会工作者成为社工之前往往是志愿者,志愿服务是社会工作发展的先导阶段。概括而言,社工的发展经历了从个人奉献的志愿参与到国家政策安排下的职业从事,从凭借个人兴趣爱好而不具备专门知识的兼职人员到经专门教育培训而掌握专业理念和知识的专业人才的发展过程。[③] 因此,社会工作的发展是以志愿服务的广泛发展为社会基础。在中国大陆,改革开放之后志愿服务发展路径则是政府主导的社会工作与志愿服务恢复和发展。其中,志愿服务是依托共青团、民政部门,从青年志愿者、社区志愿者的探索开始,经历大型活动服务、社区居民服务、扶贫支教服务、应急救援服务等逐渐壮大。社会工作则是从高校教育开

---

① 史祎,等. 中国志愿者超过 5000 万人[N/OL]. 北京青年报(电子版),2013-12-06(7).

② 潘跃,等. 青年志愿者行动 20 年注册志愿者超 4000 万[N]. 人民日报,2013-12-03(5).

③ 纪文晓. 志愿服务与社会工作差异互动分析[J]. 中国青年研究,2010(10):19.

始,通过逐年培养专业社会工作者,充实社区、农村、福利机构的专业服务而逐渐发展①。另一方面,志愿服务组织的发展为社会工作职业化发展提供了资源补充。社会工作可以借助志愿服务组织的人力资源、物力资源和社会网络资源,实现嵌入式发展,助力社会工作发展。

(三)社会工作发展对志愿服务发展具有引导作用

社会工作可引导志愿服务发挥专业作用。首先是价值理念的引导。社会工作要求严格遵守"平等尊重""助人自助"等专业价值理念,而志愿服务则只要求遵守志愿精神,在志愿实务中常出现"不尊重"等无心伤害。社会工作的加入,有利于及时弥补志愿服务的不足,并促进志愿者及时反省和净化思想。其次是专业理论方法的引导。志愿者来自五湖四海,在实务中缺乏专业理论指导和专业工作技术方法,影响服务效果。而社会工作则以其专业理论和技术规范志愿服务行为,改进工作方法,提高志愿服务实效,拓展志愿服务空间,有利于志愿服务的可持续发展。最后,社工通过对志愿者的管理监督,整合志愿服务资源,既弥补了社工人力的不足,又提高了志愿服务的效果。

(四)社会工作与志愿服务走向协同发展

社会工作与志愿服务之间有着共同出发点、共同价值理念和互动交融关系,两者协同发展成为历史必然发展趋势。在社会服务实践中构建"社工+义工"两工联动服务模式,成为国内外社会工作与志愿服务协同发展的主要方式。而培育志愿服务队则是加强"两工联动"的重要条件和重要工作。

第二节 案例:华泰社区"妈妈义工团"的志愿服务

2013年,晋江市妇联牵头在晋江市成立了首批"四点钟学校",并向晋江市致和社工事务所购买社工服务。晋江市致和社工事务所在开展大量社会服务实践中积极探索"社工引领义工,义工协助社工"的两工联动模式,培育志愿服务队成为致和社工事务所的一项重要工作。华泰社区大部分家庭是双职工家庭,存在孩子放学后无人照看或者隔代照看问题,为此,华泰社区成了首批试点单位中的一员。华泰社区"四点钟学校"自成立以来,专职社工一直努力探索适合"四点钟学校"的义工工作模式,并成功组建了"妈妈义工团"。"妈妈义工团"服务于社区,是一种社区互助模式,即社区志愿者为社区居民提供一

① 陈涛,等.中国社会工作与志愿服务发展[J].广东工业大学学报(社会科学版),2012(4):31-37.

些大家需要的服务,实质上是社区居民的互助行为。"妈妈义工团"在社工的积极引导和协助下,积极参与"四点钟学校"服务,并取得了骄人成绩。

一、"妈妈义工团"成立背景

华泰社区儿童之家"四点钟学校",自 2013 年 3 月份正式开班至 2014 年,共招募的学员达 167 人,其工作需求量大大超过 1 个专职社工所能提供的。为了补充社工人力资源的不足,更好地开展华泰社区儿童之家"四点钟学校"项目服务工作,专职社工积极探索"社工＋义工"的服务方式,通过社工带动、引导义工,以满足社区"四点钟学校"的服务需要。社工通过张贴招募、通知,以及在"四点钟学校"家长会上口头告知等形式招募"妈妈义工"。经过几天的宣传招募,得到学员家长的支持和回应,组建了一支由 12 人组成的"妈妈义工团"志愿服务队,自此,华泰社区"四点钟学校"开始有了社区义工的常年参与。

二、"妈妈义工团"的运作模式

华泰社区儿童之家"四点钟学校"专职社工,通过对社区居民及"四点钟学校"学员的需求调查、实践经验总结归纳,探索出适合华泰社区儿童之家"四点钟学校"的"社工＋志愿者"合作的运作模式。

（一）社工专业指导

华泰社区"妈妈义工团"成员有年轻的妈妈,也有年长的奶奶、外婆,大多数人缺乏相关的知识技术和服务经验,因而培训"妈妈义工团"成为社工的重要任务。针对她们普遍缺乏基本服务常识和专业知识的问题,采取不定期讲座方式和定期开展专业培训方式;针对"妈妈义工团"成员年龄、文化基础等差别较大,经常组织"妈妈义工团"召开实践经验交流会、开展内部团建等形式。社工在义工妈妈们进行交流和团队活动中,适时有针对性地引导和督促,以更通俗易懂的方式让新上路的妈妈们理解接受相关专业难题。通过专业知识灌输、实践经验交流讨论和社工的过程引导,义工妈妈们在交流经验中学习,在团体活动中共同探讨,在践行中不断提高服务质量。

（二）合理分工

为了让"妈妈义工团"服务工作能够更加有序、有效地开展,社工协助"妈妈义工团"依据各自的知识技术、年龄特征,合理分配合适的工作,并安排义工妈妈排班轮流协助社工开展"四点钟学校"日常课业辅导、纪律管理以及活动组织。比如安排从事医护职业的义工妈妈李红霞为"四点钟学校"的医护人员,负责"四点钟学校"内部及户外活动的医护工作。

（三）自主管理

"妈妈义工团"除了由专职社工进行统筹管理外，还拥有自主管理权，即由妈妈义工自主管理内部事务，包括日常事务管理、妈妈义工的招募、团建活动等。社工经过与"妈妈义工团"开会讨论并投票选出义工张女士为组长，主要负责组织义工团的日常事务管理、妈妈义工的招募、团建主题策划，也作为社工与"妈妈义工团"的沟通交流和意见反馈代表。

三、"妈妈义工团"的服务与成效

在社工的组织和引导下，"妈妈义工团"协助社工认真完成"四点钟学校"的日常工作，积极加强"四点钟学校"的学风建设并完善管理制度，协助社工积极开展青少年儿童社会工作，扩大亲子教育工作，开展关爱儿童成长的各种社会服务工作。

（一）日常志愿服务

由于"妈妈义工团"成员大多数为"四点钟学校"学员家长，因而妈妈义工主要是就近参与志愿服务，方便快捷。华泰社区"四点钟学校"正式开班后，学校每天下午四点钟放学时，"妈妈义工团"成员都能根据社工的排班表，安排义工妈妈准时到社区"四点钟学校"，协助社工准备"爱心点心"、辅导学员做作业、陪同学员阅读和玩游戏等，为社工分担了不少工作，提高了"四点钟学校"的学习效果。

（二）特色活动开展

结合社区和"四点钟学校"服务对象需求，社工组织"妈妈义工团"参与"四点钟学校"特色服务活动及各种大型活动。在社工引导下，"妈妈义工团"先后协助开展了"'三八'妇女节——爱心献妈妈"活动、"防震减灾，地震体验馆之行"、"五一"劳动节大型文艺晚会、"六一"儿童节义捐活动、"DIY糖果庆八一，古厝喊你来斗阵"等大型户外活动以及"梦想缤纷季"暑期夏令营等多种特色活动。妈妈义工的加入，保证了活动的顺利开展，活跃了气氛，也增进了亲子关系。

（三）服务范围拓展

志愿精神是人类社会文明进步的重要标志，应该积极倡导、大力弘扬、耐心培育和广泛传播。开展"妈妈义工团"志愿服务是社区发展、和谐建设的重要组成部分，也为社区志愿服务的发展打开了一扇门。社工大力推动华泰社区"四点钟学校"的"妈妈义工团"的志愿服务体系建设，并将之发展为华泰社区志愿服务的一面旗帜；大力推动"妈妈义工团"拓展志愿服务范围，让"妈妈义工团"不仅服务于"四点钟学校",也逐渐服务于整个社区,并最终推动华泰社区志愿服务发展,为社区文明和谐、全面进步做出贡献。

(四)"妈妈义工团"服务成效

华泰社区儿童之家"四点钟学校"携手"妈妈义工团"志愿服务队成功开展各种服务工作(详见表11.1),丰富了社区孩子们的课余生活,也得到了社区广大居民的好评。"妈妈义工团"成员通过言传身教将这种无私奉献、乐于助人的志愿精神传递给自己的孩子,给孩子树立了一个好的学习榜样。

表11.1 "妈妈义工团"参与志愿服务数据统计表

类别	建档数量(个)	小组工作数量(节次/人次)	社区工作(活动)量(节次/人次)	志愿服务数量(人次/总时长)	其他服务	
					走(家、电话)访(个/总时长)	课业辅导(次/人次)
总 数	12	31/413	38/2936	58/201	7/14	192/2056

四、华泰社区"妈妈义工团"的服务经验、问题与反思

(一)经验与启示

1.立足社区,围绕服务对象自身的资源,挖掘义工对象

社区"妈妈们"是各个家庭管教孩子日常生活的主力,因而参与"四点钟学校"日常志愿服务既可靠又可行,为此,选择发展社区"妈妈义工"。社工借由社区宣传栏、网络宣传、口头通知等形式,宣传志愿服务活动的意义,激励更多的妇女加入"妈妈义工团"的行列,为社区、为他人奉献爱心。初期以"四点钟学校"学员亲属为主要招募对象,后来逐步扩大到学员之外的社区妇女,为"妈妈义工团"争取了更为多样的志愿者资源,扩大了"妈妈义工团"的影响力。借鉴"妈妈义工团"的经验,社工将协助社区进一步发动包括学员父亲、爷爷奶奶、社区居民等参加志愿者队伍,组织新的志愿团队,为社区提供不同层面的志愿服务工作,大力推进社区建设,加快社区发展。

2.重视对义工组织的有效管理和培训

社工根据妈妈义工的特点,采取交流会探讨、定期培训等灵活方式,向妈妈义工传授社工专业价值理念、方法与技巧,在志愿服务中引导义工们运用专业方法和技巧提高服务能力和效果。经过较长时间的学习实践,"妈妈义工团"的服务能力整体有了提高和加强,志愿服务工作也更为全面、有效。

3.充分运用义工优势,丰富活动内容,提高实效

"妈妈义工团"主要来自本社区居民,多数为"四点钟学校"学员家长,与外来社工相比,妈妈义工们对本社区的情况、学员家庭情况、学员社会关系、学员朋辈关系等较为熟悉。"妈妈义工团"是一个能让家长参与到儿童之家"四点钟学校"日常管理,让家长亲眼见证孩子在这里的表现和成长的平台,因而学员妈妈积极响应,社区家长大力支持。同时,"妈妈义工团"作为学员长辈更了解孩子,更具责任,由她们参与关爱孩子成长,参与孩子课余活动,情理交融,效果更佳。此外,妈妈义工们以"我爱我家,真情奉献"为宗旨,以身作则,身体力行,又发挥着榜样的力量。社工发挥义工妈妈各自特长,充分利用本社区资源,创新活动形式,搭建亲子活动平台,将志愿服务活动与"四点钟学校"活动项目紧密结合,既丰富了"四点钟学校"的活动内容,也提高了活动成效。

4.推进义工常态化运作,打造义工组织品牌

"妈妈义工团"志愿服务是常态化志愿服务活动,它克服了一次性志愿服务的许多缺陷,比如:对服务对象不了解、服务随意性、不可持续性等,提高了志愿服务效果。社工除了继续发挥"妈妈义工团"在常规服务、特色服务、主题活动等领域中的积极作用以外,同时不断拓展新的服务领域,不断开发新的服务项目,使"妈妈义工团"志愿服务从"四点钟学校"走向整个社区,甚至社区之外。"妈妈义工团"正成为华泰社区志愿服务组织品牌,其影响力不断提高。

(二)存在问题与反思

1."妈妈义工团"成员年龄和素质参差不齐,需加强互动沟通

参与到华泰社区"四点钟学校"的"妈妈义工团"志愿服务队伍的成员,因年龄跨度大,观念、文化结构和阅历差别也很大。年老的经验丰富,但接触新知识的技术和能力较差,年轻的接受新知识则较容易,同时也更有时代气息,但相对缺乏经验。这些都不同程度地增加了社工对妈妈义工管理的难度。为有效管理妈妈义工,需加强社工与义工团之间,义工与义工之间的互动、沟通、交流,以增进相互理解、相互提高,在服务工作中更好地相互配合。

2."妈妈义工"更侧重于服务自己的孩子,需加强在活动现场的分工

"妈妈义工团"大部分成员是"四点钟学校"学员家长,在常规工作课业辅导或者活动开展中,妈妈义工出于对自己孩子的爱,容易更关注、关心、关爱自己的孩子,而忽略了其他学员,甚至耽误了基本志愿服务工作,从而影响了服务活动开展的整体效果。为此,社工在今后的工作开展过程中,应加强在活动现场的分工,责任到人,以保证服务工作落实到位。

3.志愿服务中应注意的事项

　　加强团队组织制度建设,要求妈妈义工必须服从统一的组织和安排,遵守规范;倡导志愿精神和责任意识,保证完成规定志愿服务时限;在孩子们面前树立良好的形象,引导孩子良好品格的养成;遇到突发情况(孩子吵架、打架等),要及时采取适当方式应对,以免造成不良后果。

附录一

晋江市致和社工事务所简介

2009年9月,福建省晋江市被国家民政部确定为全国第二批社会工作人才队伍建设综合试点地区。为更好地推动晋江市社会工作人才队伍建设试点工作,2011年4月,晋江市致和社工事务所在福建省民政厅、泉州市民政局和晋江市民政局等各级民政部门的关心与指导下、在泉州市海西社工事业发展中心的培育与扶持下应运而生。这是晋江市首家以民办非企业单位形式注册登记的公益性专业社会工作服务机构。作为晋江市民政局培育扶持的首家民办专业社会工作服务机构,其主要职能是承接政府机关、社会团体、基金会等单位购买或资助的各类社会工作服务岗位及项目,从事社会工作及相关的咨询、培训、督导、评估、孵化培育、宣传和交流。该机构社会工作服务的开展,标志着晋江市社会工作在职业化和专业化建设方面迈出了重要一步,也揭开了晋江市政府依托民办社工机构提供专业社会工作服务的新篇章。

目前晋江市致和社工事务所已发展成为福建省社会工作专业服务领域规模最大、影响最广的后起之秀。截至2014年,晋江市致和社工事务所共有专职社工58人,专职社工督导1人,兼职社工督导17人,专职心理咨询师1人,法律顾问2人,财务顾问2人,兼职心理咨询师32人,社会志愿者超过28000人。聘有北京大学社会工作专业教授马凤芝等兼职社工督导17人,聘国家民政部社会工作司原司长孙建春等为顾问6人。并与中央民族大学、中国矿业大学、长沙民政学院、青海民族大学、河南财政税务高等专科学校、福州大学、福建医科大学、闽南师范大学、集美大学、泉州师范学院、泉州理工学院等11所高校的社会工作实践教学基地或大学生校外实践教学基地共建社会工作服务平台。

四年多以来,晋江市致和社工事务所始终坚持"用专业的爱温暖世界"为自身使命,秉承"为政府分忧,为行业服务,为民众解困"的服务宗旨,积极践行"助人自助,知和而和"的专业理念,先后承接了晋江市民政局、晋江市妇联、晋江团市委、晋江市残联、晋江市文明办等多个党政部门购买的10多个专业社工服务项目,在晋江市19个镇街的248个服务网点开展社区居家养老服务、流浪乞讨人员救助、残疾人婚恋辅导、流动人口服务、农民工子女关怀、社会闲散青少年帮扶、未成年人心理健康辅导、青少年成长教育、非公企业党建服务、流动儿童社会保护、青年就业创业、低保老年人社工服务、志愿者服务与管理、企业社工孵化等各种专业社工服务,服务人次超过 20 万。

晋江市致和社工事务所协助党政部门在社会福利、社会救助等领域做了大量开创性工作。在充分总结和吸收国内外专业社工机构发展经验的基础上,致和社工事务所已逐步摸索出一种极具侨乡特色、充分展现社工优势、真正实现本土化的专业社工服务发展模式,在业界产生了广泛影响。先后接受人民政协报、中国社会报、中国青年报、中国学生健康报、中国社会工作、公益时报、福建日报、福建电视台、东南卫视、海峡都市报、东南早报、泉州晚报、泉州电视台、晋江经济报、晋江电视台等各级媒体采访及宣传报道近 400 篇,接待国家及省市各级政府部门领导、兄弟机构、合作单位等参观交流近 100 次,并曾作为全省唯一的民办社工机构代表在 2012 年度全省民政工作会议上做经验交流,分享社会工作服务经验和做法。

晋江市致和社工事务所积极开拓创新,不断拓展新业务,推进自身转型升级。一是 2013 年晋江市致和社工事务所联合泉州市海西社工事业发展中心申报的中央财政支持、社会组织参与的社会服务示范项目——泉州民营企业外来工子女成长教育示范项目成功获得立项。二是在福建省民政厅及有关部门的支持下,目前由晋江市致和社工事务所的核心团队成员共同发起成立的福建省致和社会组织孵化与创新中心已正式成立,并拟在全省范围内复制和推广致和社工事务所"助人自助,知和而和"的专业服务理念和成功经验,以引领和推动我省社会工作事业的发展。目前福建省致和社会组织孵化与创新中心申报的幸福益家企业社工孵化示范项目成功获得 2014 年中央财政支持、社会组织参与的社会服务示范项目立项资助,并且正在为泉州市鲤城区致和社工事务所、泉州市丰泽区致和社工事务所、厦门市湖里区致和社工事务所、晋江市向阳青少年社工事务所、南平市知行社工服务社和莆田市阳光青少年事务服务中心等多家专业社会工作服务机构提供孵化培育和实务督导服务。

截至目前,晋江市致和社工事务所获得的主要荣誉有:民政部首批全国企业社会工作试点单位、民政部首批全国社会工作服务标准化建设示范单位、民政部第二批全国民政标准化建设试点单位、2014 年度民政部福利彩票公益金特殊困难老年人社会工作服务示范项目立项单位、中国社会工作协会社会工作师委员会第一届会员单位、首批福建省志愿服务记录单位、福建省养老事业发展促进会副会长单位、首届泉州市最美助老志愿者团队、泉州市 2012—2013 年度青年志愿服务先进集体奖、泉州市五四红旗团支部、首届晋江青年五四奖章集体、晋江市青年文明号、晋江市巾帼文明岗、晋江市巾帼志愿服务示范团队、晋江市非公有制企业团建工作重点联系单位、晋江市非公企业团组织标准化建设试点单位、晋江市政府办系统党建典型培育对象、晋江市非公企业"二带十"区域化党建重点培养单位、晋江市非公有制企业党建品牌"三级同创"特色活动优秀奖、晋江市青少年儿童暑期夏令营优秀组织奖等。此外,晋江市致和社工事务所主任夏晋城、副主任郭艳、晋江市致和社工事务所督导潘春珠,在由中国社会工作协会及公益时报等有关单位主办的第四届、第五届中国社工年会上分别荣获"2012年度中国优秀社工人物"称号(福建省全省仅此1人获此殊荣)、"2012年度中国最美社工""2013年度中国最美社工"称号。

附录二

中华人民共和国未成年人保护法(2006)

(1991 年 9 月 4 日第七届全国人民代表大会常务委员会
第二十一次会议通过,2006 年 12 月 29 日第十届
全国人民代表大会常务委员会第二十五次会议修订)

目　录

第一章　总则

第一条　为了保护未成年人的身心健康,保障未成年人的合法权益,促进未成年人在品德、智力、体质等方面全面发展,培养有理想、有道德、有文化、有纪律的社会主义建设者和接班人,根据宪法,制定本法。

第二条　本法所称未成年人是指未满十八周岁的公民。

第三条　未成年人享有生存权、发展权、受保护权、参与权等权利,国家根据未成年人身心发展特点给予特殊、优先保护,保障未成年人的合法权益不受侵犯。

未成年人享有受教育权,国家、社会、学校和家庭尊重和保障未成年人的受教育权。

未成年人不分性别、民族、种族、家庭财产状况、宗教信仰等,依法平等地享有权利。

第四条　国家、社会、学校和家庭对未成年人进行理想教育、道德教育、文化教育、纪律和法制教育,进行爱国主义、集体主义和社会主义的教育,提倡爱

祖国、爱人民、爱劳动、爱科学、爱社会主义的公德,反对资本主义的、封建主义的和其他的腐朽思想的侵蚀。

第五条　保护未成年人的工作,应当遵循下列原则:

(一)尊重未成年人的人格尊严;

(二)适应未成年人身心发展的规律和特点;

(三)教育与保护相结合。

第六条　保护未成年人,是国家机关、武装力量、政党、社会团体、企业事业组织、城乡基层群众性自治组织、未成年人的监护人和其他成年公民的共同责任。

对侵犯未成年人合法权益的行为,任何组织和个人都有权予以劝阻、制止或者向有关部门提出检举或者控告。

国家、社会、学校和家庭应当教育和帮助未成年人维护自己的合法权益,增强自我保护的意识和能力,增强社会责任感。

第七条　中央和地方各级国家机关应当在各自的职责范围内做好未成年人保护工作。

国务院和地方各级人民政府领导有关部门做好未成年人保护工作;将未成年人保护工作纳入国民经济和社会发展规划以及年度计划,相关经费纳入本级政府预算。

国务院和省、自治区、直辖市人民政府采取组织措施,协调有关部门做好未成年人保护工作。具体机构由国务院和省、自治区、直辖市人民政府规定。

第八条　共产主义青年团、妇女联合会、工会、青年联合会、学生联合会、少年先锋队以及其他有关社会团体,协助各级人民政府做好未成年人保护工作,维护未成年人的合法权益。

第九条　各级人民政府和有关部门对保护未成年人有显著成绩的组织和个人,给予表彰和奖励。

第二章　家庭保护

第十条　父母或者其他监护人应当创造良好、和睦的家庭环境,依法履行对未成年人的监护职责和抚养义务。

禁止对未成年人实施家庭暴力,禁止虐待、遗弃未成年人,禁止溺婴和其他残害婴儿的行为,不得歧视女性未成年人或者有残疾的未成年人。

第十一条　父母或者其他监护人应当关注未成年人的生理、心理状况和行为习惯,以健康的思想、良好的品行和适当的方法教育和影响未成年人,引导未成年人进行有益身心健康的活动,预防和制止未成年人吸烟、酗酒、流浪、沉迷网络以及赌博、吸毒、卖淫等行为。

第十二条　父母或者其他监护人应当学习家庭教育知识,正确履行监护职责,抚养教育未成年人。

有关国家机关和社会组织应当为未成年人的父母或者其他监护人提供家庭教育指导。

第十三条　父母或者其他监护人应当尊重未成年人受教育的权利,必须使适龄未成年人依法入学接受并完成义务教育,不得使接受义务教育的未成年人辍学。

第十四条　父母或者其他监护人应当根据未成年人的年龄和智力发展状况,在作出与未成年人权益有关的决定时告知其本人,并听取他们的意见。

第十五条　父母或者其他监护人不得允许或者迫使未成年人结婚,不得为未成年人订立婚约。

第十六条　父母因外出务工或者其他原因不能履行对未成年人监护职责的,应当委托有监护能力的其他成年人代为监护。

第三章　学校保护

第十七条　学校应当全面贯彻国家的教育方针,实施素质教育,提高教育质量,注重培养未成年学生独立思考能力、创新能力和实践能力,促进未成年学生全面发展。

第十八条　学校应当尊重未成年学生受教育的权利,关心、爱护学生,对品行有缺点、学习有困难的学生,应当耐心教育、帮助,不得歧视,不得违反法律和国家规定开除未成年学生。

第十九条　学校应当根据未成年学生身心发展的特点,对他们进行社会生活指导、心理健康辅导和青春期教育。

第二十条　学校应当与未成年学生的父母或者其他监护人互相配合,保证未成年学生的睡眠、娱乐和体育锻炼时间,不得加重其学习负担。

第二十一条　学校、幼儿园、托儿所的教职员工应当尊重未成年人的人格尊严,不得对未成年人实施体罚、变相体罚或者其他侮辱人格尊严的行为。

第二十二条　学校、幼儿园、托儿所应当建立安全制度,加强对未成年人的安全教育,采取措施保障未成年人的人身安全。

学校、幼儿园、托儿所不得在危及未成年人人身安全、健康的校舍和其他设施、场所中进行教育教学活动。

学校、幼儿园安排未成年人参加集会、文化娱乐、社会实践等集体活动,应当有利于未成年人的健康成长,防止发生人身安全事故。

第二十三条 教育行政等部门和学校、幼儿园、托儿所应当根据需要,制定应对各种灾害、传染性疾病、食物中毒、意外伤害等突发事件的预案,配备相应设施并进行必要的演练,增强未成年人的自我保护意识和能力。

第二十四条 学校对未成年学生在校内或者本校组织的校外活动中发生人身伤害事故的,应当及时救护,妥善处理,并及时向有关主管部门报告。

第二十五条 对于在学校接受教育的有严重不良行为的未成年学生,学校和父母或者其他监护人应当互相配合加以管教;无力管教或者管教无效的,可以按照有关规定将其送专门学校继续接受教育。

依法设置专门学校的地方人民政府应当保障专门学校的办学条件,教育行政部门应当加强对专门学校的管理和指导,有关部门应当给予协助和配合。

专门学校应当对在校就读的未成年学生进行思想教育、文化教育、纪律和法制教育、劳动技术教育和职业教育。

专门学校的教职员工应当关心、爱护、尊重学生,不得歧视、厌弃。

第二十六条 幼儿园应当做好保育、教育工作,促进幼儿在体质、智力、品德等方面和谐发展。

第四章 社会保护

第二十七条 全社会应当树立尊重、保护、教育未成年人的良好风尚,关心、爱护未成年人。

国家鼓励社会团体、企业事业组织以及其他组织和个人,开展多种形式的有利于未成年人健康成长的社会活动。

第二十八条 各级人民政府应当保障未成年人受教育的权利,并采取措施保障家庭经济困难的、残疾的和流动人口中的未成年人等接受义务教育。

第二十九条 各级人民政府应当建立和改善适合未成年人文化生活需要的活动场所和设施,鼓励社会力量兴办适合未成年人的活动场所,并加强管理。

第三十条 爱国主义教育基地、图书馆、青少年宫、儿童活动中心应当对未成年人免费开放;博物馆、纪念馆、科技馆、展览馆、美术馆、文化馆以及影剧院、体育场馆、动物园、公园等场所,应当按照有关规定对未成年人免费或者优惠开放。

第三十一条 县级以上人民政府及其教育行政部门应当采取措施,鼓励和支持中小学校在节假日期间将文化体育设施对未成年人免费或者优惠开放。

社区中的公益性互联网上网服务设施,应当对未成年人免费或者优惠开放,为未成年人提供安全、健康的上网服务。

第三十二条　国家鼓励新闻、出版、信息产业、广播、电影、电视、文艺等单位和作家、艺术家、科学家以及其他公民,创作或者提供有利于未成年人健康成长的作品。出版、制作和传播专门以未成年人为对象的内容健康的图书、报刊、音像制品、电子出版物以及网络信息等,国家给予扶持。

国家鼓励科研机构和科技团体对未成年人开展科学知识普及活动。

第三十三条　国家采取措施,预防未成年人沉迷网络。

国家鼓励研究开发有利于未成年人健康成长的网络产品,推广用于阻止未成年人沉迷网络的新技术。

第三十四条　禁止任何组织、个人制作或者向未成年人出售、出租或者以其他方式传播淫秽、暴力、凶杀、恐怖、赌博等毒害未成年人的图书、报刊、音像制品、电子出版物以及网络信息等。

第三十五条　生产、销售用于未成年人的食品、药品、玩具、用具和游乐设施等,应当符合国家标准或者行业标准,不得有害于未成年人的安全和健康;需要标明注意事项的,应当在显著位置标明。

第三十六条　中小学校园周边不得设置营业性歌舞娱乐场所、互联网上网服务营业场所等不适宜未成年人活动的场所。

营业性歌舞娱乐场所、互联网上网服务营业场所等不适宜未成年人活动的场所,不得允许未成年人进入,经营者应当在显著位置设置未成年人禁入标志;对难以判明是否已成年的,应当要求其出示身份证件。

第三十七条　禁止向未成年人出售烟酒,经营者应当在显著位置设置不向未成年人出售烟酒的标志;对难以判明是否已成年的,应当要求其出示身份证件。

任何人不得在中小学校、幼儿园、托儿所的教室、寝室、活动室和其他未成年人集中活动的场所吸烟、饮酒。

第三十八条　任何组织或者个人不得招用未满十六周岁的未成年人,国家另有规定的除外。

任何组织或者个人按照国家有关规定招用已满十六周岁未满十八周岁的未成年人的,应当执行国家在工种、劳动时间、劳动强度和保护措施等方面的规定,不得安排其从事过重、有毒、有害等危害未成年人身心健康的劳动或者危险作业。

第三十九条 任何组织或者个人不得披露未成年人的个人隐私。

对未成年人的信件、日记、电子邮件,任何组织或者个人不得隐匿、毁弃;除因追查犯罪的需要,由公安机关或者人民检察院依法进行检查,或者对无行为能力的未成年人的信件、日记、电子邮件由其父母或者其他监护人代为开拆、查阅外,任何组织或者个人不得开拆、查阅。

第四十条 学校、幼儿园、托儿所和公共场所发生突发事件时,应当优先救护未成年人。

第四十一条 禁止拐卖、绑架、虐待未成年人,禁止对未成年人实施性侵害。

禁止胁迫、诱骗、利用未成年人乞讨或者组织未成年人进行有害其身心健康的表演等活动。

第四十二条 公安机关应当采取有力措施,依法维护校园周边的治安和交通秩序,预防和制止侵害未成年人合法权益的违法犯罪行为。

任何组织或者个人不得扰乱教学秩序,不得侵占、破坏学校、幼儿园、托儿所的场地、房屋和设施。

第四十三条 县级以上人民政府及其民政部门应当根据需要设立救助场所,对流浪乞讨等生活无着未成年人实施救助,承担临时监护责任;公安部门或者其他有关部门应当护送流浪乞讨或者离家出走的未成年人到救助场所,由救助场所予以救助和妥善照顾,并及时通知其父母或者其他监护人领回。

对孤儿、无法查明其父母或者其他监护人的以及其他生活无着的未成年人,由民政部门设立的儿童福利机构收留抚养。

未成年人救助机构、儿童福利机构及其工作人员应当依法履行职责,不得虐待、歧视未成年人;不得在办理收留抚养工作中牟取利益。

第四十四条 卫生部门和学校应当对未成年人进行卫生保健和营养指导,提供必要的卫生保健条件,做好疾病预防工作。

卫生部门应当做好对儿童的预防接种工作,国家免疫规划项目的预防接种实行免费;积极防治儿童常见病、多发病,加强对传染病防治工作的监督管理,加强对幼儿园、托儿所卫生保健的业务指导和监督检查。

第四十五条 地方各级人民政府应当积极发展托幼事业,办好托儿所、幼儿园,支持社会组织和个人依法兴办哺乳室、托儿所、幼儿园。

各级人民政府和有关部门应当采取多种形式,培养和训练幼儿园、托儿所的保教人员,提高其职业道德素质和业务能力。

第四十六条　国家依法保护未成年人的智力成果和荣誉权不受侵犯。

第四十七条　未成年人已经完成规定年限的义务教育不再升学的,政府有关部门和社会团体、企业事业组织应当根据实际情况,对他们进行职业教育,为他们创造劳动就业条件。

第四十八条　居民委员会、村民委员会应当协助有关部门教育和挽救违法犯罪的未成年人,预防和制止侵害未成年人合法权益的违法犯罪行为。

第四十九条　未成年人的合法权益受到侵害的,被侵害人及其监护人或者其他组织和个人有权向有关部门投诉,有关部门应当依法及时处理。

第五章　司法保护

第五十条　公安机关、人民检察院、人民法院以及司法行政部门,应当依法履行职责,在司法活动中保护未成年人的合法权益。

第五十一条　未成年人的合法权益受到侵害,依法向人民法院提起诉讼的,人民法院应当依法及时审理,并适应未成年人生理、心理特点和健康成长的需要,保障未成年人的合法权益。

在司法活动中对需要法律援助或者司法救助的未成年人,法律援助机构或者人民法院应当给予帮助,依法为其提供法律援助或者司法救助。

第五十二条　人民法院审理继承案件,应当依法保护未成年人的继承权和受遗赠权。

人民法院审理离婚案件,涉及未成年子女抚养问题的,应当听取有表达意愿能力的未成年子女的意见,根据保障子女权益的原则和双方具体情况依法处理。

第五十三条　父母或者其他监护人不履行监护职责或者侵害被监护的未成年人的合法权益,经教育不改的,人民法院可以根据有关人员或者有关单位的申请,撤销其监护人的资格,依法另行指定监护人。被撤销监护资格的父母应当依法继续负担抚养费用。

第五十四条　对违法犯罪的未成年人,实行教育、感化、挽救的方针,坚持教育为主、惩罚为辅的原则。

对违法犯罪的未成年人,应当依法从轻、减轻或者免除处罚。

第五十五条　公安机关、人民检察院、人民法院办理未成年人犯罪案件和涉及未成年人权益保护案件,应当照顾未成年人身心发展特点,尊重他们的人格尊严,保障他们的合法权益,并根据需要设立专门机构或者指定专人办理。

第五十六条　公安机关、人民检察院讯问未成年犯罪嫌疑人,询问未成年证人、被害人,应当通知监护人到场。

公安机关、人民检察院、人民法院办理未成年人遭受性侵害的刑事案件,应当保护被害人的名誉。

第五十七条 对羁押、服刑的未成年人,应当与成年人分别关押。

羁押、服刑的未成年人没有完成义务教育的,应当对其进行义务教育。

解除羁押、服刑期满的未成年人的复学、升学、就业不受歧视。

第五十八条 对未成年人犯罪案件,新闻报道、影视节目、公开出版物、网络等不得披露该未成年人的姓名、住所、照片、图像以及可能推断出该未成年人的资料。

第五十九条 对未成年人严重不良行为的矫治与犯罪行为的预防,依照预防未成年人犯罪法的规定执行。

第六章 法律责任

第六十条 违反本法规定,侵害未成年人的合法权益,其他法律、法规已规定行政处罚的,从其规定;造成人身财产损失或者其他损害的,依法承担民事责任;构成犯罪的,依法追究刑事责任。

第六十一条 国家机关及其工作人员不依法履行保护未成年人合法权益的责任,或者侵害未成年人合法权益,或者对提出申诉、控告、检举的人进行打击报复的,由其所在单位或者上级机关责令改正,对直接负责的主管人员和其他直接责任人员依法给予行政处分。

第六十二条 父母或者其他监护人不依法履行监护职责,或者侵害未成年人合法权益的,由其所在单位或者居民委员会、村民委员会予以劝诫、制止;构成违反治安管理行为的,由公安机关依法给予行政处罚。

第六十三条 学校、幼儿园、托儿所侵害未成年人合法权益的,由教育行政部门或者其他有关部门责令改正;情节严重的,对直接负责的主管人员和其他直接责任人员依法给予处分。

学校、幼儿园、托儿所教职员工对未成年人实施体罚、变相体罚或者其他侮辱人格行为的,由其所在单位或者上级机关责令改正;情节严重的,依法给予处分。

第六十四条 制作或者向未成年人出售、出租或者以其他方式传播淫秽、暴力、凶杀、恐怖、赌博等图书、报刊、音像制品、电子出版物以及网络信息等的,由主管部门责令改正,依法给予行政处罚。

第六十五条 生产、销售用于未成年人的食品、药品、玩具、用具和游乐设施不符合国家标准或者行业标准,或者没有在显著位置标明注意事项的,由主管部门责令改正,依法给予行政处罚。

第六十六条　在中小学校园周边设置营业性歌舞娱乐场所、互联网上网服务营业场所等不适宜未成年人活动的场所的,由主管部门予以关闭,依法给予行政处罚。

营业性歌舞娱乐场所、互联网上网服务营业场所等不适宜未成年人活动的场所允许未成年人进入,或者没有在显著位置设置未成年人禁入标志的,由主管部门责令改正,依法给予行政处罚。

第六十七条　向未成年人出售烟酒,或者没有在显著位置设置不向未成年人出售烟酒标志的,由主管部门责令改正,依法给予行政处罚。

第六十八条　非法招用未满十六周岁的未成年人,或者招用已满十六周岁的未成年人从事过重、有毒、有害等危害未成年人身心健康的劳动或者危险作业的,由劳动保障部门责令改正,处以罚款;情节严重的,由工商行政管理部门吊销营业执照。

第六十九条　侵犯未成年人隐私,构成违反治安管理行为的,由公安机关依法给予行政处罚。

第七十条　未成年人救助机构、儿童福利机构及其工作人员不依法履行对未成年人的救助保护职责,或者虐待、歧视未成年人,或者在办理收留抚养工作中牟取利益的,由主管部门责令改正,依法给予行政处分。

第七十一条　胁迫、诱骗、利用未成年人乞讨或者组织未成年人进行有害其身心健康的表演等活动的,由公安机关依法给予行政处罚。

第七章　附则

第七十二条　本法自 2007 年 6 月 1 日起施行。

附录三

中小学幼儿园安全管理办法(2006)

中华人民共和国教育部令
第 23 号

根据教育法律法规和国务院的有关规定,教育部、公安部、司法部、建设部、交通部、文化部、卫生部、工商总局、质检总局、新闻出版总署制定了《中小学幼儿园安全管理办法》,现予发布,自 2006 年 9 月 1 日起施行。

中小学幼儿园安全管理办法

第一章 总 则

第一条 为加强中小学、幼儿园安全管理,保障学校及其学生和教职工的人身、财产安全,维护中小学、幼儿园正常的教育教学秩序,根据《中华人民共和国教育法》等法律法规,制定本办法。

第二条 普通中小学、中等职业学校、幼儿园(班)、特殊教育学校、工读学校(以下统称学校)的安全管理适用本办法。

第三条 学校安全管理遵循积极预防、依法管理、社会参与、各负其责的方针。

第四条 学校安全管理工作主要包括:

(一)构建学校安全工作保障体系,全面落实安全工作责任制和事故责任追究制,保障学校安全工作规范、有序进行;

(二)健全学校安全预警机制,制定突发事件应急预案,完善事故预防措施,及时排除安全隐患,不断提高学校安全工作管理水平;

(三)建立校园周边整治协调工作机制,维护校园及周边环境安全;

(四)加强安全宣传教育培训,提高师生安全意识和防护能力;

(五)事故发生后启动应急预案、对伤亡人员实施救治和责任追究等。

第五条 各级教育、公安、司法行政、建设、交通、文化、卫生、工商、质检、新闻出版等部门在本级人民政府的领导下,依法履行学校周边治理和学校安全的监督与管理职责。

学校应当按照本办法履行安全管理和安全教育职责。

社会团体、企业事业单位、其他社会组织和个人应当积极参与和支持学校安全工作,依法维护学校安全。

第二章　安全管理职责

第六条　地方各级人民政府及其教育、公安、司法行政、建设、交通、文化、卫生、工商、质检、新闻出版等部门应当按照职责分工,依法负责学校安全工作,履行学校安全管理职责。

第七条　教育行政部门对学校安全工作履行下列职责:

(一)全面掌握学校安全工作状况,制定学校安全工作考核目标,加强对学校安全工作的检查指导,督促学校建立健全并落实安全管理制度;

(二)建立安全工作责任制和事故责任追究制,及时消除安全隐患,指导学校妥善处理学生伤害事故;

(三)及时了解学校安全教育情况,组织学校有针对性地开展学生安全教育,不断提高教育实效;

(四)制定校园安全的应急预案,指导、监督下级教育行政部门和学校开展安全工作;

(五)协调政府其他相关职能部门共同做好学校安全管理工作,协助当地人民政府组织对学校安全事故的救援和调查处理。

教育督导机构应当组织学校安全工作的专项督导。

第八条　公安机关对学校安全工作履行下列职责:

(一)了解掌握学校及周边治安状况,指导学校做好校园保卫工作,及时依法查处扰乱校园秩序、侵害师生人身、财产安全的案件;

(二)指导和监督学校做好消防安全工作;

(三)协助学校处理校园突发事件。

第九条　卫生部门对学校安全工作履行下列职责:

(一)检查、指导学校卫生防疫和卫生保健工作,落实疾病预防控制措施;

(二)监督、检查学校食堂、学校饮用水和游泳池的卫生状况。

第十条　建设部门对学校安全工作履行下列职责:

(一)加强对学校建筑、燃气设施设备安全状况的监管,发现安全事故隐患的,应当依法责令立即排除;

(二)指导校舍安全检查鉴定工作;

（三）加强对学校工程建设各环节的监督管理,发现校舍、楼梯护栏及其他教学、生活设施违反工程建设强制性标准的,应责令纠正;

（四）依法督促学校定期检验、维修和更新学校相关设施设备。

第十一条 质量技术监督部门应当定期检查学校特种设备及相关设施的安全状况。

第十二条 公安、卫生、交通、建设等部门应当定期向教育行政部门和学校通报与学校安全管理相关的社会治安、疾病防治、交通等情况,提出具体预防要求。

第十三条 文化、新闻出版、工商等部门应当对校园周边的有关经营服务场所加强管理和监督,依法查处违法经营者,维护有利于青少年成长的良好环境。

司法行政、公安等部门应当按照有关规定履行学校安全教育职责。

第十四条 举办学校的地方人民政府、企业事业组织、社会团体和公民个人,应当对学校安全工作履行下列职责:

（一）保证学校符合基本办学标准,保证学校围墙、校舍、场地、教学设施、教学用具、生活设施和饮用水源等办学条件符合国家安全质量标准;

（二）配置紧急照明装置和消防设施与器材,保证学校教学楼、图书馆、实验室、师生宿舍等场所的照明、消防条件符合国家安全规定;

（三）定期对校舍安全进行检查,对需要维修的,及时予以维修;对确认的危房,及时予以改造。

举办学校的地方人民政府应当依法维护学校周边秩序,保障师生和学校的合法权益,为学校提供安全保障。

有条件的,学校举办者应当为学校购买责任保险。

第三章 校内安全管理制度

第十五条 学校应当遵守有关安全工作的法律、法规和规章,建立健全校内各项安全管理制度和安全应急机制,及时消除隐患,预防发生事故。

第十六条 学校应当建立校内安全工作领导机构,实行校长负责制;应当设立保卫机构,配备专职或者兼职安全保卫人员,明确其安全保卫职责。

第十七条 学校应当健全门卫制度,建立校外人员入校的登记或者验证制度,禁止无关人员和校外机动车入内,禁止将非教学用易燃易爆物品、有毒物品、动物和管制器具等危险物品带入校园。

学校门卫应当由专职保安或者其他能够切实履行职责的人员担任。

第十八条　学校应当建立校内安全定期检查制度和危房报告制度,按照国家有关规定安排对学校建筑物、构筑物、设备、设施进行安全检查、检验;发现存在安全隐患的,应当停止使用,及时维修或者更换;维修、更换前应当采取必要的防护措施或者设置警示标志。学校无力解决或者无法排除的重大安全隐患,应当及时书面报告主管部门和其他相关部门。

学校应当在校内高地、水池、楼梯等易发生危险的地方设置警示标志或者采取防护设施。

第十九条　学校应当落实消防安全制度和消防工作责任制,对于政府保障配备的消防设施和器材加强日常维护,保证其能够有效使用,并设置消防安全标志,保证疏散通道、安全出口和消防车通道畅通。

第二十条　学校应当建立用水、用电、用气等相关设施设备的安全管理制度,定期进行检查或者按照规定接受有关主管部门的定期检查,发现老化或者损毁的,及时进行维修或者更换。

第二十一条　学校应当严格执行《学校食堂与学生集体用餐卫生管理规定》《餐饮业和学生集体用餐配送单位卫生规范》,严格遵守卫生操作规范。建立食堂物资定点采购和索证、登记制度与饭菜留验和记录制度,检查饮用水的卫生安全状况,保障师生饮食卫生安全。

第二十二条　学校应当建立实验室安全管理制度,并将安全管理制度和操作规程置于实验室显著位置。

学校应当严格建立危险化学品、放射物质的购买、保管、使用、登记、注销等制度,保证将危险化学品、放射物质存放在安全地点。

第二十三条　学校应当按照国家有关规定配备具有从业资格的专职医务(保健)人员或者兼职卫生保健教师,购置必需的急救器材和药品,保障对学生常见病的治疗,并负责学校传染病疫情及其他突发公共卫生事件的报告。有条件的学校,应当设立卫生(保健)室。

新生入学应当提交体检证明。托幼机构与小学在入托、入学时应当查验预防接种证。学校应当建立学生健康档案,组织学生定期体检。

第二十四条　学校应当建立学生安全信息通报制度,将学校规定的学生到校和放学时间、学生非正常缺席或者擅自离校情况,以及学生身体和心理的异常状况等关系学生安全的信息,及时告知其监护人。

对有特异体质、特定疾病或者其他生理、心理状况异常以及有吸毒行为的学生,学校应当做好安全信息记录,妥善保管学生的健康与安全信息资料,依法保护学生的个人隐私。

第二十五条　有寄宿生的学校应当建立住宿学生安全管理制度,配备专人负责住宿学生的生活管理和安全保卫工作。

学校应当对学生宿舍实行夜间巡查、值班制度,并针对女生宿舍安全工作的特点,加强对女生宿舍的安全管理。

学校应当采取有效措施,保证学生宿舍的消防安全。

第二十六条　学校购买或者租用机动车专门用于接送学生的,应当建立车辆管理制度,并及时到公安机关交通管理部门备案。接送学生的车辆必须检验合格,并定期维护和检测。

接送学生专用校车应当粘贴统一标识。标识样式由省级公安机关交通管理部门和教育行政部门制定。

学校不得租用拼装车、报废车和个人机动车接送学生。

接送学生的机动车驾驶员应当身体健康,具备相应准驾车型3年以上安全驾驶经历,最近3年内任一记分周期没有记满12分记录,无致人伤亡的交通责任事故。

第二十七条　学校应当建立安全工作档案,记录日常安全工作、安全责任落实、安全检查、安全隐患消除等情况。

安全档案作为实施安全工作目标考核、责任追究和事故处理的重要依据。

第四章　日常安全管理

第二十八条　学校在日常的教育教学活动中应当遵循教学规范,落实安全管理要求,合理预见、积极防范可能发生的风险。

学校组织学生参加的集体劳动、教学实习或者社会实践活动,应当符合学生的心理、生理特点和身体健康状况。

学校以及接受学生参加教育教学活动的单位必须采取有效措施,为学生活动提供安全保障。

第二十九条　学校组织学生参加大型集体活动,应当采取下列安全措施:

(一)成立临时的安全管理组织机构;

(二)有针对性地对学生进行安全教育;

(三)安排必要的管理人员,明确所负担的安全职责;

(四)制定安全应急预案,配备相应设施。

第三十条　学校应当按照《学校体育工作条例》和教学计划组织体育教学和体育活动,并根据教学要求采取必要的保护和帮助措施。

学校组织学生开展体育活动,应当避开主要街道和交通要道;开展大型体育活动以及其他大型学生活动,必须经过主要街道和交通要道的,应当事先与公安机关交通管理部门共同研究并落实安全措施。

第三十一条 小学、幼儿园应当建立低年级学生、幼儿上下学时接送的交接制度,不得将晚离学校的低年级学生、幼儿交与无关人员。

第三十二条 学生在教学楼进行教学活动和晚自习时,学校应当合理安排学生疏散时间和楼道上下顺序,同时安排人员巡查,防止发生拥挤踩踏伤害事故。

晚自习学生没有离校之前,学校应当有负责人和教师值班、巡查。

第三十三条 学校不得组织学生参加抢险等应当由专业人员或者成人从事的活动,不得组织学生参与制作烟花爆竹、有毒化学品等具有危险性的活动,不得组织学生参加商业性活动。

第三十四条 学校不得将场地出租给他人从事易燃、易爆、有毒、有害等危险品的生产、经营活动。

学校不得出租校园内场地停放校外机动车辆;不得利用学校用地建设对社会开放的停车场。

第三十五条 学校教职工应当符合相应任职资格和条件要求。学校不得聘用因故意犯罪而受到刑事处罚的人,或者有精神病史的人担任教职工。

学校教师应当遵守职业道德规范和工作纪律,不得侮辱、殴打、体罚或者变相体罚学生;发现学生行为具有危险性的,应当及时告诫、制止,并与学生监护人沟通。

第三十六条 学生在校学习和生活期间,应当遵守学校纪律和规章制度,服从学校的安全教育和管理,不得从事危及自身或者他人安全的活动。

第三十七条 监护人发现被监护人有特异体质、特定疾病或者异常心理状况的,应当及时告知学校。

学校对已知的有特异体质、特定疾病或者异常心理状况的学生,应当给予适当关注和照顾。生理、心理状况异常不宜在校学习的学生,应当休学,由监护人安排治疗、休养。

第五章 安全教育

第三十八条 学校应当按照国家课程标准和地方课程设置要求,将安全教育纳入教学内容,对学生开展安全教育,培养学生的安全意识,提高学生的自我防护能力。

第三十九条　学校应当在开学初、放假前,有针对性地对学生集中开展安全教育。新生入校后,学校应当帮助学生及时了解相关的学校安全制度和安全规定。

第四十条　学校应当针对不同课程实验课的特点与要求,对学生进行实验用品的防毒、防爆、防辐射、防污染等的安全防护教育。

学校应当对学生进行用水、用电的安全教育,对寄宿学生进行防火、防盗和人身防护等方面的安全教育。

第四十一条　学校应当对学生开展安全防范教育,使学生掌握基本的自我保护技能,应对不法侵害。

学校应当对学生开展交通安全教育,使学生掌握基本的交通规则和行为规范。

学校应当对学生开展消防安全教育,有条件的可以组织学生到当地消防站参观和体验,使学生掌握基本的消防安全知识,提高防火意识和逃生自救的能力。

学校应当根据当地实际情况,有针对性地对学生开展到江河湖海、水库等地方戏水、游泳的安全卫生教育。

第四十二条　学校可根据当地实际情况,组织师生开展多种形式的事故预防演练。

学校应当每学期至少开展一次针对洪水、地震、火灾等灾害事故的紧急疏散演练,使师生掌握避险、逃生、自救的方法。

第四十三条　教育行政部门按照有关规定,与人民法院、人民检察院和公安、司法行政等部门以及高等学校协商,选聘优秀的法律工作者担任学校的兼职法制副校长或者法制辅导员。

兼职法制副校长或者法制辅导员应当协助学校检查落实安全制度和安全事故处理、定期对师生进行法制教育等,其工作成果纳入派出单位的工作考核内容。

第四十四条　教育行政部门应当组织负责安全管理的主管人员、学校校长、幼儿园园长和学校负责安全保卫工作的人员,定期接受有关安全管理培训。

第四十五条　学校应当制定教职工安全教育培训计划,通过多种途径和方法,使教职工熟悉安全规章制度、掌握安全救护常识,学会指导学生预防事故、自救、逃生、紧急避险的方法和手段。

第四十六条　学生监护人应当与学校互相配合,在日常生活中加强对被监护人的各项安全教育。

学校鼓励和提倡监护人自愿为学生购买意外伤害保险。

第六章　校园周边安全管理

第四十七条　教育、公安、司法行政、建设、交通、文化、卫生、工商、质检、新闻出版等部门应当建立联席会议制度,定期研究部署学校安全管理工作,依法维护学校周边秩序;通过多种途径和方式,听取学校和社会各界关于学校安全管理工作的意见和建议。

第四十八条　建设、公安等部门应当加强对学校周边建设工程的执法检查,禁止任何单位或者个人违反有关法律、法规、规章、标准,在学校围墙或者建筑物边建设工程,在校园周边设立易燃易爆、剧毒、放射性、腐蚀性等危险物品的生产、经营、储存、使用场所或者设施以及其他可能影响学校安全的场所或者设施。

第四十九条　公安机关应当把学校周边地区作为重点治安巡逻区域,在治安情况复杂的学校周边地区增设治安岗亭和报警点,及时发现和消除各类安全隐患,处置扰乱学校秩序和侵害学生人身、财产安全的违法犯罪行为。

第五十条　公安、建设和交通部门应当依法在学校门前道路设置规范的交通警示标志,施划人行横线,根据需要设置交通信号灯、减速带、过街天桥等设施。

在地处交通复杂路段的学校上下学时间,公安机关应当根据需要部署警力或者交通协管人员维护道路交通秩序。

第五十一条　公安机关和交通部门应当依法加强对农村地区交通工具的监督管理,禁止没有资质的车船搭载学生。

第五十二条　文化部门依法禁止在中学、小学校园周围200米范围内设立互联网上网服务营业场所,并依法查处接纳未成年人进入的互联网上网服务营业场所。工商行政管理部门依法查处取缔擅自设立的互联网上网服务营业场所。

第五十三条　新闻出版、公安、工商行政管理等部门应当依法取缔学校周边兜售非法出版物的游商和无证照摊点,查处学校周边制售含有淫秽色情、凶杀暴力等内容的出版物的单位和个人。

第五十四条　卫生、工商行政管理部门应当对校园周边饮食单位的卫生状况进行监督,取缔非法经营的小卖部、饮食摊点。

第七章　安全事故处理

第五十五条　在发生地震、洪水、泥石流、台风等自然灾害和重大治安、公共卫生突发事件时,教育等部门应当立即启动应急预案,及时转移、疏散学生,或者采取其他必要防护措施,保障学校安全和师生人身财产安全。

第五十六条　校园内发生火灾、食物中毒、重大治安等突发安全事故以及自然灾害时,学校应当启动应急预案,及时组织教职工参与抢险、救助和防护,保障学生身体健康和人身、财产安全。

第五十七条　发生学生伤亡事故时,学校应当按照《学生伤害事故处理办法》规定的原则和程序等,及时实施救助,并进行妥善处理。

第五十八条　发生教职工和学生伤亡等安全事故的,学校应当及时报告主管教育行政部门和政府有关部门;属于重大事故的,教育行政部门应当按照有关规定及时逐级上报。

第五十九条　省级教育行政部门应当在每年 1 月 31 日前向国务院教育行政部门书面报告上一年度学校安全工作和学生伤亡事故情况。

第八章　奖励与责任

第六十条　教育、公安、司法行政、建设、交通、文化、卫生、工商、质检、新闻出版等部门,对在学校安全工作中成绩显著或者做出突出贡献的单位和个人,应当视情况联合或者分别给予表彰、奖励。

第六十一条　教育、公安、司法行政、建设、交通、文化、卫生、工商、质检、新闻出版等部门,不依法履行学校安全监督与管理职责的,由上级部门给予批评;对直接责任人员由上级部门和所在单位视情节轻重,给予批评教育或者行政处分;构成犯罪的,依法追究刑事责任。

第六十二条　学校不履行安全管理和安全教育职责,对重大安全隐患未及时采取措施的,有关主管部门应当责令其限期改正;拒不改正或者有下列情形之一的,教育行政部门应当对学校负责人和其他直接责任人员给予行政处分;构成犯罪的,依法追究刑事责任:

(一)发生重大安全事故、造成学生和教职工伤亡的;

(二)发生事故后未及时采取适当措施、造成严重后果的;

(三)瞒报、谎报或者缓报重大事故的;

(四)妨碍事故调查或者提供虚假情况的;

(五)拒绝或者不配合有关部门依法实施安全监督管理职责的。

《中华人民共和国民办教育促进法》及其实施条例另有规定的,依其规定执行。

第六十三条 校外单位或者人员违反治安管理规定、引发学校安全事故的,或者在学校安全事故处理过程中,扰乱学校正常教育教学秩序、违反治安管理规定的,由公安机关依法处理;构成犯罪的,依法追究其刑事责任;造成学校财产损失的,依法承担赔偿责任。

第六十四条 学生人身伤害事故的赔偿,依据有关法律法规、国家有关规定以及《学生伤害事故处理办法》处理。

第九章 附 则

第六十五条 中等职业学校学生实习劳动的安全管理办法另行制定。

第六十六条 本办法自 2006 年 9 月 1 日起施行。

附录四

民政部、财政部关于政府
购买社会工作服务的指导意见

民发〔2012〕196 号

各省、自治区、直辖市民政厅(局)、财政厅(局),各计划单列市民政局、财政局,
新疆生产建设兵团民政局、财务局:

为建立健全政府购买社会工作服务制度,加快推进社会工作专业人才队伍建设,加强以保障和改善民生为重点的社会建设,根据《国家中长期人才发展规划纲要(2010—2020 年)》(中发〔2010〕6 号)、《国家基本公共服务体系"十二五"规划》(国发〔2012〕29 号)、《关于加强社会工作专业人才队伍建设的意见》(中组发〔2011〕25 号)和《中华人民共和国政府采购法》要求,现就政府购买社会工作服务提出如下意见:

一、充分认识政府购买社会工作服务的重要性与紧迫性

社会工作服务是社会工作专业人才运用专业方法为有需要的人群提供的包括困难救助、矛盾调处、人文关怀、心理疏导、行为矫治、关系调适、资源协调、社会功能修复和促进个人与环境适应等在内的专业服务,是现代社会服务体系的重要组成部分。政府购买社会工作服务,是政府利用财政资金,采取市场化、契约化方式,面向具有专业资质的社会组织和企事业单位购买社会工作服务的一项重要制度安排。建立健全政府购买社会工作服务制度,深入推进政府购买社会工作服务,是加强社会工作专业人才队伍建设、促进民办社会工作服务机构发展的内在要求;是创新公共财政投入方式、拓宽公共财政支持范围、提高公共财政投入效益的重要举措;是改进现代社会管理服务方式、丰富现代社会管理服务主体、完善现代社会管理服务体系的客观需要;对于加快政府职能转变、建设服务型政府、有效满足人民群众不断增长的个性化、多样化社会服务需求,具有十分重要的意义。

近年来,不少地方围绕政府购买社会工作服务政策制度、体制机制、方式方法等进行了一系列实践探索,在拓宽服务领域、深化服务内涵、提高服务质量、满足社会需求等方面取得了重要成果。但从整体上看,我国政府购买社会

工作服务还存在着政策制度不健全、体制机制不完善、规模范围较小等问题，与中央加快构建现代社会服务体系、增强民生保障能力、加强和创新社会管理的目标要求和人民群众不断增长的社会服务需求相比尚有较大差距。各级民政和财政部门要切实增强责任感和紧迫感，充分总结借鉴国内外政府购买社会工作服务实践经验，以改革创新精神，采取更加有力措施，加快推进政府购买社会工作服务。

二、政府购买社会工作服务的指导思想、工作原则和主要目标

（一）指导思想。以中国特色社会主义理论体系为指导，大力推进公共财政改革，以满足人民群众服务需求、保障和改善基本民生为根本出发点，以建立健全政策制度、完善体制机制为着力点，以培养使用社会工作专业人才队伍、扶持发展民办社会工作服务机构为基础，深入推进政府购买社会工作服务，为进一步完善现代社会服务体系、深化公共财政体制改革、促进社会事业健康发展提供有力保障。

（二）工作原则。坚持立足需求、量力而为，从人民群众最基本、最紧迫的需求出发设计、实施社会工作服务项目，用人民群众社会服务需求是否得到有效满足作为检验政府购买社会工作服务的重要标准；通过以点带面、点上突破、面上推广方式，以城市流动人口、农村留守人员、困难群体、特殊人群和受灾群众为重点，有计划、有步骤地开展政府购买社会工作服务，逐步拓展政府购买的领域和范围。坚持政府主导、突出公益，加强对政府购买社会工作服务的组织领导、政策支持、财政投入和监督管理，充分尊重市场主体地位，发挥市场机制在配置社会服务资源中的基础性作用，通过公开透明、竞争择优方式选择服务提供机构；引导服务提供机构按照公益导向原则组织实施社会工作服务项目。坚持鼓励创新、强化实效，立足各地经济社会发展实际，充分借鉴国内外有益经验，创新政府购买社会工作服务的体制机制，改进政府购买社会工作服务的方式方法，建立健全具有中国特色的政府购买社会工作服务制度；切实加强绩效管理，降低服务成本，提高服务效率，增强政府购买社会工作服务的针对性和有效性。

（三）主要目标。建立健全政府购买社会工作服务政策制度，建立完善的社会工作服务标准体系，形成协调有力的政府购买社会工作服务管理体制以及规范高效的工作机制；加大财政投入力度，逐步拓宽政府购买社会工作服务范围、扩大政府购买社会工作服务规模、提升政府购买社会工作服务质量；加快培养一支高素质的社会工作专业人才队伍，发展一批数量充足、治理科学、

服务专业、作用明显的社会工作服务机构,提高其承接政府购买社会工作服务的能力,使社会工作服务的范围、数量、规模和质量适应经济社会发展要求,有效满足人民群众个性化、多样化、专业化服务需求。

三、政府购买社会工作服务的主体、对象、范围、程序与监督管理

(一)购买主体。各级政府是购买社会工作服务的主体。各级民政部门具体负责本级政府购买社会工作服务的统筹规划、组织实施和绩效评估;各级财政部门具体负责本级政府购买社会工作服务规划计划审核、经费安排与监督管理;各有关部门和群团组织负责本系统、本行业社会工作服务需求评估,向同级民政部门申报社会工作服务计划并具体实施。

(二)购买对象。政府购买社会工作服务的对象主要为具有独立法人资格,拥有一支能够熟练掌握和灵活运用社会工作知识、方法和技能的专业团队,具备完善的内部治理结构、健全的规章制度、良好的社会公信力以及较强的公益项目运营管理和社会工作专业服务能力的社会团体、民办非企业单位和基金会。具备相应能力和条件的企事业单位可承接政府购买社会工作服务。

(三)购买范围。按照"受益广泛、群众急需、服务专业"原则,重点围绕城市流动人口、农村留守人员、困难群体、特殊人群和受灾群众的个性化、多样化社会服务需求,组织开展政府购买社会工作服务。实施城市流动人口社会融入计划,为流动人口提供生活扶助、就业援助、生计发展、权益维护等服务,帮助其尽快融入城市生活,实现城市户籍居民与外来经商务工人员的和谐共处。实施农村留守人员社会保护计划,帮助农村留守儿童、妇女和老人缓解生活困难,构建完善的社会保护与支持网络。实施老年人、残疾人社会照顾计划,为老年人和残疾人提供生活照料、精神慰藉、社会参与、代际沟通等服务,构建系统化、人性化、专业化的养老助残服务机制。实施特殊群体社会关爱计划,帮助药物滥用人员、有不良行为青少年、艾滋病患者、精神病患者、流浪乞讨人员、社区矫正人员、服刑人员、刑释解教人员等特殊人群纠正行为偏差、缓解生活困难、疏导心理情绪、改善家庭和社区关系、恢复和发展社会功能。实施受灾群众生活重建计划,围绕各类受灾群众的经济、社会、心理需要,开展生活救助、心理疏导、社区重建、资源链接、生计项目开发等社会工作专业服务,帮助受灾群众重树生活信心、修复社会关系、恢复生产生活。

(四)购买程序。一是编制预算。民政部门根据本地经济社会发展水平和财力状况,协调有关部门和群团组织切实做好人民群众尤其是困难群体、特殊

人群社会服务需求的摸底调查与分析评估,核算服务成本,提出政府购买社会工作服务的数量、规模、质量与效果目标要求,科学编制年度社会工作服务项目预算并报同级财政部门审批。二是组织购买。购买社会工作服务,原则上应通过公开招标方式进行。对只能从有限范围服务机构购买,或因技术复杂、性质特殊而不能确定具体服务要求、不能事先计算出价格总额的社会工作服务项目,经同级财政部门批准,可以采用邀请招标、竞争性谈判方式购买。对只能从唯一服务提供机构购买的,向社会公示并经同级财政部门批准后,可以采取单一来源采购方式组织采购。政府购买社会工作服务的组织实施,必须符合《中华人民共和国政府采购法》以及相关法律法规和部门规章要求。三是签订合同。民政部门要按照合同管理要求,与服务提供机构订立购买服务合同,明确购买服务的范围、数量、质量要求以及服务期限、资金支付方式、违约责任等内容。四是指导实施。财政和民政部门要及时下拨购买经费,指导、督促服务承接机构严格履行合同义务,按时完成服务项目任务,保证服务数量、质量和效果。

(五)监督管理。建立健全政府购买社会工作服务监督管理制度,形成完善的社会工作服务项目购买文件档案,制定具体、详实、严格的专业服务、资金管理及效果评价等方面指导标准。切实加强过程监管,按照政府购买社会工作服务合同要求,对专业服务过程、任务完成和资金使用情况等进行督促检查。建立由购买方、服务对象及第三方组成的综合性评审机制,及时组织对已完成社会工作服务项目的结项验收。积极推进第三方评估,发挥专业评估机构、行业管理组织、专家等方面作用,对服务机构承担的项目管理、服务成效、经费使用等内容进行综合考评。坚持过程评估与结果评估、短期效果评估与长远效果评估、社会效益评估与经济效益评估相结合,确保评估工作的全面性、客观性和科学性。将考评结果与后续政府购买服务挂钩,对考评合格者,继续支持开展购买服务合作;对考评不合格者,提出整改意见,并取消一定时期内承接政府购买社会工作服务资格;情节严重者,依法依约追究有关责任。建立社会工作服务提供机构征信管理制度。

四、加强对政府购买社会工作服务的组织领导

(一)建立健全领导体制和工作机制。各有关部门要将政府购买社会工作服务提上重要议事日程,纳入基本公共服务发展规划。适应社会工作分布广泛、高度分散的特点,建立健全以民政和财政部门为主导、各有关部门密切配合、社会力量广泛参与的工作机制。各省级民政和财政部门要根据本指导意

见,抓紧制定具体实施办法。加强社会工作行业组织建设,发挥其在推动政府购买社会工作服务中的积极作用。

(二)建立健全政府购买社会工作服务制度。适时制定政府购买社会工作服务管理办法。将政府购买社会工作服务要求纳入社会工作专业人才队伍建设、民办社会工作服务机构发展以及政府采购、公共财政投入等方面法规政策和部门规章制度修订范围。围绕社会工作服务流程、专业方法、质量控制、监督管理、需求评估、成本核算、招投标管理、绩效考核、能力建设等环节,加快相关标准研制步伐,逐步建立科学合理、协调配套的社会工作管理服务标准体系,为政府购买社会工作服务提供有力技术保障。

(三)培育发展社会工作服务载体。在充分发挥现有相关社会组织和企事业单位作用基础上,通过完善管理体制、适当放宽准入条件和简化登记程序等措施,鼓励社会工作专业人才创办民办社会工作服务机构。采取财政资助、落实税收优惠政策、提供办公场所等方式支持处于起步阶段、具有发展潜力的民办社会工作服务机构发展。引导民办社会工作服务机构完善内部治理结构,健全规章制度,加强管理服务队伍建设,提升资源整合、项目管理和社会工作服务水平,增强承接政府购买社会工作服务的能力。建立健全民办社会工作服务机构信息公开制度,着力提高其社会公信力。培育发展一批社会工作专业能力建设与评估咨询机构,为更好开展政府购买社会工作服务提供专业支持。

(四)加大政府购买社会工作服务经费投入。各级财政要将政府购买社会工作服务经费列入财政预算,逐步加大财政投入力度,扩大政府购买社会工作服务范围和规模,带动建立多元化社会工作服务投入机制。探索建立社会工作服务项目库,实现项目库管理与预算编制的有机衔接。从民政部门留用的彩票公益金中安排资金,用于购买社会工作服务。鼓励社会资金支持购买社会工作服务。严格资金管理,确保资金使用安全规范、科学有效。中央财政安排专项资金,支持社会组织参与社会工作服务,引导社会工作专业人才为困难群体、特殊人群以及中西部地区和老少边穷地区提供专业服务。

(五)加强政府购买社会工作服务宣传交流。积极发挥各类新闻媒体作用,加强对政府购买社会工作服务的宣传。定期组织开展优秀社会工作服务项目和民办社会工作服务机构评选,调动社会力量参与社会工作服务的积极性,增强社会各界对政府购买社会工作服务的认同与支持。建立健全政府购买社会工作服务信息管理平台,依托信息网络技术,开展需求调查、计划发布、项目管理、政策宣传、信息公开等工作,提升政府购买社会工作服务管理水平。

定期举办社会工作宣传周、项目推介会、展示会、公益创投等活动,为民办社会工作服务机构交流经验、推广项目、争取资源创造条件。

2012 年 11 月 14 日

附录五

泉州市出台关于《推进政府
向社会力量购买服务暂行规定》

（泉政〔2014〕32 号）

各县(市、区)人民政府,泉州市开发区、泉州台商投资区管委会,市人民政府各部门、各直属机构,各大企业,各高等院校:

《泉州市推进政府向社会力量购买服务暂行规定》已经市政府同意,现印发给你们,请认真贯彻执行。

泉州市推进政府向社会力量购买服务暂行规定

为规范和推进我市的政府向社会力量购买服务工作,根据《中华人民共和国政府采购法》《中华人民共和国合同法》和《国务院办公厅关于政府向社会力量购买服务的指导意见》(国办发〔2013〕96 号)等,制定本规定。

一、本规定所称政府向社会力量购买服务(以下简称"政府购买服务"),是指根据经济社会发展情况和公共服务的实际需要,运用市场机制,把政府直接向社会公众提供的一部分公共服务事项,按照一定的方式和程序,以合同管理的方式,交由具备条件的社会组织、机构和企业等社会力量承担,由政府根据服务数量和质量,按照一定的标准进行考核评估并支付服务费用的过程和做法。

二、政府购买服务的主体(以下简称"购买主体")是指行政机关、参照公务员法管理具有行政管理职能的事业单位和纳入行政编制管理且经费由财政负担的群团组织。

三、承接政府购买服务的主体(以下简称"承接主体"),包括在民政部门登记或经国务院批准免予登记的社会组织,以及依法在工商管理或行业主管部门登记成立的企业、机构等。承接主体应具备以下条件:

(一)依法设立,能独立承担民事责任;

(二)治理结构健全,内部管理和监督制度完善;

(三)具有独立的财务管理、会计核算和资产管理制度;

（四）具备提供公共服务所必需的设施、人员和专业技术能力；

（五）具有依法缴纳税收和社会保障资金的良好记录；

（六）在参与政府购买服务竞争前3年内无重大违法违纪行为，通过年检、资质审查合格，社会信誉、商业信誉良好；

（七）法律、法规规定的其他条件。

购买主体可根据购买服务的性质、内容和质量要求设定承接主体的具体条件。

四、政府购买服务按以下原则进行：

（一）积极稳妥，有序推进。各级政府根据政府职能转移的要求，结合本地区经济社会发展水平和财政承受能力，合理确定购买服务内容和要求。

（二）明晰权责，加强协调。按照财权与事权相统一原则，明晰政府、社会力量、服务对象三方的责、权、利，加强相关部门之间的沟通与协调，积极履职，确保政府购买服务的有效进行。

（三）公开透明，注重绩效。坚持公平、公正、公开原则，及时向社会公开服务内容、执行标准、考评办法、服务效果等。强化政府购买服务的过程控制，突出社会效益和降低行政成本，实施购买服务绩效评价。

五、下列事项原则上通过政府购买服务的方式，逐步转由承接主体承担：

（一）社会公共服务与管理事项

1. 教育、卫生、文化、体育、公共交通、住房保障、社会保障、公共就业等领域适宜由承接主体承担的基本公共服务事项；

2. 社区事务、养老助残、法律援助、社工服务、社会福利、慈善救济、公益服务、人民调解、社区矫正、安置帮教和宣传培训等社会事务服务事项；

3. 科研、行业规划、行业调查、行业统计分析、社会审计与资产评估、检验、检疫、检测等技术服务事项；

4. 按政府转移职能要求实行购买服务的其他事项。

（二）履行职责所需要的服务事项

1. 法律服务、课题研究、政策（立法）调研、政策（立法）草拟、决策（立法）论证、监督评估、绩效评价、材料整理、会务服务等辅助性和技术性事务；

2. 按政府转移职能要求实行购买服务的其他事项。

法律法规另有规定，或涉及国家安全、保密事项以及司法审判、行政决策、行政许可、行政审批、行政执法、行政强制等事项可不列入政府购买服务范围。

六、各级财政部门会同有关职能部门拟订本级政府各年度向社会力量购买服务目录，并按规定向社会公布。

　　七、政府购买服务按下列程序进行：

　　（一）编制购买服务计划。购买主体应根据当年政府购买服务目录，结合本单位工作实际，编制购买服务项目计划书，计划书包含项目名称、项目内容、绩效目标、预算经费等内容，经主管部门同意后，报同级财政部门审核。

　　（二）审核购买服务项目。各单位在编制下一财政年度部门预算时，应当将该财政年度政府购买服务的项目及资金预算列出，报本级财政部门汇总。部门预算的审批，按预算管理权限程序进行。经同级财政部门审核后，购买主体应主动向社会公开所需购买服务项目的服务标准、购买预算、评价方法和服务要求等内容，并向同级政府采购监督管理部门申报采购计划。突发性应急事项只能从唯一供应商处采购的，经市政府同意后，可先确定承接主体，再根据购买服务的数量和质量确定预算额度。

　　（三）审批采购计划和采购方式。同级政府采购监督管理部门应根据《政府采购法》《政府采购货物和服务招投标管理办法》（财政部令第 18 号）和当年度《泉州市政府集中采购目录及采购限额标准》等规定，对购买主体申报的政府购买服务计划进行审批，并确定采购方式。在采购限额以上必须公开招标的项目，因特殊原因需要采用公开招标以外方式，应按照《政府采购非招标采购方式管理办法》（财政部令第 74 号）及《泉州市市直单位货物及服务政府采购方式变更审批管理暂行规定》（泉采委〔2013〕1 号）办理。

　　（四）采购选定承接主体。政府购买服务在采购限额以上的，由购买主体委托集中采购机构组织实施；在采购限额以下的项目，由购买主体通过公开竞争方式实施。购买主体应根据《泉州市政府采购促进民营企业发展暂行规定》（泉财采〔2013〕533 号）要求，在价格扣除、评分标准条款、投标保证金和履约保证金等方面对纳入地产品供应商名录的企业给予政策倾斜，同等条件下优先获得服务合同。

　　（五）签订购买服务合同。承接主体确定后，购买主体按期与该承接主体签订购买服务合同，明确政府购买服务的范围、目标、任务、要求和服务期限、资金支付、违约责任等内容。合同签订后，报同级财政部门报备。

　　（六）履行购买服务合同。承接主体按合同约定组织项目实施，定期自查，接受购买主体及其主管部门的监督检查。购买主体应对承接主体提供的服务进行跟踪监督。

　　（七）验收购买服务项目。项目完成后，购买主体应及时牵头组织对项目完成情况的评估验收和绩效评价，并出具评估验收报告。

　　八、根据现行财政财务管理制度，政府购买服务所需资金从其部门预算安排的公用经费或经批准使用的专项经费预算中统筹安排。随着政府提供公共服务的发展所需增加的资金,应按照预算管理要求列入财政预算。资金支付由购买主体依据购买服务合同,按现行的政府采购预算资金支付程序支付。

九、加强政府购买服务的绩效管理,严格绩效评价机制。建立健全由购买主体及其主管部门、服务对象及第三方组成的综合性评审机制,对购买服务项目数量、质量和资金使用绩效等进行考核评价。评价结果向社会公布,并作为以后年度编制政府购买服务预算和选择承接主体的重要依据。

十、政府购买服务工作涉及面广,各级政府要建立"政府统一领导,财政部门牵头,民政、工商管理以及行业主管部门协同,职能部门履职,监督部门保障"的工作机制,拟定购买服务目录,确定购买服务计划,指导监督政府购买服务工作。相关职能部门要按照分工,加强协调沟通,做到各负其责、齐抓共管。同时,逐步建立政府购买服务退出机制。

十一、财政、监察、审计等部门应加强对政府购买服务的监督,规范政府购买服务资金管理和使用,防止截留、挪用和滞留资金等现象发生。对违法违规行为,按相关规定予以处罚、处分;构成犯罪的,移交司法机关处理。对在政府购买服务工作中做出突出贡献、取得良好社会和经济效益的承接主体,可给予奖励性补助。

十二、本暂行规定由市财政局负责解释。

十三、本暂行规定自发布之日起实施。

泉州市人民政府

2014 年 3 月 13 日

附录六

社会工作者职业道德指引

（2012 年 12 月 28 日民政部公布）

第一章　总　　则

第一条　为加强社会工作者职业道德建设，保证社会工作者正确履行专业社会工作服务职责，根据国家有关规定，制定本指引。

第二条　本指引所指的社会工作者是指通过全国社会工作者职业水平评价，提供专业社会工作服务的人员。

第三条　社会工作者应热爱祖国、热爱人民、拥护中国共产党领导，遵守宪法和法律法规，贯彻落实党和国家有关方针政策。

第四条　社会工作者应践行社会主义核心价值观，遵循以人为本、助人自助专业理念，热爱本职工作，以高度的责任心，正确处理与服务对象、同事、机构、专业及社会的关系。

第二章　尊重服务对象 全心全意服务

第五条　社会工作者应以服务对象的正当需求为出发点，全心全意为服务对象提供专业服务，最大程度地维护服务对象的合法权益。

第六条　社会工作者应平等对待和接纳服务对象，不因民族、种族、性别、户籍、职业、宗教信仰、社会地位、教育程度、身体状况、财产状况、居住期限等因素而区别对待。

第七条　社会工作者应尊重服务对象知情权，确保服务对象在接受服务过程中，了解自身和机构的权利、责任和义务，以及获得服务的情况和可能由此产生的结果。

第八条　社会工作者应在不违反法律、不妨碍他人正当权益的前提下，保护服务对象的隐私，对在服务过程中获取的信息资料予以保密。

第九条　社会工作者应培养服务对象自我决定的能力，尊重和保障服务对象对与自身利益相关的决定进行表达和选择的权利。

第十条　社会工作者不得利用与服务对象的专业关系,谋取私人利益或其他不当利益,损害服务对象的合法权益。

第三章　信任支持同事 促进共同成长

第十一条　社会工作者应与同事建立平等互信的工作关系。

第十二条　社会工作者应主动与同事分享知识、经验、技能,互相促进,共同成长。有责任在必要时协助同事为服务对象提供服务,接受转介的工作。

第十三条　社会工作者应尊重其他社会工作者、专业人士和志愿者不同的意见及工作方法。任何建议、批评及冲突都应以负责任、建设性的态度沟通和解决。

第十四条　社会工作者应相互督促支持,对同事违反专业要求的言行予以提醒,对同事受到与事实不符的投诉予以澄清。

第四章　践行专业使命 促进机构发展

第十五条　社会工作者应认同机构使命和发展目标,遵守机构规章制度,按照机构赋予的职责开展专业服务。

第十六条　社会工作者应积极维护机构的形象和声誉,在发表公开言论或进行公开活动时,应表明自己代表的是个人还是机构。

第十七条　社会工作者应致力于推动机构遵循社会工作专业使命和价值观,促进机构成长、参与机构管理,增强服务能力、提高服务质量。

第五章　提升专业能力 维护专业形象

第十八条　社会工作者在提供专业服务时,应诚实、守信、尽责,积极维护专业形象。社会工作者应在自身专业能力和服务范围内提供服务。

第十九条　社会工作者应不断内化和践行专业理念,持续充实专业知识和技能,提升专业能力,促进专业功能的发挥和专业地位的提升。

第二十条　社会工作者应继承中华民族优良传统,借鉴国际社会工作发展优秀成果,总结中国社会工作经验,推动中国特色社会工作发展。

第六章　勇担社会责任 增进社会福祉

第二十一条　社会工作者应运用专业视角,发挥专业特长,参与相关政策法规的制定和完善,维护社会公平正义,增进社会福祉。

第二十二条　社会工作者应正确鼓励、引导社会大众参与社会公共事务,推动社会建设。

　　第二十三条　社会工作者应推广专业服务,促进社会资源合理分配,使社会服务惠及社会大众。

第七章　附　　则

　　第二十四条　本指引自发布之日起施行。

附录七

儿童社会工作服务指南(节选)

中华人民共和国民政行业标准

MZ/T 058-2014

2014-12-24 发布　　2014-12-24 实施

中华人民共和国民政部发布

儿童社会工作服务指南

1. 范围

本标准规定了儿童社会工作服务原则、服务的范围和类别、服务流程、服务技巧、督导、服务管理和人员要求等。

本标准适用于为有需要的儿童提供的社会工作服务。

2. 规范性引用文件

下列文件对于本文件的应用是必不可少的。凡是注日期的引用文件,仅注日期的版本适用于本文件。

凡是不注日期的引用文件,其最新版本(包括所有的修改单)适用于本文件。

GB/T28224-2011 流浪未成年人救助保护机构服务

MZ010-2013 儿童福利机构基本规范

社会工作者继续教育办法

社会工作者职业道德指引

3. 术语和定义

3.1

儿童需要 children's needs

儿童身心健康成长和发展所需的条件、机会和资源的总和。

3.2

儿童社会工作 social work with children

社会工作者根据儿童的生理、心理特点和成长、发展的需要,以专业的价值观为指导和科学的理论为基础,运用社会工作的专业方法和技巧对儿童开展的服务。

3.3

儿童服务机构 children's service agency

从事儿童照顾、保护、发展(主要指生理、心理及社会发展)等服务的组织。

4. 服务原则

4.1　优先原则

社会工作者在政策规划、服务计划制定、资源配置和服务提供等方面,应优先考虑儿童的利益和需要。

4.2　利益最大原则

社会工作者应以儿童为中心,从儿童身心发展特点和利益出发提供专业服务,最大限度保障儿童权益。

4.3　伤害最小原则

社会工作者在工作中如果无法避免造成伤害,尽量选择对儿童造成最小伤害的方案,或者是最容易从伤害恢复的方案。

4.4　平等参与原则

社会工作者应创造公平的环境,确保儿童不因民族、种族、性别、家庭出身、宗教信仰、教育程度、财产状况、居住期限受到任何歧视,保障所有儿童享有平等的权利与机会。

社会工作者应鼓励和支持儿童参与同自身利益相关的服务活动,尊重其在权利和能力范围之内的自我决定和行动。

4.5　生态系统原则

社会工作者应重视家庭的作用,运用生态系统的观点,从儿童自身及其与家庭、朋辈群体、社区、学校、服务机构等的互动关系中分析儿童问题,识别所需资源,提供专业服务,促进儿童发展。

5. 服务的主要类型

5.1　支持性服务

重视环境自身的力量,通过环境培育的方法,提高儿童所处环境的功能,强化照料者的能力,促进儿童健康成长。例如为家庭教育提供心理咨询和抚育帮助,增进父母的亲职功能服务。

5.2 保护性服务

通过外部监督、干预性服务等方式,防止儿童被虐待、忽视和剥削。如儿童保护热线、儿童防性侵服务,为受伤害的儿童提供的庇护和心理干预,为离婚家庭儿童提供心理疏导等。

5.3 补充性服务

通过专业介入,适当增强儿童所处环境中的某些薄弱或缺失环节,弥补家庭对儿童照顾功能的不足。例如帮助儿童家庭申请相关的社会救助,包括现金救助、日用品的补助和托育服务等。

5.4 替代性服务

当家庭照顾功能缺失时,针对儿童的实际需要,将儿童安排到适当的居住场所,提供一部分或全部替代家庭照顾功能的服务。例如家庭寄养、收养、儿童福利院和未成年人救助保护中心对儿童的安置服务等。

6. 服务流程

6.1 接案

6.1.1 社会工作者在接案过程中应完成下列主要工作:
——介绍服务宗旨、服务政策、服务项目等;
——初步收集与儿童有关的信息;
——初步探索儿童的问题和需要;
——与儿童、儿童监护人或主要照料人建立专业关系;
——填写《接案登记表》。

6.1.2 社会工作者在接案过程中应注意:
——与儿童沟通时应注重以儿童的视角看问题;
——与儿童监护人或主要照料人进行沟通,协同解决儿童的问题;
——从家庭、学校、朋辈群体和社区等多方面入手收集资料。

6.2 预估

6.2.1 社会工作者在预估过程中应完成下列工作:
——发现和识别儿童问题的成因;
——识别儿童及其所处环境中的积极因素和消极因素;
——决定为儿童提供服务的方式和内容;
——填写《儿童预估表》;
——存在家庭高风险因素的应填写《高风险家庭评估表》。

6.2.2 社会工作者在预估过程中应注意:

——坚持动态和持续性的原则,对儿童的问题逐渐深入认识;

——对儿童面临的问题按照轻重缓急排序,找出急需解决的问题;

——关注儿童、家长及其他相关人员的参与,为他们提供表达意见的机会,充分尊重他们的意愿和态度。

6.3　计划

6.3.1　儿童服务计划包括以下主要内容:

——儿童的问题与需要,儿童及其所处环境的资源、优势;

——服务计划的短期、中期和长期目标;

——介入措施、行动步骤及进度安排;

——社会工作者、儿童和家庭或其他照顾者各自的任务;

——评估参与者和评估方式方法;

——填写《儿童服务计划表》。

6.3.2　社会工作者在制定服务计划时应注意:

——在制定服务计划时应有儿童的参与,尊重儿童的意愿;

——服务计划应尽量详细和具体;

——服务计划应与儿童服务的宗旨、目标相符合;

——服务计划应易于总结和评估。

6.4　介入

6.4.1　介入任务

6.4.1.1　直接介入的主要任务有:

——促使儿童、家长及相关人员学会运用现有的资源;

——对儿童与环境产生的冲突进行调解;

——运用各种能够影响儿童改变的力量帮助儿童实现积极的改变;

——填写《儿童服务面谈记录表》。

6.4.1.2　间接介入的主要任务有:

——注意发掘和运用儿童所在社区的资源;

——协调和链接各种儿童服务的资源与系统;

——改变儿童所处的环境;

——促进儿童政策的改变;

——填写《儿童社会工作者可利用的资源列表》。

6.4.2　社会工作者在介入过程中应注意:

——坚持以儿童为本的原则;

——考虑儿童的发展阶段和年龄特征;

——与儿童共同参与介入行动；

——介入行动与服务目标一致。

6.5 评估

6.5.1 社会工作者在评估过程中应完成下列主要工作：

——根据服务内容选择适宜的评估方法（常用评估方法包括：基线测量法、任务完成情况测量法、目标实现程度测量法和介入影响测量法）；

——收集和分析相关资料；

——撰写评估结果；

——填写《儿童服务评估表》。

6.5.2 社会工作者进行评估时应注意：

——儿童有哪些变化；

——服务过程中所运用的理论与技巧是否恰当和有效；

——明确要做哪些跟进工作。

6.6 结案

6.6.1 社会工作者在结案阶段应完成下列主要工作：

——巩固儿童及其所处环境已有的改变；

——增强儿童独立解决问题的能力和信心；

——解除工作关系，妥善处理分离情绪；

——填写《儿童服务结案表》。

6.6.2 社会工作者在结案时应注意：

——与儿童回顾服务的过程，以确定结案时机是否成熟；

——提前告知儿童结案的时间，让儿童有心理准备，帮助儿童处理好离别情绪；

——提醒儿童学会自立，告诉儿童在需要时将继续提供帮助；

——让儿童理解自己的收获，正向表达感受。

7. 服务方法

7.1 直接服务方法

7.1.1 社会工作者以面对面的方式给儿童及其家庭提供个案服务和咨询。

7.1.2 社会工作者以小组工作的方式给儿童及其家庭提供服务，包括支持性小组、治疗性小组、自助小组和任务小组等。

7.1.3 运用个案管理的方法评估儿童的需求、关注儿童与环境间的互动、安排协调儿童所需要的资源和服务。

7.2 间接服务方法

7.2.1 社会工作者通过整合现有的家庭、社区、学校和其他部门的资源,为儿童及其家庭提供服务。

7.2.2 社会工作者通过动员、拓展的方式,为儿童争取新的正式及非正式资源。

7.2.3 社会工作者收集和系统分析与儿童和其环境相关的信息,了解立法和制度的决策过程,反映儿童的诉求,进行政策倡导。

8. 督导

8.1 督导对象

督导对象包括:

——新进入社会服务机构的儿童社会工作者;

——服务年限较短、经验不足的儿童社会工作者;

——在儿童社会服务机构实习的学生;

——儿童社会服务机构的志愿者。

8.2 督导内容

社会工作督导包括为社会工作者提供的行政、教育和支持性督导,应开展下列主要工作:

——参与服务质量评估,对有关项目进行审核,调整服务方案,优化服务结构,增强服务效果;

——协调社会工作者与机构和有关部门之间的关系;

——及时对发现的问题和情况进行总结分析,并对机构专业服务决策与经验推广提出建议;

——协助机构设计、规划、监督所负责服务领域的工作程序,根据实际需要与合作机构和相关部门进行沟通协调,调整服务方案,优化服务结构;

——对工作程序、服务质量以及职业操守进行监督、总结,提出建议并及时反馈;

——监督服务提供者的工作表现及服务效率,提供业务指导;

——监督社会工作者的职业操守,给予情绪支持;

——评价专业教育培训的有效性。

9. 服务管理

9.1 服务质量管理

9.1.1 社会工作者应以儿童为中心,与儿童及其监护人或主要照料人共同制定服务目标与计划：

——应了解儿童及其监护人或主要照料人的需要，并向服务对象进行工作说明；

——应与儿童及其监护人或主要照料人统一服务期望，共同制定服务的具体目标和实施步骤；

——应建立符合目标实现要求的服务过程记录；

——应根据阶段性评估结果和儿童及其监护人或主要照料人的需要，及时进行服务计划调整。

9.1.2 应制定由社会工作者参与的服务质量规范，并确保其公开透明、具体可行：

——应确定服务质量目标。在服务场所、服务设施、服务用品、服务人员、服务等级、服务内容、服务程序和服务方法等方面制定具体质量目标；

——应将标准化服务质量控制与个性化服务质量目标相结合，对有特定要求的儿童及其监护人或主要照料人、服务项目或过程，需编制特定服务质量计划或特定管理程序。

9.1.3 应建立儿童社会工作服务质量评估机制，定期对服务数量、服务成效进行评估：

——儿童及其监护人或主要照料人对服务质量进行评价；

——对工作记录情况予以考核；

——主管部门或第三方开展定性或定量评估（包括数据对比、资料归纳、问卷调查和访谈等形式）；

——对工作成效进行定期自评与阶段性考核；

——定期进行专业督导。

9.1.4 应对服务质量评估信息进行反馈，以持续改进儿童社会工作服务质量：

——应提出保持并持续改进服务质量的建议；

——应对收到的反馈予以回应；

——应根据服务质量评估信息修正工作措施，完善服务制度，改进服务质量。

9.2 社会工作行政

9.2.1 制度建设

9.2.1.1 儿童服务机构应制定相应的社会工作服务规章制度并根据需要进行修订。

9.2.1.2 儿童服务机构研究与制定儿童服务规划、计划和方案时应有社会工作者参加。

9.2.2 岗位设置

儿童服务机构应设置儿童社会工作专职或兼职岗位,岗位设置应符合 GB/T 28224-2011 和 MZ010-2013 的具体规定。

9.2.3 档案管理

应加强儿童社会工作服务档案的管理,主要工作包括:

——建立基本服务档案,包括儿童的基本信息、服务提供者、服务场所、服务过程的记录及服务成效等;

——建立服务质量监控记录档案,包括考核情况、服务质量目标完成情况和服务计划调整情况等;

——根据儿童实际情况进行分类、分级管理档案,做好儿童信息的保密工作。

10. 人员要求

10.1 资格要求

10.1.1 儿童社会工作者

儿童社会工作者应获得社会工作者职业资格证书并按照《社会工作者继续教育办法》登记或具备社会工作专业专科及以上学历。

10.1.2 儿童社会工作督导者

儿童社会工作督导者应是在儿童服务领域从事社会工作服务满五年以上(含五年)并取得社会工作师资格、对社会工作价值伦理有认同度、拥有良好的社会工作专业知识、具有丰富的儿童工作实务经验和督导技巧的社会工作者。

10.2 伦理要求

10.2.1 应自觉遵循社会工作专业伦理。

10.2.2 应明确社会工作服务意识,遵守《社会工作者职业道德指引》,树立以儿童为中心的服务理念。

10.2.3 应尊重儿童,保护儿童隐私。

10.3 继续教育要求

应按照《社会工作者继续教育办法》,接受继续教育,不断提高职业素质和专业服务能力。

社会工作服务项目绩效评估指南(节选)

MZ

中华人民共和国民政行业标准

MZ/T 059-2014

2014-12-24 发布　　2014-12-24 实施

中华人民共和国民政部发布

社会工作服务项目绩效评估指南

1. 范围

本标准规定了社会工作服务项目绩效评估目标、原则、主体、内容、方法和程序。

本标准适用于财政性资金购买社会工作服务项目的评估。其他资金购买或委托实施的社会工作服务项目评估可参照使用。

2. 术语和定义

2.1

社会工作服务 social work service

社会工作专业人员遵循社会工作专业价值理念,运用专业方法为有需要的服务对象(个人、家庭、社区、组织等)提供困难救助、矛盾调处、人文关怀、心理疏导、行为矫治、关系调适和资源协调等方面的专业性服务,以协助服务对象恢复和发展社会功能、提升服务对象适应环境的能力。

2.2

社会工作服务项目 social work service program

为满足特定服务对象的需求,在一定时间内,运用一定的资源,按照预定的服务目标、服务内容和服务要求所设计、实施的社会工作服务任务。

3. 评估目标

3.1 评估社会工作服务项目目标的实现程度、专业服务效果及项目资金的使用情况。

3.2 总结社会工作服务经验,提炼社会工作服务技巧,提升社会工作服务水平。

3.3 作为社会工作服务项目结项的依据以及为项目购买方确定项目执行方继续承担相关社会工作服务项目的资质提供依据。

4. 评估原则

4.1 客观性原则

以客观事实为依据,准确反映社会工作服务项目在投入、运作、产出以及成效方面的实际情况。

4.2 专业性原则

注重考察社会工作的专业价值、理论、方法和技巧在服务项目中的运用。

4.3 系统性原则

通过层次化结构对指标体系进行结构化分类,确定各类评估指标的权重,全面、综合地反映服务项目的整体情况。

4.4 可操作性原则

评估方法符合项目实际,采取定量与定性相结合,易于操作。

5. 评估主体

5.1 评估组织者

社会工作服务项目的评估组织者一般为购买方,负责确定评估方式和评估执行方,落实评估经费,统筹评估相关事宜。

5.2 评估执行方

评估组织者直接组建的专业评估团队或受委托的专业评估机构组建的专业评估团队。

评估团队应具备以下条件:

——不少于5人的单数组成;

——取得中、高级社会工作者职业水平证书或受过硕士研究生及以上社会工作专业教育,且具有3年以上相关社会工作实务经验的人员不低于30%;

——不少于1名熟悉社会组织财务工作、具有中级及以上专业技术职务的财会人员。

6. 评估内容

6.1 项目方案

项目方案的评估应包括：

——社会工作服务项目的策划是否专业、规范；

——服务计划是否具有逻辑性和可操作性，是否有效回应服务对象需求和项目目标要求；

——服务对象界定是否符合项目基本要求；

——对需求的调查分析是否准确，需求分析报告结构是否完整，是否能根据需求合理界定项目服务的覆盖范围和目标指向；

——预算方案是否体现目标相关性、政策相符性、经济合理性、公益导向性的原则。

6.2 项目实施

6.2.1 专业人员配备与使用

在项目实施中，是否能够按照项目方案中的计划配备相应的社会工作及相关专业人员，并在项目实施中发挥相应作用。在人员使用过程中，是否能够做到分工明确、优势互补、团队协作。

6.2.2 物资配置

在项目实施中，使用的场地、设备、服务设施及相关物资是否能够满足项目运行需求。

6.2.3 专业服务价值理念运用

在项目实施中，能否真正体现社会工作者"以人为本、助人自助"的价值观和"平等、尊重、接纳、保密"等专业原则。

6.2.4 专业服务理论运用

在项目实施中，是否正确依据社会工作专业相关理论。

6.2.5 专业服务方法运用

在项目实施中，是否恰当运用社会工作专业方法和技巧。

6.3 项目管理

6.3.1 项目行政管理

是否制定和执行了项目人事管理制度、财务管理制度、物资管理制度及保密制度。

6.3.2 专业规范性管理

是否制定和执行了完善的社会工作专业服务规范和程序；是否全面、原始、真实保存项目服务档案；是否制定了服务对象权益保障制度。

6.3.3 项目进度管理

项目团队是否根据服务方案制定了总体工作计划和阶段性工作安排;是否制定了服务进度管理制度,并合理安排工作进度。

6.3.4 服务质量体系与督导

是否建立了服务质量评估指标体系;是否建立专业督导和培训机制;是否建立意见反馈与投诉处理机制;是否提出持续改进机制。

6.3.5 风险管理与应急预案

项目执行机构是否对其项目实施过程中存在的风险进行预估,是否制定了项目应急预案。

6.3.6 项目资金管理

项目资金使用是否符合预算执行方案和财务管理制度。

6.4

项目成效

6.4.1 目标实现程度

评估内容包括:

——合同规定的服务目标达成情况;

——合同规定的服务数量完成情况;

——合同规定的服务对象改善情况;

——合同规定的服务组织及其专业团队从项目实施中得到成长发展的情况。

6.4.2 满意度

评估服务对象、购买方、项目执行方对社会工作服务过程与成效的满意度。

6.4.3 社会效益

对项目的影响力、可持续性、可推广性进行评估。评估内容包括:

——社会反响:奖惩情况、宣传报道、研究成果;

——决策影响:对项目可持续发展的思考与建议被相关部门采纳;

——资源整合:组织参与、社会捐赠、志愿者参与。

7. 评估方法

7.1 资料分析法

资料分析法应包括以下内容:

——组织资料分析,包括但不限于组织的基本信息(如组织章程)、与项目有关的组织制度文本(如项目财务管理制度)和组织日常工作记录(如董事会

或理事会会议记录);

——项目资料分析,包括但不限于项目计划(如项目标书、项目服务方案)、项目服务档案(如服务记录)、项目人员档案(如项目人员、志愿者档案)、项目财务信息(如项目预算、决算表)及与项目相关的各类管理制度档案(如项目行政管理、专业规范性管理、项目进度管理、服务质量控制、风险管理);

——其他资料分析,包括但不限于项目测评工具(如服务满意度问卷)、项目各类统计文本(如服务满意度调查结果统计)和项目各类工作报告(如项目中期报告、总结报告)。

7.2 观察法

观察法应包括下列内容:

——为了解项目的具体服务过程,评估人员应对每个项目的日常服务或活动过程进行现场观察。观察内容包括:服务环境、服务内容、服务方法以及服务的社会工作专业性体现和规范,服务人员与服务对象的互动等;

——对于已经结束的服务项目,评估人员可通过观察该组织与评估项目同类的日常服务和活动,从侧面了解项目的服务过程。

7.3 问卷法

问卷法应包括下列内容:

——在项目评估过程中,评估人员可利用问卷调查收集项目服务对象满意率和项目服务成效等信息;

——依据项目总体目标和服务对象的实际情况,科学设计调查问卷及抽样样本;

——在问卷调查结束后,评估人员应对问卷回收情况、问卷填写完整性和内容真实性进行质量复核。

7.4 访谈法

7.4.1 与项目的服务对象及开展项目服务的相关人员,就服务满意率、服务成效以及对项目服务的具体意见进行访谈。

7.4.2 与项目执行方的负责人、项目负责人及工作人员就以下内容进行访谈:

——向执行方的负责人了解在项目运作过程中,有关项目监管、资源整合方面所采取的措施,运作该项目给组织带来的影响以及项目运作中遇到的困难;

——向执行方项目负责人和工作人员了解项目的实际运作情况,包括项目体现社会工作专业价值观、理论和方法的情况,项目完成情况,项目资金使用情况,项目管理制度及落实情况。

7.4.3 与项目购买方代表就项目运作情况的满意度进行访谈。

8. 评估程序

8.1 制定评估方案

8.1.1 起草方案

评估执行方应根据评估组织方的要求,起草详细的评估方案。

8.1.2 方案内容

评估方案内容应包括:

——目标任务;

——基本方法;

——进度安排;

——人员安排;

——经费预算;

——风险控制。

8.1.3 方案确认

评估执行方应将评估方案交评估组织方确认,双方确认同意后签订委托评估协议书。

8.2 组织人员

评估执行方应根据评估方案,组建评估团队,针对项目开展评估培训。

8.3 发送通知

评估执行方应至少提前 30 个工作日,书面告知被评估方评估的具体要求、评估标准、操作细则及安排。

8.4 实施评估

被评估方应根据评估要求提交自评报告。评估执行方在收到自评报告和相关材料后及时组织评估。

评估实施过程中,被评估方应根据评估需要,及时向评估执行方提供项目相关的各类资料。

8.5 出具报告

8.5.1 报告内容

评估报告内容应至少包括:

——评估开展情况;

——项目及执行基本情况;

——评估结论及建议。

8.5.2 评估结果反馈

评估执行方撰写完成评估报告后,应以评估报告(初稿)的形式,就初步评估结果与被评估方进行沟通,征询被评估方意见。

评估执行方出具正式评估报告并送达评估委托方。

9. 评估报告运用

9.1 项目购买方

9.1.1 评估报告应作为项目购买方是否继续委托或中断委托项目的决策依据;

9.1.2 评估报告应作为项目购买方与项目执行方协商对未来项目方案、项目实施、项目管理等方面改善的参考依据;

9.1.3 评估报告宜作为优秀项目评比、资金投入等方面的参考依据。

9.2 项目执行方

9.2.1 评估报告应作为项目执行方向项目购买方申请新项目或申请项目延续的参考依据;

9.2.2 评估报告应作为项目执行方对项目经验的总结和对项目进一步改进的参考依据。

附录九

晋江市社会工作督导人才管理相关规定

晋江市社会工作督导助理和初级督导选拔
实施细则(试行)

为贯彻落实中共晋江市委办公室、晋江市人民政府办公室《关于进一步加强社会工作专业人才队伍建设的实施意见》(晋委办〔2014〕33号)要求,建设一支结构合理、规模适度、素质优良的社会工作督导人才队伍,为我市社会工作发展提供高层次人才保障,根据《晋江市社会工作督导人才选拔培养办法(试行)》(晋政民〔2014〕84号)有关规定,结合我市社会工作发展实际,制定本实施细则(以下简称《细则》)。

一、适用对象

本《细则》中督导助理选拔适用对象为在全市所有受聘于公益服务类社会组织从事专业社会工作服务的专业社工;初级督导适用对象为全市所有受聘于公益服务类社会组织并已获聘为督导助理的专业社工。

二、参选条件

(一)基本条件

1.政治思想

(1)具有坚定正确的思想政治观念。拥护党和国家的方针政策,坚持四项基本原则,认真学习马克思列宁主义、毛泽东思想、邓小平理论、"三个代表"重要思想和科学发展观。

(2)遵纪守法。遵守宪法和各项法律法规;党员社会工作者遵守党章和党的纪律;遵守各社会服务组织的各项规章制度。

(3)爱岗敬业。热爱社会工作事业,具有崇高的职业理想和职业信念;不断提高自身的职业和专业素养。

(4)遵守职业操守。具有正确的专业价值观,始终坚持专业伦理并融入本土社会工作实践;始终坚持专业价值高于个人价值,加强自我约束,以服务对象利益为重。

2.学历资质

(1)学历。参加督导助理和初级督导选拔者应具有大专及以上学历。

(2)社会工作职业资格。参加督导助理、初级督导选拔者应分别具有助理社会工作师、社会工作师及以上资质。

(3)继续教育。在工作期内,应参加继续教育,并符合相应学时要求。

(4)登记注册。参加督导助理和初级督导选拔者应符合有关规定,已办理登记注册手续且在有效期内。

3.社会工作服务

(1)社会工作服务能力

A. 技术能力。在个案工作、小组工作、社区工作及社会行政过程中,面对较为复杂的情景和问题,能运用相关社会工作理论和方法,及时地作出恰当的反应。

B. 文化能力。在服务过程中,应具有较强的文化敏感性,能够认识到服务对象思想和行为背后的特殊观念和生活方式。

C. 心理素质。面对外部刺激能沉稳、冷静处理,具有良好的判断能力和快速反应能力,经得住困难和复杂问题的压力,既富同情心又不感情化。

D. 持续学习能力。根据工作的实际需要和社会发展的要求,不断总结反思,加强社会工作理论、知识与方法的学习,不断用各种知识丰富自己,以应工作之需。

E. 督导能力。通过持续的监督、指导,传授专业服务的知识与技术,能有效地增进督导对象的专业技巧,促进其成长并提升其服务质量。

(2)社会工作服务时间

A. 获得大专及本科学历、学位者参加督导助理选拔需具有至少2年的社工实务或督导工作经验,获得社会工作及相关专业研究生学历、学位者需具有至少1年社工实务工作经验;参加初级督导选拔者需具有至少2年督导助理工作经验;

B. 因休产假、因公致伤1年之内,或因病半年之内的可根据相应的时间核减。

(3)社会工作服务效果

参加督导助理选拔者,近2年考核结果均应为合格以上。参加初级督导选拔者,近3年考核结果均应为合格以上。

（二）破格选拔

在全市受聘于公益服务类社会组织尚未取得督导助理资质但特别优秀的专业社工在符合基本条件的情况下，具备下列条件中任意两项者可以申请参加初级督导破格选拔。

1.获得社会工作及相关专业研究生学历、学位且具有 1 年以上督导工作经验；

2.经其他地级市以上（含地级市）社会工作主管部门或行业协会认定具备社会工作督导资质并实际担任过督导工作；

3.自工作以来在公开出版物上发表社会工作文章 3 篇以上（含 3 篇，每篇字数 2000 字以上）或出版理论专著；

4.在社会工作方面获得地级市级及以上奖励、表彰。

三、选拔程序

（一）人才选荐

选荐分为推荐和自荐两种方式。督导助理和初级督导的评选由各公益服务类社会组织根据《晋江市社会工作督导人才选拔培养办法（试行）》及本《细则》在机构进行初选，并根据分配到各公益服务类社会组织的督导助理或初级督导名额的 1.5 倍向市社工办推荐人选。未被推荐社工可自荐。上述两种选荐人员均须按类别填写选拔登记表，连同相关资料在规定时间内报市社会工作发展服务中心。

（二）资料审核

市社会工作发展服务中心根据各公益服务类社会组织、社工提交的推荐选拔人员资料，包括《晋江市本土社会工作督导人才选拔登记表》、身份证、学历证书、职称证书复印件及其他能够证明符合参选条件的材料，对选拔对象进行资格审查，符合条件人员名单在"晋江社会工作网"上公示（审查未通过的，需对申请者作出说明）。审查通过后进行笔试、测评和面试。

（三）笔试

笔试主要考察选拔对象的社会工作理论知识、社会政策、督导能力及社会工作实务技能。笔试成绩总分 100 分，获 60 分以上（含 60 分）予以通过，取得测评资格，不及 60 分者落选。

（四）测评

测评由督导、服务单位、聘用单位按照 40%、20%、40% 的权重进行综合评分。测评主要考察选拔对象的专业素养、工作态度、综合能力、实际工作表现等。测评成绩总分 100 分,获 60 分以上(含 60 分)予以通过,取得面试资格,不及 60 分者落选。

(五)面试

对符合条件的选拔对象进行面试,考察了解答辩人在社会服务、职业操守、工作成绩等方面的情况。面试总成绩为 100 分,获 60 分以上(含 60 分)面试合格,不及 60 分者落选。

(六)计算成绩

总分为 100 分。在督导人才选拔评审过程中,根据各公益服务类社会组织督导人才岗位数量,在基本条件合格的基础上,按照得分从高到低顺序确定督导助理或初级督导名单。计算方式为:

笔试成绩×30% +测评成绩×30% +面试成绩×40%

(七)结果公示

市社工办结合岗位实际需求、参选人员总成绩确定督导助理、初级督导人选及候补人选并以适当形式进行公示,公示期为 7 天。公示无异议,确定督导助理和初级督导及候补人选名单。公示期间有异议的,提交市社工办处理并回复。

四、细则说明

(一)基本条件评审结果分为合格和不合格,基本条件只要有一项不合格者,就不具备参选资质。

(二)申报材料必须真实有效。一旦发现材料不实,申报人 3 年内不得申请参加我市社会工作督导人才的选拔。

(三)市社工办定期组织对督导工作情况进行检查评估,合格者继续留用,不合格者另行调整。在下一期选拔前因督导人才调整、补选或离职而出现空缺的情况,在征询聘用单位意见的基础上,由候补督导人才替补空缺。

(四)本《细则》由晋江市社工办负责解释,自发布之日起实施。

2014 年 8 月 12 日

晋江市社会工作督导工作职责手册
（试行）

第一章　总则

第一条　为完善我市社会工作督导人才队伍建设制度,根据《中共晋江市委办公室、晋江市人民政府办公室关于进一步加强社会工作专业人才队伍建设的实施意见》(晋委办〔2014〕33号)和《晋江市社会工作督导人才选拔培养办法(试行)》(晋政民〔2014〕84号)相关要求,结合我市社会工作发展实际,制定本手册。

第二条　社会工作专业伦理规范是本手册的制定依据,也是社工督导开展工作、处理问题及对社工督导工作评估的依据。

第三条　督导是指由资深社会工作者通过定期持续的工作程序,向社工传授专业服务知识与技能,促进其成长并确保服务质量的职业活动,具有行政、教育以及支持的功能。

第四条　我市社会工作督导人才分为督导助理、初级督导、中级督导和高级督导四个层级。

第二章　市社工办职责

第五条　市社会工作人才队伍建设试点工作领导小组办公室(以下简称"社工办")对督导的职责范围及选拔晋升办法进行拟订、发布并组织实施。在督导资格认定、履职情况、违纪处罚等方面拥有监督权和处理权。

第六条　在必要时代表公益服务类社会组织(以下简称"机构")与督导向相关单位反映和协调相关事项,对行业内相关主体之间存在的纠纷,应申请或主动进行相应的调查处理和规劝协调。

第三章　公益服务类社会组织职责

第七条　各机构应根据市社工办要求,积极创造条件,切实抓好督导人才的培养和管理服务。具体包括以下内容:

(一)机构应结合自身实际情况,做好督导人才选荐工作,并配合市社工办开展督导人才选拔培养工作;机构也可根据自身实际发展需要,制定本机构督导人才选拔办法及职责、评估制度,并报送市社工办备案;

(二)充分利用其专业优势,完善本机构内部督导制度;

（三）保证本机构内督导有足够的时间、空间发挥其督导功能，积累专业督导经验和能力；

（四）在本机构内，赋予督导相应的行政权力（如团队内考核评估权、政策建议权、人事任免建议权等），以便利其开展工作。

第四章　高级督导、中级督导职责

第八条　高级督导、中级督导对市社工办负有以下职责：

（一）政策建议和倡导职责，按照市社工办要求定期递交工作或政策建议报告等；

（二）积极参与市社工办组织的会议论坛、政策研究、培训及其他相关活动等。

第九条　高级督导、中级督导对机构及服务单位负有以下职责：

（一）参与机构服务质量评估，对有关项目进行审核，并对机构专业服务推广及决策方面给予建议；

（二）及时对所督导团队的问题和情况进行总结及建议，调整服务方案，优化服务结构，促进服务效果；

（三）配合机构人事部门，对所督导团队内督导及一线社工的工作进行绩效考核评估，对团队内社工招聘、选拔、培养、调岗、辞退等提出建议；

（四）协助机构及服务单位设计、规划、监督所负责服务领域工作程序，并根据实际需求与机构及服务单位沟通协调，调整服务方案，优化服务结构；

（五）协助机构，对团队内社工工作程序、服务质量以及职业操守进行监督、总结，向相关机构提出建议及反馈；

（六）根据所督导领域的实际情况，与相同督导领域的督导人员协商，协助机构制定该领域内各类服务记录表格及督导和一线社工的工作程序。

第十条　高级督导、中级督导对初级督导负有以下职责：

（一）对初级督导的工作进行绩效考核和评估；

（二）指引初级督导介入督导助理个人成长方案的实现，协助其提升统筹管理、实务操作等能力；

（三）指导初级督导具体完成对督导助理和一线社工服务记录、总结的审阅、批复等。

第十一条　高级督导、中级督导对督导助理负有以下职责：

（一）培养督导助理的督导能力，包括指导、制定并跟踪落实督导助理个人成长方案，协助其完善年度工作计划等；

（二）给予其适当的情绪支持等；

（三）定期安排督导助理个人面见督导和小组督导。跟进督导助理所转介的疑难个案、小组或其他实务工作等；

（四）根据督导助理的实际发展阶段，适当安排其独立开展对一线社工的督导工作，提升其督导能力；

（五）指导督导助理制定本督导团队年度服务推行计划，并予以落实；

（六）及时处理督导助理反馈的有关一线社工、服务推行等相关情况，并及时与上级部门沟通。

第十二条　高级督导、中级督导对一线社工负有以下职责：

（一）负责所带领团队业务方向的整体规划，监督并规范其所负责领域的工作程序及社工的职业操守等；

（二）给予社工业务指导，按照专业督导程序，定期召开社工个人面见督导及团队督导会议，审阅、批复一线社工服务情况，并按时完成督导记录；

（三）提升团队社工自身业务能力，策划并组织实施各类形式的培训等；

（四）带领团队发掘、联络相关社会资源，拓展新的服务项目；

（五）协调社工机构、服务单位、社工、市社工办等相关部门之间的关系，以促使服务的有效开展；

（六）定期安排面见社工；

（七）跟进被督导的社工所转介的疑难个案、小组或其他实务工作等。

（八）总结提炼服务模式与典型案例，进行社工理论与实务研究。

第五章　初级督导职责

第十三条　为保证督导人才的督导能力，初级督导应根据上级督导要求，落实上级督导对其进行的培养规划，并保持适量实务工作，具体遵守以下原则：

（一）完成上级督导为其制定的个人成长方案；

（二）反馈发展中所存在的问题，探讨解决方案并予以跟进；

（三）按照规定，每月接受上级督导的个人督导及集体督导；

（四）配合完成其他促进行业交流与发展的协调性工作；

（五）初级督导实务工作仅指以初级督导为主或单独完成，直接针对服务对象所开展的社工服务（服务记录上社工姓名应为初级督导本人）；

（六）初级督导一线服务时间原则上每周不得少于 2 天，现场督导时间原则上每月不得少于 20 小时。

第六章　督导助理职责

第十四条　督导助理接受上级督导的业务指导,其具体工作职责由上级督导予以明确,在团队中承担以下职责:

(一)在上级督导指导下,落实完成个人成长方案;

(二)在上级督导指导下,完善本小组的年度工作计划,推进服务开展及其他协调性工作;

(三)协助上级督导规范团队内的工作程序及分工,监督社工的职业操守,帮助团队社工对岗位分工、职责、工作范围等有清晰的了解;

(四)协助上级督导落实完成各类理论、实务操作技巧的培训等;

(五)在上级督导指导下,对一线社工进行实务操作上的指导,跟进一线社工转介的疑难个案、小组等,并可适时适量独立开展对社工个人督导;

(六)协助上级督导对一线社工的工作进行绩效考核和评估;

(七)对一线社工给予适当情绪支持,引导新入职社工尽快适应工作等;

(八)协助上级督导收集、整理一线社工的服务记录及其他工作报告,按时递交给督导,督促本组社工落实督导的审批、反馈意见;配合机构完成本组社工的考勤及督促、考核每日工作完成情况,及时提交给上级督导审核;

(九)定期向上级督导进行工作汇报,反馈团队发展中的问题,并予以跟进落实;

(十)督导助理一线服务时间原则上每周不得少于 3 天,现场督导时间原则上每月不得少于 10 小时。

第十五条　本手册自发布之日起实施。

2014 年 8 月 12 日印发

参考文献

一、文章类

[1]纪文晓.志愿服务与社会工作差异互动分析[J].中国青年研究,2010(10).

[2]王思斌.社会工作与志愿服务[J].中国社会工作,2010(11).

[3]王思斌.社会工作专题讲座(第十讲儿童社会工作)[J].学苑风,2009(3).

[4]戴均良.积极开拓具有中国特色的儿童社会工作[J].中国社会工作,2012(4).

[5]陈涛等.中国社会工作与志愿服务的发展[J].广东工业大学学报(社会科学版),2012(7).

[6]李涛.社会组织在政府购买社会工作服务进程中的功能和角色[J].社会与公益,2012(8).

[7]吕涛,张禹,等.港澳台社工组织发展经验及其法治启示[J].思想战线,2011(4).

[8]孔绥波.城市化背景下新型儿童社区教育模式研究[J].中国教育学刊,2011(4).

[9]陈继萍.志愿服务的社会工作协同路径研究:以 N 儿童福利院为例[J].南京师范大学,2014.

二、著作类

[1]陆士桢,等.儿童社会工作[M].北京:社会科学文献出版社,2003.

[2]全国社会工作者职业水平考试教材编写组.社会工作实务[M].北京:中国社会出版社,2014.

[3]全国社会工作者职业水平考试教材编写组.社会工作综合能力[M].北京:中国社会出版社,2014.

[4]彭秀良.一次读懂社会工作[M].北京:北京大学出版社,2014.

[5]香港社会服务发展研究中心.学校社会工作实务手册[M].广州:中山

大学出版社,2013.

[6]黄晓勇.中国民间组织报告(2010—2011)(民间组织蓝皮书)[M].北京:社会科学文献出版社,2011.

[7]王浦劬,等.政府向社会组织购买公共服务研究[M].北京:北京大学出版社,2010.

[8]王名.社会组织概论[M].北京:中国社会出版社,2010.

[9]党秀云.志愿服务制度化:北京经验与反思[M].北京:国家行政学院出版社,2013.

[10]民政部社会工作司.社会工作与志愿服务关系研究[M].北京:中国社会出版社,2010.

[11]费梅苹,韩晓燕.青少年社会工作案例评析[M].上海:华东理工大学出版社,2010.

[12]文军.学校社会工作案例评析[M].上海:华东理工大学出版社,2010.

[13]王名,等.社会组织与社会治理[M].北京:社会科学文献出版社,2014.

[14]王思斌.社会工作本土化之路[M].北京:北京大学出版社,2010.

[15]王思斌主编.社会工作概论[M].3版,北京:高等教育出版社,2014.

图书在版编目(CIP)数据

儿童社会工作本土化实践:晋江"四点钟学校"经验与反思/ 陈莲凤编著.

—厦门:厦门大学出版社,2015.12

ISBN 978-7-5615-5843-0

I. ①儿… Ⅱ. ①陈… Ⅲ. ①儿童－社会工作－研究－晋江市 Ⅳ. ①D432.5

中国版本图书馆 CIP 数据核字(2015)第 298391 号

官方合作网络销售商: dangdang 当当.com 亚马逊 amazon.cn JD.COM 京东

厦门大学出版社出版发行

(地址:厦门市软件园二期望海路 39 号 邮编:361008)

总 编 办 电 话:0592-2182177 传真:0592-2181406

营销中心电话:0592-2184458 传真:0592-2181365

网址:http://www.xmupress.com

邮箱:xmup @ xmupress.com

泉州新春印刷有限公司印刷

2015 年 12 月第 1 版 2015 年 12 月第 1 次印刷

开本:720×970 1/16 印张:16 插页:4

字数:300 千字

定价:45.00 元

本书如有印装质量问题请直接寄承印厂调换